"十二五"国家重点出版物出版规划项目

汉语言专业本科系列教材·综合类

INTERMEDIATE CHINESE: COMPREHENSIVE COURSE (Ⅱ)

中级汉语综合教程 下

本册主编：刘苏乔

编　　者：徐燕军　郭姝慧

ERYA CHINESE

尔雅中文

北京语言大学出版社
BEIJING LANGUAGE AND CULTURE UNIVERSITY PRESS

汉语言专业本科系列教材

总　序

《尔雅中文——汉语言专业本科系列教材》（以下简称《尔雅中文》）是面向以汉语作为第二语言的学习者的汉语言专业本科学历教育教材，是继上世纪 90 年代至本世纪初出版的《对外汉语本科系列教材》之后推出的新一代大型系列教材。

近年来，国际职场对复合型汉语人才的需求猛增，对专业建设、教学改革、课程建设以及教材编写都提出了新的要求。我们顺应这一发展趋势，将汉语言专业的人才培养目标由以往单纯强调语言技能的“汉语专门型人才”调整为目前的具备“语言＋专业”复合能力的“汉语通用型人才”，在汉语言专业陆续增设一些新的方向，凸显出汉语言专业课程体系的时代特色。但是，我们充分认识到，对于汉语言专业的学生而言，核心问题仍是如何更有利于自身语言能力的提高，特别是语言交际能力、认知能力、跨文化交流能力等综合性、复合型能力的提升。因此，虽在语言技能、语言知识课程外增设了较为系统的历史文化、国情社会、经济商务等方向课程，但是，这些课程不是仅用来灌输知识的，而是为更好地扩展语言能力而服务，以语言能力培养为核心的理念并未改变。

《尔雅中文》教材体系与专业课程体系紧密相连，包含了横向和纵向两个序列：横向上，在不断完善语言技能、语言知识、文化系列教材的基础上，增设了较为系统的商务、翻译、教学等专业方向的专业语言技能和专业知识教材；纵向上，建立起更为缜密的综合课与听、说、读、写、译各分技能课的一至四年级的梯度等级，平衡了一般技能课跟各序列的专业技能课、知识课的比例。横向与纵向协调发展，形成了汉语言专业本科大型教材的网状系统，最大程度地体现出专业教学的系统性、关联性、层级性和针对性，也为以汉语言专业为依托、面向汉语作为第二语言学习者的本科专业群的建设奠定了坚实的基础。《尔雅中文》教材相对应的课程序列与梯度等级如图所示：

课程序列与梯度等级示意图

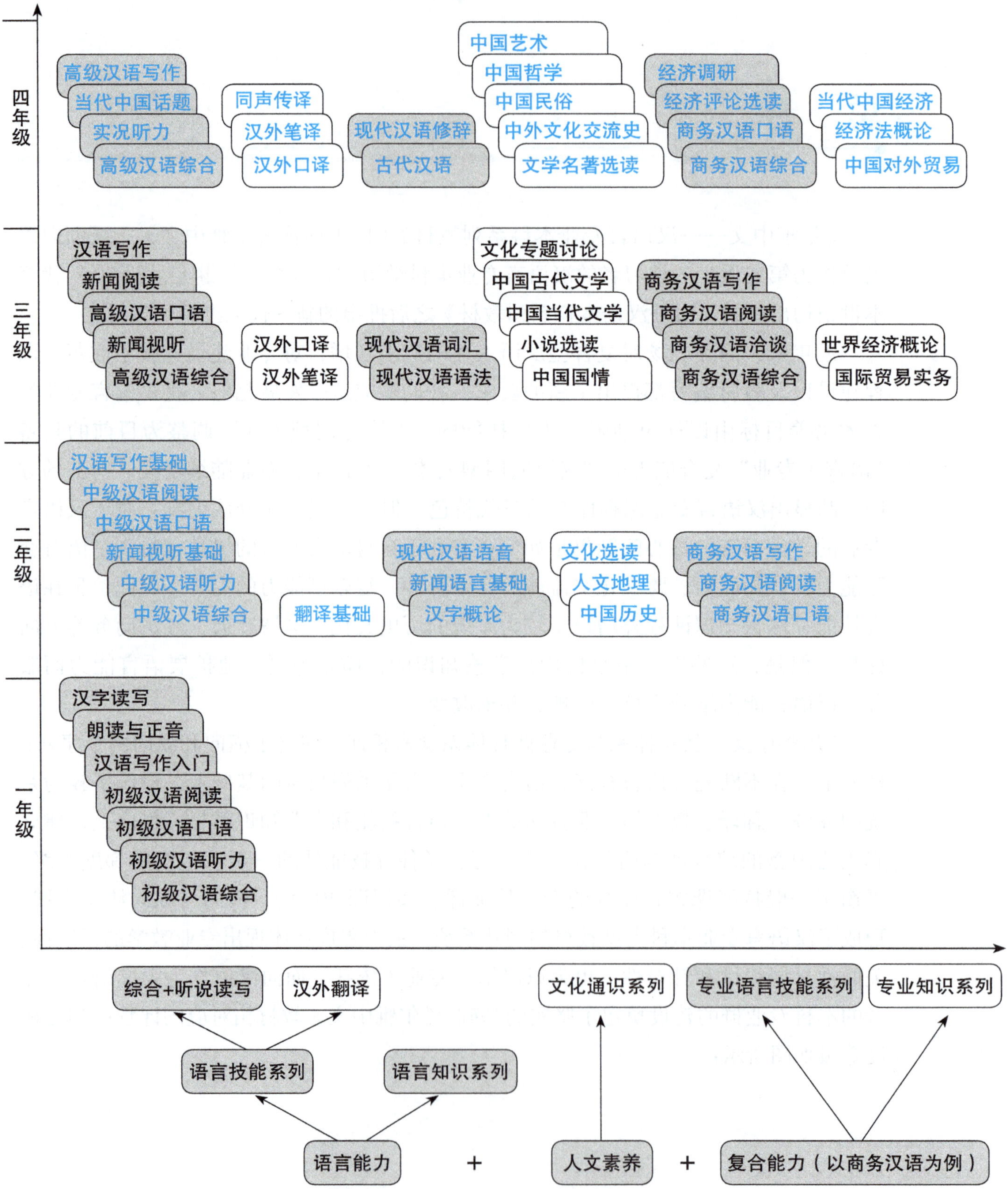

《尔雅中文》系列教材在继承上一代《对外汉语本科系列教材》长处的同时，更加贴近现实社会需要和学习者的需求，也融入了近些年汉语言专业课程建设与教学改革的多方面成果，从而呈现出崭新的面貌，形成了自己的特点。概括起来有以下四点：

一、总体设计更具系统性和前瞻性，最大程度地反映出专业人才培养的新目标

语言技能、语言知识、文化知识、专业语言技能、专业知识五大板块既相互关联，又各自独立。语言技能课程贯穿始终，凸显以养成语言能力为主的专业发展理念；文化知识序列不断丰富，体现出对汉语国际教育本质的全面认识，自觉地将提升人文素质、培养全面发展的人作为汉语言专业本科教育的最终目标。专业技能和知识课程在中高级阶段逐步增加，循序渐进，实现由初级的“语言技能 + 语言知识”基础能力向中高级的“语言 + 专业”综合能力的自然过渡。同时，各专业方向的教材都具有自身特色，自成体系，体现了统一中的多样性，也体现了专业人才培养模式向厚基础、宽口径、复合型的转变。

二、语言技能序列的设计更具延展性，结构更加合理

作为面向汉语作为第二语言学习者的汉语言专业本科系列教材，由汉语综合技能与以“听、说、读、写”分立形成的各分技能训练无疑是其主干部分。这套教材的设计与编写，不仅填补了中高级阶段“听、说、读、写”分技能教材的诸多空白，而且增强“译”这一重要的技能，形成了“听、说、读、写、译”各自独立并相互关联的完整的分技能序列。与此同时，初、中、高各教学阶段逐层递进，且横向延伸，使得语言技能教材序列更加协调和完整。由于汉语综合课以及听、说、读、写、译各技能课都自成体系，具备面向初、中、高三个阶段、四个年级的多层级和覆盖面广的特点，因此，教材的使用范围、对象就不限于本科学历教育，而是对各种层次和需求的中文学习者都具有不同程度的适用性，可以各取所需。

三、强化以学习者为中心的教材编写意识，跨文化视角更加突出

编写者大都为多年从事汉语作为第二语言教学工作的资深教师，基本上都具有海外汉语教学的经历，对不同课型的教学原则和实践策略有着较为深入的了解和体会，对大量的同类汉语教材的编写理念以及教学法、跨文化交际理论等做过前期研究。从教师规划学习内容、层级、知识点，到编排教材中的练习及设计课堂活动，尽量从学生学习的视角和跨文化的视角去安排、镕裁，换言之，更加重视教材编排跟教学过程、习得过程与效果的关联程度，使语言及文化、商务的教材内容丰富而生动，以提高学生主动学习的兴趣以及课堂活动的参与度。

四、通过调查统计、大纲设计和试用试验等环节，使教材编写有章可循，科学实用

新一代汉语言专业本科系列教材的编写工作启动于 2007 年，首先对原有教材、国内外市场同类教材的使用情况进行调研。编写者均为相应课型的任课教师，且大多参与过上一代教材的编写工作，对任务轻重和努力方向都有较深的体会。同时，组织资深的教学研究专家以及语言、文化、商务、翻译等领域专家，与教材编写小组共同研讨，确立各部教材的基调，审阅推敲文稿，斟酌取舍。教材编写过程较长，各位作者付出了大量心血，已编成的教材提交出版前大多试用过几个学期，对象涉及来自世界上 80 多个国家和地区的上千名留学

生，每学期试用后，教师都会汇总情况，分析研究，做出适当的修订、更新。

大纲是教材编写的重要前提，并贯彻于整个编写过程。教材与大纲处于动态关系之中，大纲统摄教材，但并非一成不变，教材编写促使大纲趋于完善。本系列教材主要参照《高等学校外国留学生汉语言专业教学大纲》（2002）和《新汉语水平考试大纲（1-6级）》（2009、2010），同时参酌各类语言大纲、框架、标准、词表、调查报告等研究成果，其中的各个序列、各部教材都按照自身性质与类型，研制了便于操作的词汇、语法、功能及话题大纲，既自成一体，又相互照应。对此，各部教材都有自己的编写前言，会做更详细的说明。大纲编订与教材编写相辅相成，教材一面世，大纲也随即推出，如商务汉语方向的教材编写者同时研制出版了《经贸汉语本科教学词汇大纲》（2012），文化大纲的编订也与教材编写协调配合，这些使得教材编写的科学性和内在系统性得以保障。

根据不同的课程性质和专业方向，《尔雅中文》系列教材划分为四大序列：汉语言技能与知识；汉外翻译；文化通识；商务汉语。翻译往往被视为一种语言技能，原本可归入语言技能与知识序列，但鉴于翻译能力是一种复合能力，翻译类课程及教材在一至四年级自成一统，翻译综合课、口译课、笔译课等体系完备，且涉及多个国别，所以这里单列出来。

北京语言大学面向留学生开办汉语言专业的本科学历教育，始于上世纪70年代末，其成长过程历史地见证了中国改革开放以来汉语国际教育的发展。历经几代人的辛勤努力，2008年9月，汉语言专业被批准为国家级高等学校特色专业，2010年7月，汉语言专业教学团队被评为国家级教学团队。这套教材的大部分编著者均出自这一专业团队。汉语言专业的每一步改革与创新，都离不开北语几代对外汉语教育工作者的关心与鼓励，离不开学校领导及海内外专家的大力支持。这里要特别感谢北京语言大学出版社董事长戚德祥、总编辑张健和各位责任编辑，这套教材历经数年终于得以问世，跟他们的严谨态度、耐心督促和细致工作密不可分，而教材得以入选新闻出版总署“十二五”国家重点出版物出版规划项目，正是教材编写规划团队与编辑出版团队精诚合作的结果。

系列教材取名“尔雅”，众所周知，《尔雅》是中国古代汇集分类专门词语以供人学习的经典，这里取其字面义，“尔”通“迩”，“尔雅”指趋于雅正、得体。语言学习不可一蹴而就，而是一个不断接近目标语和目标文化的累积过程，或许正因如此，英人威妥玛（Thomas Francis Wade）将其所编的汉语口语和书面语教材命名为《语言自迩集》和《文件自迩集》。我们编写新一代汉语言专业本科系列教材，同样是希望学生通过系统的学习，逐渐接近目标语言与文化，获得较强的跨文化交流能力，最终不仅要达到较高的汉语水平，而且要更加深入地了解中国社会政治经济和历史文化。

是为总序。

郭　鹏

于北京语言大学

编写说明

适用对象

本教材是外国留学生汉语言本科专业二年级必修课——中级汉语综合课教材，使用对象为具备中级水平的汉语言专业本科生或长期进修生。基本适用于已在全日制学校学过一年（约 800 学时），或已学完现代汉语基本语法、词汇量在 2500 词左右的汉语学习者。

编写原则

1. 注重实用性

教学是“教”与“学”的双边活动，教材的实用性也要从“教”与“学”两方面考虑。本教材的编写非常注重教学安排的实用性，不仅使教师用起来好用（重视教学环节的可操作性），同时使学生学起来觉得好学、爱学（重视教学内容的趣味性）。从教学实际出发，以学生为中心，一切为更快、更好地提高学生的语言运用能力服务，在结构设计、内容选择、注释和说明、练习题的设计等各方面，力求时时处处站在学习者的角度，用学习者的眼光来衡量和取舍。

2. 注重系统性

作为本科系列教材之一，本教材无论是词汇、语言点还是课文内容，都注意遵循由易到难、循序渐进的原则，词汇和语法注重重复再现。本教材注重与初级汉语和高级汉语教材的衔接，尤其是中级上、下两册的衔接更为紧密。另外还注意与同级水平的其他单项技能课相互照应，相辅相成。

3. 继承和发展相结合

本教材的设计和编写从理论到实践、从体例编创到各环节的组织和安排，都考虑到与以往教材的联系和区别，也就是继承和发展的问题。充分吸收以往中级汉语教材的长处和成功经验，摒除其不足，同时根据多年的教学经验，认真考虑所编教材整体和局部的创新（比如教材体例、练习形式的创新等）。

教材体例

本教材分为上、下两册，供一学年两个学期使用。每册 12 课，总共 24 课。每课由课前提示、课堂学习、课堂练习和课后练习四大板块组成。下面对各个板块做具体说明：

§ 课前提示

课前提示其实是课文的引子，是为了方便学生预习和了解有关本课话题而精心设计的。主要形式是设计几个跟本课话题相关的问题，引起学生思考，自然导入课文主题。

§ 课堂学习

课堂学习板块由词语表（其中包括重点词语扩展）、课文（根据需要，部分课文后附有课文注释）、语言点例释等三大部分组成。

◇词语表

以中级词语为主，不排除少量的超纲词。专名单列。每个生词都在课文中标出序号以方便学生查找。为了方便学生养成正确的读音习惯，我们将生词中“一”和“不”的读音标注为实际读音。

每课词语表中，选出 6–8 个重点词语（一般为常用实词），列出它们的常用搭配和扩展，然后给出 2–3 个典型例句（对于多义词，一般以课文中出现的语义为主）。我们之所以把每一课重点词语的主要搭配形式安排在词语表中而没有单独列出，主要是考虑到教学的方便，按照课堂教学顺序进行处理，避免了教师和学生翻书查找的不便。

◇课文

课文大都选自近二十年的报刊杂志书籍等，在尽量尊重原文的基础上进行了适当改写。课文语料的题材比较广泛，通过多次调查问卷，我们选取了涉及学生感兴趣的各类话题，包括社会、生活、恋爱、婚姻、家庭、教育、传统、科技、健康、交通等，同时注重语料的趣味性、实用性、知识性和时效性。另外还考虑到了课堂教学的可操作性，即文章主题适合师生课堂讨论和借题发挥，以最大限度地为课堂教学服务。

课文长度适中，上册一般在 700–1200 字之间，下册一般在 1200–2000 字之间。

对课文中出现的一些较难理解的内容（如社会背景、俗语、惯用语，或者一些复杂的语言现象），以课文注释的方式进行了简单解释，服务对象是学生。

◇语言点例释

从每课课文中出现的语法现象中选取 6–8 个中级语法点（一般为虚词或常用格式）进行讲解说明。对语言现象的解释尽量做到简单明了、深入浅出、通俗易懂，让学生能基本看懂，并在解释中注意吸收对外汉语语法教学研究的最新成果。另外，对于某些初级阶段出现过的语言点，到了中级阶段，不是简单的重复，而是在原来用法的基础上进行进一步的扩展或总结。

本教材最大的特点是，针对每一个语言点，除了解释和例句以外，紧随其后的就是“即时练习”，主要是一些不需要太长时间准备的（如完成句子或对话等）相对简单、适合在课堂上完成的练习，目的是为了即学即用。

§ 课堂练习

为了方便教师的教学和学生的学习，我们把练习分为“课堂练习”和“课后练习”两部分。课堂练习编在课本中，主要是针对课文的内容而设计的一些适合口头表达的题型，比如根据课文内容回答问题、判断正误、填空、讨论以及课堂活动等。目的是加强学生对课文的理解与应用，体现课堂教学的交际性。最后还有一篇与课文主题相关的扩展阅读及练习，对课文的学习起到补充、强化的作用。

§ 课后练习

由于课堂教学的时间毕竟有限，不大可能针对每一个学生的不同需求进行充分的训练，因此大量的知识巩固与技能训练需要安排在课后进行。课后练习编排在学生练习册中（独立编辑成册），练习册与课本配套使用，练习册虽然独立于课本之外，但要与课本配合使用。课后练习主要为综合性练习。题型丰富，既有针对词语的，也有针对句子和语段的，最后一题是课外应用题，是课堂教学的延伸与拓展。每一课的题型数量基本保持在十个左右。教师可以从中选择那些适于书面表达的题型留做课后作业，便于老师逐个批改。

使用建议

上下两册可供一个学年使用（包括复习考试），即第一学期学习上册，第二学期学习下册。上册建议平均 6–7 课时完成一课（每课时 50 分钟），下册建议 7–8 课时完成一课。

本教材除课本外，还有配套的练习活页，以及练习答案，教学课件等教学资源可供选择和使用。

编者

2013 年 7 月

语法术语表

语法术语	拼音	简称	英文
名词	míngcí	（名）	Noun
代词	dàicí	（代）	Pronoun
动词	dòngcí	（动）	Verb
形容词	xíngróngcí	（形）	Adjective
副词	fùcí	（副）	Adverb
数词	shùcí	（数）	Numeral
量词	liàngcí	（量）	Measure Word
介词	jiècí	（介）	Preposition
助词	zhùcí	（助）	Particle
连词	liáncí	（连）	Conjunction
叹词	tàncí	（叹）	Interjection
象声词	xiàngshēngcí	（象声）	Onomatopoeia
前缀	qiánzhuì	（前缀）	Prefix
后缀	hòuzhuì	（后缀）	Suffix
主语	zhǔyǔ		Subject
谓语	wèiyǔ		Predicate
宾语	bīnyǔ		Object
定语	dìngyǔ		Attributive
状语	zhuàngyǔ		Adverbial
补语	bǔyǔ		Complement

目 录

13 一个高职生的升职神话

课前提示

1. 你觉得领导一般喜欢什么样的员工？
2. 工作后，为了升职，你会怎么做？

课堂学习

词语

13-1

1	高职	gāozhí	（名）	higher vocational and technical education 高职生
2	神话	shénhuà	（名）	myth, mythology 神话故事　升职神话
3	就业	jiù//yè	（动）	to obtain employment, to get a job 就不了业　就业率　就业机会　就业人数
4	形势	xíngshì	（名）	situation, circumstances 国际形势　就业形势
5	严峻	yánjùn	（形）	serious, severe 形势严峻
6	回音	huíyīn	（名）	reply 没有回音
7	初试	chūshì	（名）	preliminary examination 通过初试　初试合格
8	面试	miànshì	（动）	to interview, to audition 通过面试

9	轮	lún	（量）	(*used for things or actions that rotate*) round 第一轮考试　（排球比赛）打了一轮　一轮明月
10	考察	kǎochá	（动）	to inspect, to investigate 考察学校　考察市场 实地考察　仔细考察　科学考察 （1）一支考察队来到这里考察，发现了一种非常少见的树。 （2）我们会认真考察每一位选手。
11	人力	rénlì	（名）	manpower 人力物力
12	资源	zīyuán	（名）	resources 旅游资源　人力资源　资源丰富
13	实习	shíxí	（动）	to do fieldwork, to do an internship 去公司实习
*14	万万	wànwàn	（副）	(*used in the negative*) absolutely, by all means
15	紧急	jǐnjí	（形）	urgent, pressing, critical 情况紧急　事情紧急　任务紧急 紧急命令　紧急通知 （1）情况非常紧急，赶紧想办法吧。 （2）学校紧急通知："因为天气的原因，校运动会推迟举行。"
16	招聘	zhāopìn	（动）	to engage through public notice, to recruit 招聘经理
17	员工	yuángōng	（名）	staff 招聘员工
18	不满	bùmǎn	（形）	resentful, discontented 对……不满　很不满　不满的情绪　不满地说 （1）不要总是对现实不满。 （2）经理要求这个星期六还要上班，员工们听后都很不满。
19	学历	xuélì	（名）	record of formal schooling 研究生学历　学历很高
20	前台	qiántái	（名）	front desk 酒店的前台
21	接待	jiēdài	（动）	to receive, to admit 接待人员　接待顾客

22	登记	dēng//jì	（动）	to register, to enter one's name 登记住址　去登个记
23	簿	bù	（名）	book, notebook 登记簿
24	封面	fēngmiàn	（名）	cover (of a book) 书的封面
25	打印	dǎyìn	（动）	to print 打印资料
26	简介	jiǎnjiè	（名）	brief introduction 个人简介
27	客户	kèhù	（名）	client 国内外客户
*28	稍微	shāowēi	（副）	a little, a bit, slightly
29	业绩	yèjì	（名）	achievement, accomplishment, exploit 公司的业绩　业绩不错
30	占用	zhànyòng	（动）	to occupy 占用时间　占用床位
31	各位	gè wèi		everybody, you all 各位来宾
32	众人	zhòngrén	（名）	everybody 众人的目光
33	销售	xiāoshòu	（动）	to sell 销售汽车　销售经理　销售业绩　销售量 销售出去 （1）我们店这种汽车已经全都销售出去了。 （2）张平是我们公司的销售经理，他的销售业绩在我们公司是最好的。
34	份额	fèn'é	（名）	share, portion 市场份额　占（有）份额
35	了不得	liǎobudé	（形）	terrific, extraordinary 了不得的大事
36	脱口而出	tuō kǒu ér chū		to blurt out
37	佳	jiā	（形）	good, excellent 最佳方案

38	称号	chēnghào	（名）	title, designation “最佳员工”的称号
39	奖金	jiǎngjīn	（名）	money award, bonus 发奖金　领奖金　扣奖金
40	年底	niándǐ	（名）	end of a year 今年年底
41	述职	shù//zhí	（动）	to report on one's work 述职报告
42	限制	xiànzhì	（动、名）	to place (or impose) restrictions on; restriction, confinement （动）受到限制　进行限制　加以限制 限制时间　限制字数　限制人数 严格限制　限制得很厉害 （名）有限制　毫无限制 人数的限制　年龄的限制 （1）我妈妈限制我每个月的零花钱不能超过500元。 （2）在你们国家，年轻人结婚有年龄的限制吗？
43	下载	xiàzài	（动）	to download 下载资料　下载下来
44	堆	duī	（动）	to pile up, to heap up 堆雪人　堆起来
*45	说不定	shuōbudìng	（动、副）	to be not sure; perhaps
46	保险	bǎoxiǎn	（名、形、动）	insurance; secure, reliable; to be bound to （名）上保险　医疗保险　一份保险 （形）很保险 （动）保险没问题 （1）公司给每个员工都上了一份医疗保险。 （2）靠别人没有用，最保险的还是靠自己。 （3）你七点半从宿舍出发，保险不会迟到。
47	年终	niánzhōng	（名）	end of a year 年终总结
48	宗旨	zōngzhǐ	（名）	aim, purpose 公司的宗旨
49	扉页	fēiyè	（名）	title page 书的扉页

50	目录	mùlù	（名）	table of contents 教材的目录
51	提要	tíyào	（名）	abstract 论文的提要
52	正文	zhèngwén	（名）	main body (of a book, paper, etc.) 论文的正文
53	数据	shùjù	（名）	data 准确的数据
54	图表	túbiǎo	（名）	chart, diagram, graph 清晰的图表
55	漫画	mànhuà	（名）	caricature, cartoon 一幅漫画
56	展示	zhǎnshì	（动）	to show, to display 展示图纸　展示出来
57	不良	bùliáng	（形）	bad, harmful 不良现象　不良影响　不良情绪　消化不良
58	思路	sīlù	（名）	train of thought 思路清楚　打断思路
59	创意	chuàngyì	（名）	creativity, originality 有创意
60	岗位	gǎngwèi	（名）	post, job 应聘（秘书的）岗位
61	空缺	kòngquē	（动）	to be vacant 岗位空缺
62	人选	rénxuǎn	（名）	candidate 合适的人选
63	创造	chuàngzào	（动）	to create 创造世界纪录　创造条件　创造良好的环境 创造出来
64	惊叹	jīngtàn	（动）	to wonder (at), to marvel (at) 令人惊叹　惊叹不已

专有名词

1	杨丽	Yáng Lì	*name of a person*
2	新加坡	Xīnjiāpō	Singapore

课文

13-2

一个高职[1]生的升职神话[2]

杨丽高职毕业那年，就业[3]形势[4]很严峻[5]。寄出几十封求职信后，只有一家公司给了她回音[6]。

通过初试[7]和面试[8]后，杨丽进入了最后一轮[9]考察[10]：在人力[11]资源[12]部实习[13]3天。部长交给杨丽一个任务：整理公司去年的一些文件，然后再把文件保存到电脑里。

杨丽忙了一天，下班前好不容易才完成了工作的大半。万万[14]没想到的是，正在这时，突然接到一个坏消息：总公司紧急[15]通知暂时停止招聘[16]新员工[17]。"这不是跟我们开玩笑吗？"参加实习的其他人纷纷表示不满[18]，而杨丽则一句话都没说，一个人仍然在办公室里忙来忙去。部长客气地对她说："真不好意思，让你白忙了一天……下班了，快回家吧，明天就不用来了。"

杨丽说："没关系，活儿没干完我心里不放心，明天上午就整理好了。"

两个月后，在一个小店打工的杨丽接到一个电话，是那位部长打来的。他对这个"傻"求职者印象深刻，公司重新开始招聘时，他第一个电话便打给了杨丽。

学历[19]不高、毫无工作经验的杨丽被安排在前台[20]做接待[21]员。上班第一天，杨丽就换掉了那本已经非常破旧的登记[22]簿[23]，换上一个大本子，封面[24]是她自己打印[25]的公司简介[26]。因为公司很大，部门非常多，公司没有要求前台接待员必须记住所有部门的电话号码。可为了节约接待时间，她花了几个晚上，把所有部门的电话号码都背了下来。

一次，几个新加坡客户[27]到公司来谈合作，杨丽请他们在大厅稍微[28]等一会儿。客户们谈到对这个新合作伙伴的业绩[29]不太了解。杨丽听了，立刻很有礼貌地说："如果可以的话，占用[30]各位[31]一点儿时间，我可以简单介绍一下本公司的情况。"

在众人[32]惊讶的目光里，杨丽把公司近几年的销售[33]业绩的增长、市场份额[34]等情况介绍得非常清楚，等销售经理过来的时候，客户们把杨丽大大地称赞了一番："你们公司真是了不得[35]啊，普通员工对公司的业绩都能脱口而出[36]，我们对这样的企业很有信心……"

一年后，"最佳[37]员工"的称号[38]和奖金[39]落在了这个前台接待员头上。

每年年底[40]，员工们都要写述职[41]报告，总结经验，提出建议。当杨丽开始写述职报告时，老员工们都说："你这么认真干什么！公司对述职报告没有做任何限制[42]，你从网上下载[43]两三篇，改改就行了。你想想，整个公司的报告加起来有上千份，堆[44]起来比老板的个子还高，他怎么可能一份一份地看？说不定[45]他只是随便看一两份，其他的都不知道扔到哪里去了。你花那么多时间干什么！按我们说的去写，保险[46]没问题。"

一周后，杨丽拿出了一本像杂志一样既有文又有图的年终[47]总结。彩色封面上是公司的宗旨[48]，扉页[49]上是目录[50]和提要[51]，正文[52]分别是"我的工作"、"我的看法"和"我的建议"，每部分都有详细的数据[53]和图表[54]，还用漫画[55]展示[56]了公司存在的不良[57]现象。

三天后，老板把杨丽叫到办公室说："你的年终总结我看了四遍，你看问题很准确，思路[58]清楚、有创意[59]，但我更欣赏的是你对工作的责任感。正好有一个部门经理的岗位[60]空缺[61]，我认为你是最合适的人选[62]。好好干吧！"

进入公司的第三年，杨丽升职成为部门经理，大家都为她创造[63]的升职神话而惊叹[64]。

（选自《微型小说选刊》2010 年第 9 期，作者：卓然。有删改。）

课文注释

高职生：指参加完高考后，分数线没有达标，没有被国家教育部认可的高等院校的本科和专科录取的学生，在拿到高中毕业证书后，去高等职业学院直接学习技能，这样的学生被称为高职生。

语言点例释

（一）万万没想到的是……

“万万”，副词。意思是绝对、无论如何。做状语，修饰动词。只用于否定句。常用在“不、没”等否定副词前，强调否定。也可单独用“万”。与“万”相比，“万万”多用于口语，语气也更强烈。例如：

（1）这件事非常重要，万万不可马虎。

（2）一定要告诉自己的孩子，万万不能跟陌生人走。

（3）今后万不能这样做了，太危险了。

（4）我们万没想到，他竟然带着钱逃走了。

即时练习

◇ 用“万万（万）”完成句子或对话：

1. 明天的会议非常重要，你____________________。

2. ____________________，今天就是开学的日子了，我还以为是明天呢。

3. A：我们为什么每年都要给他们举行纪念活动？

 B：他们都是国家的英雄，为了祖国献出了自己的生命，我们____________________。

4. A：你为什么这么感激他？

 B：在我最需要钱的时候，__________________，他竟然把自己所有的钱都借给了我。

（二）……总公司紧急通知暂时停止招聘新员工。

“暂时”，名词。表示某种情况或状态只在短时间内存在，不会持续很久。做定语常带“的”。不能重叠。例如：

（1）这段时间很忙，我可能暂时去不了你那儿了。

（2）因为条件不允许，我暂时放弃了那个计划。

（3）我暂时在这儿住几天，等天气稍微暖和一点儿后再回去。

（4）那只是暂时的现象，说明不了什么问题。

（5）困难是暂时的，以后一定会好起来的。

即时练习

◇ 用"暂时"完成句子或对话：

1. 你的行李要是实在没地方放的话，你回国期间，行李＿＿＿＿＿＿＿＿＿＿＿＿＿＿。

2. A：这几天你用钱吗？真不好意思，我向你借的那笔钱这几天可能还还不了你。

   B：没关系，＿＿＿＿＿＿＿＿＿＿＿＿＿＿，那笔钱你过几天还也没问题。

3. A：不管您怎么说，我还是不同意您的计划。

   B：算了，太晚了，明天我们再找时间继续谈，今天＿＿＿＿＿＿＿＿＿＿＿＿＿＿。

4. A：唉，我们现在没有房子，没有钱，什么都没有。

   B：＿＿＿＿＿＿＿＿＿＿＿＿＿＿，我相信通过我们的努力，在不久的将来，这一切我们都会有的。

（三）参加实习的其他人纷纷表示不满，而杨丽则一句话都没说，一个人仍然在办公室里忙来忙去。

"则"，连词。表示对比，有时有转折的意思，相当于"却"。书面语。例如：

（1）有人说，婚姻就像围城，外面的人想进去，里面的人则想出来。

（2）我们几个人的个子相差不多，他则比我们高出不少。

（3）父母认为玩游戏很无聊，而我则感到乐趣无穷。

（4）遇到困难，我退缩了，妹妹则勇敢地迎了上去。

即时练习

◇ 用"则"完成对话：

1. A：你觉得男人和女人有什么不同？

   B：在我的意识里，男人是负责挣钱的，＿＿＿＿＿＿＿＿＿＿＿＿＿＿。

2. A：安娜和阿里的出勤情况怎么样？

   B：安娜的出勤情况令人满意，＿＿＿＿＿＿＿＿＿＿＿＿＿＿。

3. A：结婚后，中国女性和英美国家的女性都继续使用自己的姓吗？

   B：中国妇女在婚后继续使用自己的姓，＿＿＿＿＿＿＿＿＿＿＿＿＿＿。

4. A：过春节的时候，中国南方人和北方人习惯吃的东西完全一样吗？

   B：不完全一样，南方人通常要吃年糕，＿＿＿＿＿＿＿＿＿＿＿＿＿＿。

（四）一次，几个新加坡客户到公司来谈合作，杨丽请他们在大厅稍微等一会儿。

“稍微”，副词。表示时间短暂、数量不多或程度轻微。在其所修饰的动词或形容词后面常常带着“一点儿、一些、一下、一会儿”等词语。动词后如果没有“一点儿、一些、一下、一会儿”等词语，常常需要重叠。例如：

（1）汤有点儿淡，再稍微放一点儿盐吧。

（2）她的生日比我稍微晚一些，在下个月。

（3）这篇课文我已经复习得差不多了，再稍微看一下就行了。

（4）今天运动的时间还不够，我们再稍微多跑一会儿吧。

（5）这电视有点儿靠后，稍微往前移移。

（6）校长马上就来，请你稍微等一等。

即时练习

◇ **用“稍微”完成对话：**

1. A：我们继续干吧。

   B：我累得很，______________________。

2. A：你觉得这件衣服怎么样？

   B：______________________，你再换件大点儿的吧。

3. A：这次你考得怎么样？

   B：这次考试我考了 85 分，比上次______________________。

4. A：你觉得这个问题他能回答出来吗？

   B：______________________，还是换一个简单一点儿的吧。

（五）……堆起来比老总的个子还高……

“还”，用于比较句，表示进一层，强调肯定的语气，构成“比……还……”格式，后接的动词或形容词做谓语。例如：

（1）没想到她比她妈妈还喜欢打扮。

（2）她比我大好几岁，但她显得比我还年轻。

（3）我确实跑得慢，可你跑得比我还慢。

（4）今年来中国学习汉语的留学生比去年还多。

即时练习

◇ 用“比……还……”完成句子或对话：

1. 我学了两年汉语，他只学了一年，可______________________。

2. A：他让父母这么伤心，父母以后还会管他吗？

　B：对父母来说，孩子______________________，他的父母肯定不会不管他的。

3. A：你的房间太乱了，我们去小王的房间吧。

　B：他从来不打扫房间，他的房间______________________。

4. A：这次你考得这么好，一定超过小李了吧？

　B：这次我考得确实不错，但______________________。

（六）说不定他只是随便看个一两份，其他的都不知道扔到哪里去了。

“说不定”，主要的意思和用法有：

A. 副词。表示估计，可能性很大。例如：

（1）你再不出发，说不定就来不及了。

（2）这次的聚会有很多人参加，就跟我一起去看看吧，说不定还能碰上一个自己喜欢的人呢。

B. 动词。意思是估计不准确，说不好。做谓语。主语一般是“谁”这样表示虚指的词语。例如：

（3）他什么时候能回来，谁也说不定。

（4）她到底能不能参加这次会议，现在还说不定。

即时练习

◇ 用“说不定”完成对话：

1. A：都过了半个小时了，他还会来吗？

　B：______________________，咱们别等他了。

2. A：你们中有谁知道到底在哪儿考试？

　B：你去问一下小王吧，______________________。

3. A：雨都下了一天了，什么时候能停呢？

　B：______________________。

4. A：你说今天要带伞吗？

　B：还是把伞带上吧，______________________。

（七）按我们说的去写，保险没问题。

“按”，介词。意思是“按照、依照”，表示动作行为遵从某种规定、条件或标准来进行。与名词、名词性词语构成介宾短语做状语。例如：

（1）学校运动会将按期举行，希望报了名的同学都能按时参加。

（2）按惯例，我们学校圣诞节不放假。

（3）按他给我提供的地址，我很快就找到了他的家。

（4）人活在这个世界上，不可能什么事情都按自己希望的去做。

（5）总经理已经同意了你的计划，就按你的计划去做吧。

即时练习

◇ 用“按”完成对话：

1. A：我们国家的法律规定女的 18 岁就可以结婚了，中国呢？

B：________________。

2. A：如果租您的房子的话，必须一次性付清一年的房租吗？

B：________________。

3. A：你看，车的速度这么慢，能按时到达吗？

B：________________，肯定要迟到。

4. A：每隔 8 个小时吃一次药，千万别忘了。

B：妈，您就放心吧，我一定会________________。

课堂练习

（一）根据课文内容判断对错：

(　　)1. 对于杨丽来说，能够得到那个实习机会非常不容易。

(　　)2. 总公司的紧急通知下来后，其他的实习者都很不满，而杨丽的表现却与他们迥然不同。

(　　)3. 杨丽知道以后那个公司还会招聘，所以故意想给部长留个好印象。

(　　)4. 其他的老员工对述职报告都很重视。

(　　)5. 杨丽为述职报告付出了很多的时间和精力。

(　　)6. 杨丽的升职，别人认为是非常神奇的。

（二）根据课文内容回答问题：

1. 在公司重新开始招聘时，部长为什么第一个电话就打给了杨丽？
2. 杨丽在成为前台接待员后，做了哪两件事情？
3. 杨丽为什么得到了新加坡客户的称赞？
4. 为什么其他老员工建议杨丽通过下载的方式写述职报告？
5. 老板为什么任命杨丽为部门经理？

（三）课堂讨论：

1. 你觉得杨丽为什么能够创造这种升职神话？
2. 从杨丽创造的这种升职神话中，我们可以学习到哪些东西？

（四）课堂活动：

活动一

词语比赛

课文中提到在公司中，有一个部门叫做“人力资源部”，除了“人力资源部”，你还知道公司中哪些部门的名字？四人一组进行比赛，看哪个小组说得又对又快又多。

活动二

调查一下班内同学对如何才能升职的看法。

要求：四人一组，角色轮换调查，要求调查对象根据重要性依次列举出三个影响升职的因素，并简单说明或解释，最后整理出本小组的调查报告。

下面的词语可以帮助你表达：

进行职业规划　确立职业目标　职业发展计划　短期目标　中期目标
长期目标　成功要付出代价　有多大的付出，就有多大的收获　本职工作
出色　份外事　组织能力　管理能力　表达能力　善于团结上下级
团队精神　亲和力　自律　严格要求自己　加强时间观念　公私分明
沟通　尊重公司文化和制度　忍耐　实力　钻研业务

扩 展 阅 读

发光并不是太阳的专利

“我现在想的就是，认真过好每一天，不要抱怨生活……”前不久，北京某大学一位普通的楼管走上了讲台，讲述《一个平凡的故事》。

这个名叫齐明会的楼管在网上被同学们亲切地称为“教九大叔”，尤其是在校

园网的论坛上，“大叔”已经是网上红人。

“教九大叔”个子不高，一件蓝色的工作服，话语不多，淡淡的微笑，一看到他就想起了老实的农民。“忠厚，老实，善良，勤勤恳恳，还会上网。”学校物业中心主任刘宏进这样评价。

一个失物招领帖引来空前关注

失物招领在许多同学看来已经很常见，可“教九大叔”的一篇帖子却引起了强烈的关注，一天之内点击量达2714次，回帖量达389篇，创造了校园网的传奇。

前不久，齐明会以“教九楼”的ID在校园网上发布了一则失物招领启事，寻找1700元现金的失主，还附有两张现金照片。让同学们吃惊的是，楼管大叔居然也上校园网了，还附上一张严肃的证件照做头像。

帖子发布后的第一天，没人来认领。大叔很着急，更让他着急的是他的帖子竟然不见了。“没有帖子怎么找到失主？”大叔想到给管理员发站内信，并给校园网后台发了一封邮件。多方联系后，这则帖子终于重新出现在论坛上。

终于，在帖子发布后的第三天，一名心理系的女生看到了校园网上的信息，并通过大叔的反复询问，拿回了本以为丢失了的钱。

“当我前去教九认领的时候，楼管大叔的态度真的很好，并提醒我要小心保管自己的财物，让我很受感动。”失主事后在网上写了封表扬信。

发光并不是太阳的专利

“发光并不是太阳的专利，你也可以发光。”齐明会在他的个人博客上这样自我介绍。在许多同学看来，他确实做到了。

“教九大叔”齐明会来自河北农村，只有初中文化，但他一直保持着学习知识的热情。在中国人民大学当保洁员时，他报名上过夜校，在“新东方”学过英语，后来在辅仁大学又报名学习《新概念英语》，还做了一段时间的英语家教。

九年前来到现在的大学时，身为保洁员的“教九大叔”向部门领导提出了一个条件，“每天可以学习一小时的电脑”。大叔不光买书、买光盘自学电脑，还从学生那儿拷贝软件。开始时连开机都不会的他，现在已能熟练掌握Word和Photoshop等软件的操作。今年，大叔自行检修、重装系统，把机房淘汰的电脑重新利用了起来。

没有照相机，大叔就用摄像头拍下失物照片，然后上传到网上。“虽然图片不是很清晰，但效果已经达到了。”

今年2月，“教九大叔”以“教九楼”的ID注册了，从此在校园网上经常可以看到“教九大叔”的证件照。大叔除了发布失物招领启事，提醒同学注意假日期间的财产安全外，他还经常跟同学分享自己的工作心情。“我在校园网上有ID，你们有意见也可以到那里去提”成了他新的口头禅。

原创《教九工作手册》

学校教九楼有 20 间教室和一个可以容纳 400 人的报告厅。从早上 6 点半开始，打开楼门迎接广大学生进楼学习，到检查完每间教室的卫生水电，大叔忙完一天的工作，几乎得到晚上 11 点半。大叔住在教九楼地下室的宿舍里，每天工作完后，他就会动手操作学习电脑知识，同时上校园网发帖寻找失物主人，经常忙到夜里两三点。

“别人想不到的事，希望自己能先想到。”这是大叔对自己的要求。

教九楼的储物柜里摆着一些没人来认领的伞，下雨时大叔就把伞借给没带伞的同学，第二天同学再把伞还回来。可是，让大叔奇怪的是，柜子里的伞越来越多。原来有些同学拿错了雨伞，就把拿错的别人的伞送到了教九大叔这儿。

夏天，身体不好的女孩子容易晕倒，教九大叔就提前准备一些红糖水。

大叔还专门写了一本《教九工作手册》，里面写着大叔多年的工作心得和经验总结，都是大叔亲手写作并打印装订成册的。大叔同时也把手册放到了自己的博客中，“希望和大家一起分享，希望多为同学们做一点儿好事。”

在《教九工作手册》中，除了一些管理办法外，还有一些对突发事件的处理。例如，下雨天、下雪天，提醒工作人员贴上“小心路滑”、“小心摔倒”等小提示；刮风的天气，提前关好窗子；下楼梯急的同学，扭伤了脚，教他们如何处理……

大叔用这种主动热情且富有创造性的工作方式影响着身边的人，尤其是校园里的学生，他们把这个普通人当成了自己的榜样。

打开校园网上有关大叔的帖子，经常可以听到对大叔的赞叹声：“我们办学生活动，其他教学楼楼管没什么好脸色，教九大叔很好，每次都很热心。”“我们考研的时候，教九是全校唯一一个能学习到 12 点的教学楼，我们什么时候离开教九，你什么时候休息，‘爱岗敬业，认真负责’，用到你身上是一点儿也不过分！”

网友“绿色心情”在校园网上留言说：“教九大叔虽是平凡的人，做平凡的事，但这种简简单单的平凡却如此的真实，真实得足以让我们感动！”

（一）阅读短文判断对错：

（　　）1. 那次失物招领吸引了很多人的关注。

（　　）2. 校园网的管理员发现失物招领的帖子不见后，主动联系了“教九大叔”。

（　　）3. 在找到失主后，“教九大叔”严肃地批评了马虎的失主。

（　　）4.“教九大叔”的英语水平还算不错。

（　　）5. 九年前，“教九大叔”根本不会电脑。

(　　)6. 由于“教九大叔”的电脑水平还不算高，学生如果有意见还无法在网上向他提出来。

(　　)7. 教九楼每天晚上 11:30 按时关门。

(　　)8. 遇到下雨时，“教九大叔”常常免费借伞给学生。

(　　)9. 冬天，“教九大叔”还为女学生准备了红糖水。

（二）根据短文内容，在 A、B、C 中选择正确的答案：

1. 下面哪个对“教九大叔”的描述是错的？（　　）

A. 个子不算高　　B. 性格外向

C. 在校园网上很有名　　D. 会上网

2. 下面哪个跟那次失物招领有关的描述是错的？（　　）

A. “教九大叔”是第一次上校园网

B. 认领的过程并不顺利

C. 他的帖子被人故意给删掉了

D. 最后找到了失主

3. 在校园网上“教九大叔”没有做过什么事情？（　　）

A. 提醒同学注意财产安全

B. 分享工作心情

C. 发些没什么意义的帖子

D. 要求同学还伞

4. 为什么“教九大叔”睡得很晚？（　　）

A. 要学习英语和日语

B. 教九楼的学生很多，要和他们聊天儿

C. 既要学习又要继续工作

D. 报告厅打扫完需要很长时间，然后还要打扫厕所

5. 下面哪个关于《教九工作手册》的内容是正确的？（　　）

A. “教九大叔”免费发放《教九工作手册》

B. 可以上网查询

C. 主要是供学生使用的

D. 是“教九大叔”跟其他工作人员一起制作的

（三）理解短文后回答问题：

1. “教九大叔”为什么能得到大家的尊敬和喜爱？

2. 从“教九大叔”的身上，你能学到什么？

14 选择

课前提示

1. 你婚后会跟父母同住吗？为什么？
2. 你同意找对象结婚“门当户对”的观念吗？为什么？

课堂学习

词语

14-1

1	微词	wēicí	（名）	veiled criticism 颇有微词
2	看不惯	kànbuguàn	（动）	to hate seeing, to dislike 看不惯他的打扮
3	支使	zhīshǐ	（动）	to order about 支使别人　支使丈夫做家务
4	公务员	gōngwùyuán	（名）	government office worker 考公务员　国家公务员
5	各自	gèzì	（代）	each, respective 各自的房间　各自努力
6	无可奈何	wú kě nàihé		to be helpless, to have no choice 无可奈何的样子　无可奈何的时候 无可奈何地说　无可奈何地叹了口气 （妈妈）也无可奈何　（大家）对他无可奈何 （1）看着他无可奈何的样子，我也很着急。 （2）他一次又一次地求我，最后我无可奈何地同意了。 （3）他经常喝醉酒，妻子也无可奈何。

7	逛街	guàng//jiē	（动）	to saunter, to go shopping 逛了一天街
8	购	gòu	（动）	to buy, to purchase 购物
*9	……之类	……zhīlèi		and so on, and the like
10	背地里	bèidìli	（名）	behind one's back 背地里说别人坏话
11	大手大脚	dà shǒu dà jiǎo		wasteful (with things) 花钱大手大脚
12	多余	duōyú	（形）	superfluous 感到多余　有点儿多余　多余的人 多余的话　（担心）是多余的 （1）我没有多余的钱，所以这次旅游我不去了。 （2）你的担心不是多余的，今天他果然出事了。
13	糟糕	zāogāo	（形）	awful, terrible 真糟糕
14	订购	dìnggòu	（动）	to place an order for 订购机票
15	面积	miànjī	（名）	area, space 土地面积　面积很大
16	商品房	shāngpǐnfáng	（名）	commercial housing 订购商品房　一套商品房
17	首付	shǒufù	（名）	down payment 首付 20 万　付首付
18	积蓄	jīxù	（名）	savings 有积蓄
19	按揭	ànjiē	（动）	*(usu. used in real estate, etc.)* to mortgage 按揭房子
20	率真	shuàizhēn	（形）	straightforward and sincere 率真的人　率真的性格
*21	不由得	bùyóude	（副）	cannot help (doing sth.)
22	气氛	qìfēn	（名）	atmosphere, ambience 气氛热烈　气氛紧张　充满（欢乐的）气氛 制造（紧张）气氛　友好的气氛 （1）春节到了，到处都充满了欢乐的气氛。 （2）考试前，教室里的气氛有点儿紧张。

23	干涉	gānshè	（动）	to interfere, to intervene 干涉别人的自由　干涉别国的事情
*24	免得	miǎnde	（连）	so as not to
25	耽误	dānwù	（动）	to hold up, to spoil through delay 耽误学习　耽误时间　耽误不了
26	不止	bùzhǐ	（动）	more than 不止一次
27	争论	zhēnglùn	（动）	to debate, to dispute 争论（放假去哪儿的）问题　争论得很激烈 争论起来　争论了一个小时 一场争论　发生争论 （1）该吃饭了，你们还在争论什么呢？ （2）经过一番激烈的争论，大家的意见最后总算统一了。
28	最后通牒	zuìhòu tōngdié		ultimatum 给他下最后通牒
29	独生子	dúshēngzǐ	（名）	only son 家里的独生子
30	对得起	duìdeqǐ	（动）	to not let sb. down, to treat fairly 对得起父母
31	观念	guānniàn	（名）	sense, mentality, idea 传统观念　法制观念　消费观念 改变（旧）观念
32	坦白	tǎnbái	（形、动）	honest; to confess （形）坦白地说　十分坦白 （动）坦白错误　坦白问题　坦白承认 （1）我坦白地告诉你，我一点儿也不喜欢这儿。 （2）对于自己的错误，你应该立刻坦白承认，然后向对方道歉。
33	各种各样	gè zhǒng gè yàng		all kinds of 各种各样的人　各种各样的矛盾
34	疯	fēng	（形）	crazy, insane 快疯了　把他逼疯了
35	养老院	yǎnglǎoyuàn	（名）	old people's home 住养老院

36	独生女	dúshēngnǚ	（名）	only daughter 家里的独生女
37	优越	yōuyuè	（形）	superior, advantageous 优越的条件　位置优越
38	算（是）	suàn(shì)	（动）	to consider, to regard as, to count as （还）算干净　算说得快的　算好学生 算水平高的　不算高 （1）我到这儿半个月了，还算习惯。 （2）她做的菜不算好吃，但是很好看。
39	富裕	fùyù	（形）	rich, prosperous 生活富裕　富裕的人
40	不觉	bùjué	（副）	unconsciously
41	浪漫	làngmàn	（形）	romantic 浪漫的人　浪漫的爱情　浪漫的气氛
42	压力	yālì	（名）	pressure 经济压力　生活的压力　压力很大
43	门当户对	mén dāng hù duì		(of a couple) to be well-matched in social and economic status 门不当户不对　门当户对的婚姻 讲究门当户对
44	共同语言	gòngtóng yǔyán		common ideas, common interests 有共同语言　缺乏共同语言
45	传宗接代	chuán zōng jiē dài		to have a son to carry on one's family name
46	绝后	jué//hòu	（动）	without offspring 绝了后
47	罢休	bàxiū	（动）	(*oft. used in the negative*) to give up, to stop 决不罢休
48	养儿防老	yǎng ér fáng lǎo		to raise children to provide against old age
49	培养	péiyǎng	（动）	to train, to cultivate 培养孩子　培养人才　培养感情 好好儿培养　把……培养成……　培养起来 （1）我认为，只要努力，即使婚前没有感情，婚后也能把感情培养起来。 （2）父母都希望把自己的孩子培养成对社会有用的人。

50	义务	yìwù	（名、形）	duty, obligation; voluntary （名）有义务 尽义务 承担义务 父母的义务 公民的义务 （形）义务劳动 义务演出 义务看病 （1）服兵役是每个公民应该承担的义务。 （2）我们有义务帮助学习较差的同学。 （3）这位大夫常常给病人义务看病。
*51	以及	yǐjí	（连）	as well as, along with, and
*52	凭	píng	（介）	to base on, to go by

专有名词

1	张平	Zhāng Píng	*name of a person*
2	王娜	Wáng Nà	*name of a person*

课文

14-2

选择

张平和王娜是我的两个同事。我们在同一个办公室，年龄又相近，所以大家关系很好，有了什么都愿意告诉其他人。这段时间，他们都遇到了问题。

张平今年 28 岁，他和妻子小刘刚结婚半年。因为暂时买不起房，张平家里房子又很大，所以婚后张平就和父母住在了一起。

一起住的日子久了，一些矛盾慢慢就出现了。张平的母亲对不大做家务的小刘颇有微词[1]，尤其看不惯[2]她支使[3]张平做家务，说："他是公务员[4]，上班很忙。再说，让一个男人干这些活儿，传出去都丢脸。"小刘却不同意："公务员怎么了？我上班也很累。再说了，男人为什么就不能做饭、拖地？我同事的老公在家里什么都做，也没人说他丢脸啊。"于是，两个女人各自[5]气呼呼地回房，而张平则只好无可奈何[6]地两边说好话。

小刘喜欢逛街[7]购[8]物。每次看到她提着新衣服新鞋子之类[9]的东西回家，张平的母亲都有点儿不高兴。有一次背地里[10]和张平说："她也太不会过日子了，花钱大手大脚[11]的，需要买那么多衣服鞋子吗？我看很多都是多余[12]的。自己又赚不了几个钱，你也不管管。"糟糕[13]的是，这话刚好被小刘听到，小刘嘴上没说什么，心里又不痛快了。

去年，张平订购[14]了一套面积[15]较大的商品房[16]，首付[17]花光了家里所有人的积蓄[18]，还按揭[19]了十几万，张平负责以后的还款。临交房前，大家坐在一起聊天儿，张平的母亲说了一句："我已经把现在住的这套房子放到房屋中介那儿了，准备卖掉，反正没几天就有新房子住了。""以后我们还要一起住吗？"率真[20]的小刘不由得[21]脱口而出。"那当然了，我就这么一个儿子，肯定要一起住的。"气氛[22]开始变得紧张……

"如果选择我的话，我们必须自己住，大不了租房子，大家谁也不要干涉[23]谁，免得[24]以后矛盾越来越多；如果选择和你爸妈一起住的话，我们只能分手，谁也别耽误[25]谁。"在经历了不止[26]一次的争论[27]后，小刘给张平下了最后通牒[28]。

"我是家里的独生子[29]，父母一直想和我住在一起。如果分开住，父母肯定伤心。我怎么对得起[30]父母？可是住在一起，双方的生活习惯、思想观念[31]都不一样，坦白[32]地说，肯定会有各种各样[33]的矛盾，现在我妻子已经忍受不下去了。你说，爸妈和老婆，我该选择谁？我都快疯[34]了。"张平无可奈何地问我。

是啊，即使现在分开住，可是父母年纪大了，病了，不能自己照顾自己的时候又怎么办？送养老院[35]？让保姆照顾老人？张平放心吗？还没结婚的我实在不知道该怎么回答他才好。

张平的问题还没解决，王娜也出了问题。王娜家在大城市，是家里的独生女[36]，家庭条件优越[37]。而她的男朋友小李家在农村，家庭不算[38]富裕[39]。还有三个姐姐，现在也都在农村。小李是王娜的初恋，人很优秀，两人相恋不觉[40]已经三年了。在过去的三年里，他们很快乐很浪漫[41]。万没想到，就在王娜把男朋友的情况告诉父母并准备把小李带回家见父母时，父母却拒绝见小李。父母以这种方式表示了对他们结婚的反对。

父母一方面担心王娜婚后经济压力[42]太大，另一方面也担心因为门不当户不对[43]而产生的双方和双方家庭观念上的差异，他们对王娜说："两个人生活环境相似，对事物的看法相近，生活中才会有更多的共同语言[44]。不然的话，很容易产生矛盾。比如说，有人认为结婚了，小家庭就是最重要的；而有的人认为，父母永远是最重要的。有人认为父母不对就可以指出来；而有人则认为在任何情况下，都不能和父母顶嘴。有人认为生儿生女是一样的；有人则认为只有儿子才能传宗接代[45]，不然就绝了后[46]，所以不生儿子不罢休[47]。有的父母'养儿防老[48]，而有的父母则认为培养[49]孩子是自己的责任，孩子成长的过程中给自己的快乐就是孩子对父母的回报。有的父母认为，几个孩子中，一个孩子富裕了，就有义务[50]帮助其他孩子，包括付学费、结婚以及[51]买房子；有的则不认同。凭[52]你的条件，完全可以找个门当户对的，为什么要给自己找那么多麻烦呢？"

"我真的不愿意放弃，因为我们彼此真心相爱。可我的父母坚决反对。在这种情况下，你说我该怎么办？"王娜问我。

确实，放弃对小李来说是不公平的，因为他根本没有权力或机会选择自己的家庭，他也深爱着王娜。可另一方面，父母是这个世界上最爱子女的人，天下没有哪个父母不希望自己的子女过上好日子。父母经历过的、看过的比王娜多得多，他们的担心难道一点儿道理也没有吗？

看来，一切都把握在自己手里，就看你怎么去选择。

（选自《义乌商报》，作者：林晓燕。有删改。）

语言点例释

（一）每次看到她提着新衣服新鞋子之类的东西回家，张平的母亲都有点儿不高兴。

“……之类”，表示不尽列举，只提出同类人或事物的代表。例如：

（1）我只买小说之类的文学书籍，其他的书从来不买。

（2）我对养小猫、小狗之类的动物没什么兴趣。

（3）虽然并不常上网，但他很熟悉“恐龙、青蛙、灌水”之类的网络词语。

（4）她很喜欢植物，什么玫瑰、兰花之类，家里到处都是。

即时练习

◇ **用“……之类”完成句子或对话：**

1. 我喜欢吃__________________________。

2. 她经常穿__________________________。

3. A：你喜欢什么样的体育运动？

   B：__________________________。

4. A：你们国家的人去医院看病人时常带什么？

   B：__________________________。

（二）临交房前……

“临”，介词。意思是将要、快要，表示某行为很快就要发生。其后是动词或动词性结构。用“临”组成的介词结构，后面常有“前、以前、时、的时候”配合，在句中做状语。用“临”组成的介词结构可以用在主语前，也可以放在主语后。例如：

（1）临上飞机前，他才想起忘了给朋友买礼物了。

（2）那个女孩儿临下车时给了他一个电话号码，让他以后常和她联系。

（3）晚上临睡的时候，我还会读点儿书。

（4）临回北京的那天晚上，他们吃完晚餐已是晚上十点了。

（5）他临走反复告诉我，一定要注意安全。

即时练习

◇ 用“临”完成对话：

1. A：你付完钱了吗？

   B：唉，别提了，________________，我才发现忘了带钱包。

2. A：他怎么还不睡觉？

   B：这是他的习惯，________________，他都要再看一会儿书。

3. A：他怎么买了这么多东西？

   B：这不是要回国了嘛，每次________________，他都给父母、朋友买很多礼物。

4. A：老师什么时候说要写一篇作文的？

   B：________________，你不是正好提前走了嘛，所以没听见。

（三）“以后我们还要一起住吗？”率真的小刘不由得脱口而出。

“不由得”，副词。表示在某种情况下，不知不觉、不由自主地产生某种反应。做状语。相当于“不禁”。例如：

（1）全聚德的烤鸭简直太好吃了，我不由得吃多了。

（2）我脚下一滑，差点儿摔倒，不由得叫了一声。

（3）看见我和他的照片，不由得想起了我和他在一起的那段日子。

（4）他越说越高兴，不由得声音也高起来。

即时练习

◇ 用“不由得”完成句子：

1. 孩子不听话，________________。

2. 他讲的笑话太有意思了，________________。

3. 读到精彩的地方，________________。

4. 看到自己喜欢的队获胜了，________________。

（四）……大家谁也不要干涉谁，免得以后矛盾越来越多……

“免得”，连词。表示避免发生某种不希望的情况。多用于后一分句的开头，主语常常承前省略。用于口语。“免得”后面常常是动词、形容词或动词结构、主谓结构等。例如：

（1）你赶紧通知他别来了，免得他白跑一趟。

（2）这件事情你要仔细考虑，免得后悔。

（3）你还是今天就把它做完吧，免得明天着急。

（4）多吃点儿，免得饿着。

即时练习

◇ 用“免得”完成对话：

1. A：这本参考书你是在哪儿买的？我也想买一本。

   B：你如果需要就送给你，____________________。

2. A：我马上就去找他。

   B：先打听清楚地址再去，____________________。

3. A：这件事情派谁去合适呢？

   B：这件事很重要，你还是亲自去一趟，____________________。

4. A：我已经好长时间没给父母打电话了。

   B：你还是赶快给父母打个电话吧，____________________。

（五）父母以这种方式表示了对他们结婚的反对。

“以”，介词。意思相当于“用、拿”。多用于书面语。例如：

（1）她虽然什么都没有说，但以实际行动帮助了我。

（2）他以妻子的名字给自己的饭店命了名。

（3）能以志愿者的身份参加这次活动，我感到非常荣幸。

（4）那个国家以各种优惠条件吸引了很多投资者。

即时练习

◇ 用“以”完成对话：

1. A：您别说了，我不想听。

   B：你一定得听！这几句话，我不是以一个父亲的名义，而是____________________对你说的。

2. A：他昨天为什么给妈妈洗脚？

B：每个人表达爱的方式不一样，他＿＿＿＿＿＿＿＿表达了对母亲的爱。

3. A：每年都有很多人想去那个公司。

B：是啊，那个公司＿＿＿＿＿＿＿＿吸引了很多人才。

4. A：你真的能做到吗？

B：您就看我的实际行动吧，我会＿＿＿＿＿＿＿＿证明的。

（六）……包括付学费、结婚以及买房子

“以及”，连词。连接并列的词、短语或小句。多用于书面语。

A. 连接的成分是平等的。例如：

（1）超市里食品衣服以及日常用品等应有尽有。

（2）能进入那家公司，意味着能获得更多成名的机会以及比较稳定的收入。

B. 连接的成分有主次的分别。前面是主要的。例如：

（3）他买了一套衣服以及其他一些小东西。

（4）领导、同事以及他的学生都很关心他的身体。

C. 连接的成分有先后的分别。例如：

（5）他是怎么来的，以及最后是怎么走的，大家都知道得很清楚。

（6）他昨晚什么时候洗的澡，以及什么时候上的床，我都不知道。

要注意的是，“以及”可连接并列的小句做句子的一个成分，但不能连接复句里的分句。

“以及”与“和”的区别在于，“以及”可连接并列的小句做句子的一个成分，如例（5），“和”不能。

即时练习

◇ 用“以及”完成句子或对话：

1. ＿＿＿＿＿＿＿＿都参加了这次会议。

2. 他看过＿＿＿＿＿＿＿＿。

3. 他问了我许多问题：那里的气候怎么样？菜吃得惯吃不惯？＿＿＿＿＿＿＿＿等等。

4. A：你说我去不去？如果去，去多长时间呢？

B：________________________，你都应该自己决定。

（七）凭你的条件，完全可以找个门当户对的……

"凭"，介词。用来介绍出行为、动作所依据的事物、条件或理由。例如：

（1）凭图书证就可进图书馆。

（2）凭我现在的汉语水平，还当不了翻译。

（3）不用看，只凭耳朵听，他就知道是你来了。

（4）凭她妈妈是个中国人，我就知道她的汉语水平肯定很高。

即时练习

◇ 用"凭"完成句子：

1. 在中国，大学生________________________买火车票可以打折。

2. 他没有靠关系，________________________进入了那家有名的大公司。

3. 你放心吧，他的技术很好，________________________，肯定能为你修好这台电视。

4. 我们的力量还不够，只________________________，完成不了这个任务。

（八）在这种情况下，你说我该怎么办？

"在……下"，表示条件。中间嵌入带定语的名词或双音节动名词短语，做状语。用在动词或主语前。例如：

（1）在这种情况下，我一定得加倍努力。

（2）在和平的环境下，军队进行了较大的改革。

（3）在新厂长的领导下，产品的质量有了很大的提高。

（4）在老师的指导下，我们的节目获得了一等奖。

即时练习

◇ 用"在……下"完成对话：

1. A：他们的条件真是太苦了。

B：________________________，他们仍然坚持学习，真是太了不起了。

2. A：明天是阿里的生日晚会，这是他在中国的最后一个生日。

B：________________________，明天的晚会，我们一定要参加。

3. A：安娜学得怎么样？

B：________________________，安娜进步得很快。

4. A：听说这个总统很有能力，是吗？

B：没错，________________________，那个国家变得越来越富强。

课堂练习

（一）根据课文内容判断对错：

(　　)1. 因为“我”的年龄比较大，所以张平和王娜有了问题，都愿意来问“我”。

(　　)2. 因为张平和王娜都是家里唯一的孩子，所以父母都希望和他们住在一起。

(　　)3. 张平的母亲认为男人不应该做家务。

(　　)4. 张平的工作比较辛苦，小刘则比较轻松。

(　　)5. 在购物的问题上，张平的母亲和妻子观念不同。

(　　)6. 因为“我”是年轻人，所以支持小刘。

(　　)7. 王娜的父母跟小李见面后，不同意他们结婚。

(　　)8. 一个人的生活习惯、对事物的看法一般要受到家庭的影响。

（二）根据课文内容回答问题：

1. 张平结婚后为什么和父母住在一起？
2. 同住后，张平的母亲对小刘的哪些方面不太满意？
3. 小刘支使张平做家务，张平的母亲为什么不高兴？
4. 临交房前的那次聊天儿后，家里的气氛为什么开始变得紧张？
5. 张平为什么感到无可奈何？
6. 王娜的父母有哪两方面的担心？
7. 请举例说明不同的家庭，关于子女婚姻的看法会有哪些不同。

（三）课堂讨论：

1. 如果你是张平，你会继续和父母同住吗？为什么？
2. 如果你是王娜，你会怎么选择？为什么？

（四）课堂活动：

活动一

词语比赛

本课的词语中有“门当户对”、“传宗接代”，都是跟恋爱、婚姻、家庭有关的四字词语。请查阅资料，找出尽量多的跟恋爱、婚姻、家庭有关的四字词语，然后进行词语比赛，看谁说得又对又快又多。说明：前面同学说过的不可再说；说不出者要罚唱歌、跳舞或学动物叫等。

活动二

辩论

论题：婚姻是否应该门当户对？

正方观点：婚姻应该门当户对

反方观点：婚姻无需门当户对

辩论要求：

（1）双方队员轮流出场，阐述己方观点，反驳对方观点。

（2）尽量运用本课所学的词语及语言点。

下面的词语可以帮助你表达：

共同语言　共同的爱好　共同的兴趣　爱情不是万能的　文化的差异

起居习惯　价值观　行为方式　无法逾越　互补

泰坦尼克　梁山伯与祝英台　灰姑娘

扩展阅读

老妈亲自教我如何挑男友

以下是发生在我和老妈之间的一段对话——

老妈：现在很多女孩子挑男朋友，直接就看长相啊、家境啊，这是很肤浅的，因为一切都会变。男的老了看上去都差不多，而家里的钱也有花完的一天。如果想挑以后能给自己幸福生活（包括物质）的男生，直接就看他对你好不好。只有当一个男的真心对你好的时候，他才有动力去为你拼搏。你看看现在，那些不求上进的男的，有几个是非常爱女朋友的？反之，那些非常爱女朋友的男人，有几个是每天混日子的？（鼓掌！！！）可以说，爱和事业，是成正比的！（鼓掌！！！）所以，我当年挑你爸，一个重要原因，就是他对我感情最深。

我：这么说，老妈，老爸对你好，所以你找老爸？

老妈：也不能这么说。男人跟女人不一样，很多时候越是在乎你的男生越是不懂表达，不知道怎么对你好。他们不会为你做送花儿、写诗之类的事情，但这不代表他对你不好。不能拿女人的浪漫标准去要求男人，会累死他们。（鼓掌！！！）在乎你，不一定要天天讨好你。（鼓掌！！！）含蓄地表达感情，这也是男生的魅力！（鼓掌！！！）

我：那怎么知道男的对自己好不好呢？

老妈：你是傻子啊！有人在乎你、关心你，怎么都会知道的啊！（鼓掌！！！）

我：老妈，除了真心爱你，你还有别的标准吗？

老妈：有啊。一般来说，真心爱你的男的自然会有责任感、有上进心，各方面……

我（插嘴）：门当户对？

老妈：对。这个很重要，虽然也很古老。

两个人来自不同家庭背景，以后会有很多沟通障碍。（我想插嘴被打断）不是说钱多钱少的问题！不是看家境！主要是说家庭教育、成长过程、家庭环境、经历不一样，以后生活在一起矛盾很多。他跟你完全没有共同语言。这样一来，双方都难受，而且还委屈。反正我也不指望你嫁公子哥。

我：沟通一下就好了。

老妈：那累不累啊？没必要去改变别人。因为他对你好，就强迫他去改变习惯，没必要。（鼓掌！）

我：可是，老爸当年穷成那样，你还不是嫁了？

（老妈声音心虚起来——可见，我妈的话不全对，说不定到时候我自己都不会全听呢！）

老妈：这个……嗯……当年你爸爸和我家里差得不算太多。你现在如果找一个天差地别的，我也没意见。但是最好不要。门当户对的多好啊！家庭环境、教育、学历……你的条件比他差太多，或者他的条件远远不如你，双方中那个弱的都会有些自卑，在家中常会遇到没有话语权的问题，不会太幸福……

我：老妈，你跟爸爸结婚这么多年，你担心不担心他乱搞？

（旁边传来我爸声音："你乱说什么呢！"）

老妈：不担心啊。一个男人再怎么变，本质在那里。会乱搞的男人，一般之前都有迹象的，就能看出来。这种男的你不要找就是了。找男朋友，就要找个好的，而不是事后去纠正他。（鼓掌！！！）

我：可是人会变啊，万一以后变坏……

老妈：这种可能性不太大，都说了，本质不太会变的。不过要是这种人真让你遇上了，那就离呗。女的又不是为男人活的。（鼓掌！！！）

而且你平时自己也要多学学好，婚姻也是门学问。你做好了，一般男的也不会乱搞。（鼓掌！！！）总之，婚姻需要经营，它也是门学问。平时，女孩子要多学学！你女的做好了，男的一般也会好。

我：老妈，当醋坛子好不好？

老妈：不好。你是吗？

我：是的……

老妈：当醋坛子真是不好。一来活得憋屈。你得时时提防男的乱搞。女人要活得有尊严，活得骄傲。你时时刻刻担心他乱搞，你做得好自己的事吗？（鼓掌！！！）二来，活得累。你累他也累。爱情里需要信任，婚姻里也需要。（鼓掌！！！）

（旁边传来我爸的声音："说得真好！"）

我（急）：那如果有女的跟他特别黏乎，怎么办呢！

老妈：你没认真听我说话嘛。要是他对你真的好，就不会跟别的女的黏。（鼓掌！！！）如果他真的对别的女的黏，你也跟别的男的黏！（鼓掌！！！）

我：妈妈，什么样的男的不能找？

老妈：大男子主义的男的不能找。绝对不能。这种男的会重男轻女，会不尊重你的意见。（鼓掌！！！）

我：妈妈，妻管严的男的好不好？

老妈：你说灰太狼那种吗？好啊！他一定要是灰太狼，肯听你的话，肯让你没事打两下。但是你不要做红太狼，不要什么事都逼他听你的，不要没事打他，不要做把男人逼成灰太狼的可怕女人。（鼓掌！！！）一句话，找个愿意为你当妻管严的男的！但是你别去欺负人家！（鼓掌！！！）人家对你好，你也要对人家好！不然人家凭什么对你好！（鼓掌！！！）

不要走得太远，以后被男方欺负了都没家回。（这条听得我挺心酸的）

哎呀，这都几点了，你废话真多。（冤枉啊，都是您在讲……）

好吧，最后再说一句。挑男朋友是门学问，挑以后要当老公的男朋友更是学问。但是前面的一切都有一个前提，就是你自己要做好。你先做一个值得男生去对你好的女生，然后才能挑别人，对不对？（鼓掌！！！）自己不行，还对男生要求那么高，那不是好女生，那是凤姐！！！（鼓掌！！！太新潮了，凤姐都知道！！！）

（一）阅读短文，解释下列句中加点词语的意思：

1. 反正我也不指望你嫁公子哥。
2. 你现在如果找一个天差地别的，我也没意见。
3. 老妈，爸爸这么多年，你担心不担心他乱搞？
4. 老妈，当醋坛子好不好？
5. 妈妈，妻管严的男的好不好？
6. 你说灰太狼那种吗？

（二）阅读短文判断对错：

（　　）1. 妈妈觉得挑男朋友时要考虑对方的家境。
（　　）2. 妈妈现在对爸爸仍然很满意。
（　　）3. 妈妈认为，如果一个男人从来不说爱你、从来没给你送过花，说明他不爱你。
（　　）4. 妈妈认为，男的对自己好不好，不需要别人告诉你，自己就应该能感觉得到。
（　　）5. 妈妈认为，即使门不当户不对，但只要沟通，也很容易产生共同语言。
（　　）6. 妈妈和爸爸的婚姻也是门当户对的。
（　　）7. 妈妈觉得一个男人是否会乱搞，是很难看出来的。
（　　）8. 妈妈认为即使丈夫有了第三者，妻子也不要离婚。
（　　）9. 妈妈认为婚姻是否能幸福，妻子的作用非常重要。
（　　）10. “我”是一个喜欢吃醋的人。
（　　）11. 妈妈不希望“我”嫁得太远。

（三）理解短文后回答问题：

1. 对于挑选男友，妈妈提出了哪些建议？
2. 你同意女孩儿妈妈的观点吗？为什么？

15 养生的智慧

课前提示

1. 请查阅相关资料，看看哪些方法能使人长寿。
2. 你了解中医吗？请查阅跟中医有关的资料，讲讲中医和西医有什么不同。

课堂学习

词语

15-1

1	养生	yǎngshēng	（动）	to keep in good health 养生的方法　讲究养生
2	智慧	zhìhuì	（名）	wisdom 养生的智慧　充满智慧
3	中医	zhōngyī	（名）	traditional Chinese medical science, doctor of traditional Chinese medicine 中医和西医　一位老中医　中医理论
4	法则	fǎzé	（名）	law, rule 养生法则　数学法则　自然法则
5	顺	shùn	（动）	to obey, to yield to 顺着他
6	适合	shìhé	（动）	to suit, to fit 适合她　适合现在的情况
7	生存	shēngcún	（动）	to live, to exist, to survive 生存了几千年　生存不了　生存不下去 （1）这种动物在世界上已经生存了几千万年，现在还仍然顽强地生存着。 （2）在这种恶劣的环境下，她们根本无法生存下去。

8	温带	wēndài	（名）	temperate zone 地处温带　温带气候
9	南极	nánjí	（名）	the South Pole
10	北极	běijí	（名）	the North Pole
11	黑夜	hēiyè	（名）	dark night 无论白天黑夜
12	昼夜	zhòuyè	（名）	day and night 昼夜温差大
13	交替	jiāotì	（动）	to alternate, to replace, to supersede 昼夜交替　冷暖交替 交替出现
14	变换	biànhuàn	（动）	to change, to vary 变换位置　变换方向　季节变换
15	热带	rèdài	（名）	tropical zone, tropics 热带气候
16	分明	fēnmíng	（形）	clear, obvious, distinct 四季分明　态度分明　黑白分明　公私分明 爱憎分明　分明看见　分明说过　分明对了 分明很容易 （1）他分明朝你来的方向去的，你怎么没看见他？ （2）这菜分明已经坏了，你怎么还吃？ （3）他分明不想去，你就别让他去了。
17	藏	cáng	（动）	to hide, to store 藏起来
18	智商	zhìshāng	（名）	IQ (intelligence quotient) 智商高　智商一般
19	即	jí	（动）	to be, to mean 孙子即儿子的儿子
20	疾病	jíbìng	（名）	disease, illness 严重的疾病
21	唯恐	wéikǒng	（动）	for fear that 唯恐迟到　唯恐说错话　唯恐别人看不起他
22	有害	yǒuhài	（动）	to be harmful 有害气体　对身体有害

23	通风	tōng//fēng	（动）	to ventilate 屋子不通风　通通风
24	预防	yùfáng	（动）	to take precautions against, to prevent 预防流感　预防火灾　预防洪水　预防传染病 积极预防 （1）这次事故应该让大家认识到预防火灾的重要性。 （2）我们要积极预防传染病，保持身体健康。
25	措施	cuòshī	（名）	measure, step 安全措施　紧急措施　采取预防措施
26	适度	shìdù	（形）	to a moderate degree 适度的运动　适度增加
27	毛孔	máokǒng	（名）	pore 毛孔粗大　毛孔张开
28	低温	dīwēn	（名）	low temperature 低温冷藏
29	俗话	súhuà	（名）	common saying 俗话说
*30	早晚	zǎowǎn	（副）	sooner or later
31	违反	wéifǎn	（动）	to violate (a law, rule, regulation, etc.) 违反法律　违反规定
32	起居	qǐjū	（名）	daily life 起居室　生活起居　饮食起居　起居有规律
33	万物	wànwù	（名）	all living things 万事万物
34	生发	shēngfā	（动）	to grow, to breed, to develop 万物生发的季节
35	专门	zhuānmén	（形）	special, specialized 专门人才　专门教汉语
36	论述	lùnshù	（名）	discussion, exposition 专门的论述　深刻的论述
37	卧	wò	（动）	to lie (down) 卧倒　卧床不起
38	广	guǎng	（形）	wide, extensive 范围很广　用途很广　流传很广

39	困倦	kùnjuàn	（形）	drowsy, sleepy 感到困倦　困倦极了
40	没完没了	méi wán méi liǎo		endless 没完没了的问题　没完没了地问　说起话来没完没了
41	无厌于日	wú yàn yú rì		don't dislike the long day
42	限度	xiàndù	（名）	limit, limitation 有限度　无限度　最低限度　最大限度
43	炎热	yánrè	（形）	scorching, blazing, burning hot 天气炎热　气候炎热　炎热的夏天
44	调整	tiáozhěng	（动）	to adjust, to regulate 调整物价　调整自己的情绪
45	动不动	dòngbudòng	（副）	easily, frequently
46	与鸡俱兴	yǔ jī jù xīng		to get up at the same time as the rooster, a phrase modelled on "与时俱进", which means "to keep up with the times"
47	窝	wō	（名）	nest, lair, den 鸡窝　鸟窝　狗窝
48	凋零	diāolíng	（动）	(of plants) to wither 万物凋零
49	悲伤	bēishāng	（形）	sad, sorrowful 悲伤的情绪　悲伤的歌
50	过分	guòfèn	（形）	going too far, excessive, over- 过分的要求　过分的话　过分接近　过分相信 过分紧张　不算过分　特别过分　太过分了 （1）我只希望每个月能挣三千块，这不算过分吧？ （2）地铁前后两车如果过分接近，就很容易发生事故。
51	不利	búlì	（形）	unfavourable, harmful 对健康不利　不利于身体健康
52	日光	rìguāng	（名）	sunlight 日光浴
53	避免	bìmiǎn	（动）	to avert, to avoid 避免事故的发生　避免发生意外 避免再出现类似的问题　避免不了 （1）如果你已经认识到错了，那以后工作中就要避免发生同样的错误。 （2）只要小心驾驶，这种意外是完全可以避免的。

54	担忧	dānyōu	（动）	to worry 令人担忧　表示担忧
55	股票	gǔpiào	（名）	stock, share 买股票　一只股票
56	跌	diē	（动）	to tumble, to fall, (of prices, shares, etc.) to drop 股票跌（了）　房价跌（了） 跌跤　跌价　跌倒　跌得很重　暴跌 （1）要想学会走路，跌跤是难免的。 （2）国际市场油价暴跌，给这个国家的经济造成了严重的影响。
57	摆脱	bǎituō	（动）	to free (or extricate) oneself from, to break away from 摆脱他　摆脱旧观念　摆脱落后　摆脱不良情绪 摆脱危险　摆脱麻烦　摆脱烦恼　摆脱控制 摆脱掉 （1）她想尽了办法，最后总算摆脱了他的纠缠。 （2）不摆脱旧观念，就无法摆脱落后。
58	平和	pínghé	（形）	gentle, mild 语气平和　态度平和
59	产物	chǎnwù	（名）	product, outcome 自然的产物
*60	无非	wúfēi	（副）	nothing but, no more than
61	遵从	zūncóng	（动）	to follow, to comply with 遵从自然的法则
*62	而已	éryǐ	（助）	that is all, nothing more

专有名词

黄帝	Huángdì	Yellow Emperor, a legendary ancestor of the Chinese people

课　文

15-2

养生[1]的智慧[2]

中医[3]学最重视的养生法则[4]，叫做“顺[5]四时”。为什么要顺四时呢？

我们可以问一下，地球上哪里最适合[6]人类生存[7]呢？答案是温带[8]。南极[9]和北极[10]都是半年白天，半年黑夜[11]，没有24小时昼夜[12]的交替[13]，也没有春夏秋冬四季的变换[14]，所以不适合人类生存。而热带[15]则是一年长夏，没有四季。温带四季分明[16]，人在这里生活，春生、夏长、秋收、冬藏[17]，四季的这种变化，对人类的身体、智商[18]的发展起着重要的作用。

中医认为：“人法自然，人顺四时。”即[19]我们应该培养良好的生活习惯，按四时的春温、夏热、秋凉、冬寒规律来养生，以减少疾病[20]的发生。

可是，看看我们现在的生活状态吧：夏天的时候，人们唯恐[21]空调开得不大，屋子不凉快。办公室里开着空调，汽车里开着空调，回到家里还开空调，甚至睡觉的时候也开着空调。这样确实很舒服，可对身体来说，不见得是件好事。不少人因此得了“空调病”，全身都难受得要命。是啊，该出汗的时候你不出，都在里面憋着，能舒服吗？而且，长时间待在空调房里，对身体也是有害[22]的。要知道，开窗通风[23]是预防[24]疾病的一个重要措施[25]。所以，夏天使用空调应该适度[26]，而且最好开着点儿窗户，保持通风。冬天的时候，人们唯恐暖气烧得不热，房间里不暖和。可要是一直待在很热的房间里，全身的毛孔[27]是开着的，出门的时候突然进入低温[28]环境中，这样忽冷忽热，很容易感冒。所以，冬天屋子里的温度最好控制在20度左右，千万不能太高。过去有一句俗话[29]："冬天不冷，夏天不热，早晚[30]要生病。"可见，该冷就得冷，该热就得热。现在人们夏天唯恐热着，冬天唯恐冻着，这其实是违反[31]自然规律的。

在一年四季中，怎么安排我们的生活起居[32]才更有助于养生呢？

春天，是万物[33]生发[34]的季节。《黄帝内经》就这个问题有专门[35]的论述[36]：在这个时候，人要"夜卧[37]早起，广[38]步于庭"。"夜卧早起"就是说，天黑了以后，就应该睡觉了；早上要早点儿起床。"广步于庭"就是告诉我们多到外面去散散步。春天人容易困倦[39]，有的人没完没了[40]地睡觉，这是不行的。因为春天是一个万物积极生发的季节，人的精神状态也应该积极向上，心情要尽量保持轻松愉快。

夏天，要"晚卧早起，无厌于日[41]"，我们可以晚点儿睡早点儿起，睡得少一点儿，哪怕你中午再补点儿觉都可以。但是，不是无限度[42]地晚，最晚11点以前，无论如何都得上床睡觉了，早上五六点钟就应该起来，简单地说就是跟着太阳走。夏天，天气炎热[43]，人容易心情烦躁。所以，要注意调整[44]好自己的情绪，别动不动[45]就发脾气。

到了秋天，人要"早卧早起，与鸡俱兴[46]"。大家都知道，鸡晚上看不见，天一黑就回窝[47]了，"与鸡俱兴"就是说生活规律要跟着鸡走，鸡进窝，你就睡觉；鸡出来了，你就起来。秋天因为万物凋零[48]，容易产生悲伤[49]的情绪。过分[50]悲伤，对身体不利[51]，所以要注意控制。

冬天，要"早卧晚起，必待日光[52]"，就是等太阳出来了，再起床。很多老年人，大冬天5点多钟就出去锻炼，这其实不利于身体健康。中医认为冬天的生活规律要跟着太阳走。太阳出来了，你再去散步，太阳落山了，你就该回家了。冬天，人应该避免[53]担忧[54]等情绪，别总想着今天房价涨了，明天股票[55]跌[56]了。要尽量摆脱[57]这些不良情绪，保持一种平和[58]的心态。

人是自然的产物[59]，我们要做的无非[60]就是遵从[61]自然的法则，仅此而已[62]。这，就是中医的养生智慧。

（选自《养生的智慧》，作者：樊正伦。有删改。）

课文注释

1. 中医：一般指中国以汉族劳动人民创造的传统医学为主的医学。所以也称汉医，中国其他传统医学，如藏医、蒙医、苗医等等则被称为民族医学。

2. 黄帝：生于公元前 2697 年，死于公元前 2599 年。黄帝与炎帝并称为华夏民族的始祖。黄帝和炎帝也是中国文化、技术的始祖，传说他们以及他们的臣子、后代创造了上古几乎所有重要的发明。曾与岐伯等人谈论医学。

3.《黄帝内经》：简称为《内经》，被称为中医学的第一经典，是现存最早的中医理论著作，约成书于战国时期，它确立了中医学独特的理论体系，成为中国医药学发展的理论基础和源泉。《黄帝内经》的著成，标志着中国医学由经验医学上升到理论医学的新阶段。《黄帝内经》是一部讲“内求”的书，即要想健康长寿，不要外求，要往人体内求，所以叫“内经”。比如有了病不一定非要吃药，所以整本书里面药方很少，只有 13 个药方。它强调内观，就是往内观看人体的五脏六腑，看人体的气血怎么流动，通过调整气血等来保持健康，以求到长寿。这种方法跟现代西方医学的方法是不同的，现西代医学是靠仪器、靠化验、靠解剖，中医则是靠内观、靠体悟、靠直觉。

4. 春生、夏长、秋收、冬藏：意思是，春天是生命萌发的季节，夏天万物生长，到了秋天万物收获，冬天则是万物收敛、潜伏隐藏的季节。

语 言 点 例 释

（一）……按四时的春温、夏热、秋凉、冬寒规律来养生，以减少疾病的发生。

“以”，连词。其意义和用法如下：A. 表示目的，意思是为了；B. 常用于书面语；C. 连接两个分句，放在后一个分句的开头（放在第一个分句的开头应该用“为了”）；D. 后面应是动词性分句，不能只是一个动词。例如：

（1）我们要加快经济建设，以提高人民的生活水平。

（2）她给孩子购买了很多书，以增加孩子的阅读量。

（3）这家工厂正在扩大生产，以满足消费者不断增长的需求。

（4）我们工厂最近引进了一些新设备，以提高生产效率。

即时练习

◇ **用连词“以”结合括号里提示的动词完成句子：**

1. 他们常跟中国人交谈，____________________。（提高）

2. 清洁工每天打扫卫生，____________________。（保持）

3. 他打算换一家公司，____________________。（获得）

4. 病人生病都很痛苦，医生要及时、周到地治疗，____________________。（减轻）

（二）……可对身体来说，不见得是件好事。

"不见得"，意思是不一定。可以单独回答问题，或在句中做宾语。例如：

（1）钱多了不见得是好事。

（2）那儿也不见得安全，我们还是换个地方吧。

（3）他的胆子那么小，不见得敢去。

（4）哪怕你得到了他，也不见得会幸福。

（5）A：你说有钱就一定幸福吗？

B：不见得。

（6）他说这道题目这次肯定不会考，我看不见得。

要注意的是，"不见得"表示一种主观的估计。如果表示事实还没确定，要用"不一定"。例如：

（7）事情的结果还不一定。

即时练习

◇ 用"不见得"完成对话：

1. A：他说的是标准的普通话吗？

B：____________________，有可能带点儿口音。

2. A：唉，又失败了！

B：中国有句俗话，叫做"失败是成功之母"，所以有时候，____________________。

3. A：你说他会把钱借给我吗？

B：他那么小气，我看____________________。

4. A：他肯定会同意的。

B：____________________。

（三）……全身都难受得要命

"……得要命"，程度补语。"形/动+得+要命"，表示动作或状态的程度达到极点。动词是偏重表示心理活动的动词。例如：

（1）听着她在那儿不停地唠叨，我简直难受得要命。

（2）要是你妈妈知道你经常闯红灯，她肯定会担心得要命。

（3）我累得要命，实在坚持不下去了。

（4）听说妻子新买的包花了一万块钱，他心疼得要命。

即时练习

◇ 用“……（得）要命”完成句子或对话：

1. 安娜把护照丢了，__________________________。

2. A：今天我们去爬山吧。

B：__________________________，今天就别去了。

3. A：听说好多商场正在打折，我们去看看吧。

B：马上就要考试了，__________________________，哪有时间去！

4. A：听说他跟女朋友分手了。

B：__________________________，你快去安慰他一下吧。

（四）……这样忽冷忽热，必定会感冒。

“忽……忽……”，前后用两个意思相反或相对的单音节形容词或动词，表示一会儿这样，一会儿那样，多用于书面语。例如：

（1）他的成绩忽高忽低，很不稳定。

（2）他的脾气忽好忽坏，谁都不愿意跟他打交道。

（3）她对孩子忽严忽松，这样是教育不好孩子的。

（4）天上有个物体忽有忽无，吸引住了人们的目光。

即时练习

◇ 用“忽……忽……”完成句子：

1. 这里的天气变化无常，气温__________________________。

2. 他觉得身上__________________________，肯定是生病了。

3. 录音机的声音__________________________，看来得去修理了。

4. 那个声音__________________________，有的人说听见了，有的人说没听见，你听见了吗？

（五）……早晚要生病。

“早晚”，意思是“或早或晚”。后面经常有“会、得”等。例如：

（1）人早晚会死，但有的人却死得很有意义。

（2）孩子大了，早晚要离开父母，独立生活。
（3）这些内容早晚得复习，不如今天晚上就开始吧。
（4）我相信早晚有那么一天我会成功的。

即时练习

◇ 用“早晚”完成句子：

1. 像他这样，总是开车不遵守交规，________________。
2. ________________，我们现在有钱了，明天就把借的钱还给她吧。
3. 你不用担心，________________，我们就在这儿慢慢等他吧。
4. 这个规定很不合理，________________，晚改不如早改。

（六）……哪怕你中午再补点儿觉都可以。

“哪怕”，表示假设兼让步。连接句子。后面常有“也、都”呼应。前一分句用“哪怕”引出一个假设条件，后一分句用“也、都”强调即使在这样的条件下，也不会改变原来的打算或结论。例如：

（1）我就是想跟他结婚，哪怕父母反对，我也要坚持下去。
（2）哪怕花再多的钱都买不回青春。
（3）为了获得经验，哪怕不挣钱，我也愿意在你们公司工作。

有时，“哪怕”可以放在复句的后一个分句里，句尾常带语气助词“呢”。例如：

（4）你会写多少就写多少，哪怕是写几句话呢。

即时练习

◇ 用“哪怕”完成对话：

1. A：这天儿看上去要下雨了，你还去吗？
   B：________________。
2. A：他因为家里有事没复习，这次考试能通过吗？
   B：他的水平非常高，________________。
3. A：那道题难吗？
   B：非常难，________________。

4. A：太困了，作业就明天再说吧。

B：不行，____________________________。

（七）……我们要做的无非就是处处遵从自然的法则……

“无非”，副词。意思是只、不外乎，表示所说的事物不会超出说话人所说的范围，多指把事情往小里说或轻里说。常与“是”连用（“无非是”），确认的语气较重。做状语，修饰动词、形容词。例如：

（1）他这么努力地学习，无非是想考上一个名牌大学。

（2）最坏的结果无非是我得再考一次，那也没关系。

（3）老师批评你，无非是为你好，不会有其他目的。

（4）那里什么东西都有，无非贵点儿。

即时练习

◇ 用“无非”完成对话：

1. A：你对他很了解吗？

B：____________________________，没有更深的了解。

2. A：今天他的态度怎么这么好？

B：____________________________。

3. A：你觉得他怎么样？

B：____________________________，人还是不错的。

4. A：真有点儿紧张，要是考不及格怎么办呢？

B：____________________________，你何必那么紧张呢？

（八）……仅此而已。

“而已”，助词。意思与口语中的“罢了”基本一样。用在陈述句的末尾，表示往小处说。常与“不过、只、仅仅、无非”等呼应。例如：

（1）他不过多认识几个字而已，哪是什么作家！

（2）他其实并不是外国人，只是长得有些像外国人而已。

（3）我这么做仅仅是想向她表达我的爱意而已。

（4）从某种角度来说，生活是极其简单的，它无非是过去的简单重复而已。

即时练习

◇ 用“而已”完成句子或对话：

1. 送给你这个礼物，________________。

2. A：你们在谈恋爱吧？

   B：我没有跟她谈恋爱，我们________________。

3. A：她是在打他吗？

   B：她不是真的打他，________________。

4. A：你刚才说的是你们大家的意见吗？

   B：________________，不代表大家。

课 堂 练 习

（一）根据课文内容判断对错：

(　　)1. “顺四时”是中医学最重要的法则。
(　　)2. 开着空调睡觉，因为身体很舒适，所以有助于健康。
(　　)3. 为了预防感冒，冬天要尽量少开窗户。
(　　)4. 春天人容易困倦，应该多休息。
(　　)5. 任何季节，晚上睡觉都不要超过十一点。
(　　)6. 在四季中，夏天应该是早上起得最早的季节。
(　　)7. 每天早上六点前出去锻炼，有利于身体健康。

（二）根据课文内容回答问题：

1. 世界上什么地方最适合人类生存？为什么？
2. “人法自然，人顺四时”是什么意思？
3. 总是待在有空调的空间里好吗？为什么？
4. 冬天用暖气要注意什么？为什么？
5. 春天应该怎么养生？
6. 夏天应该怎么养生？
7. 秋天应该怎么养生？
8. 冬天应该怎么养生？
9. 简单地说，我们应该怎么养生？

（三）课堂讨论：

1. 你同意课文中所说的养生方法吗？为什么？

2. 有人说“生命在于运动”，有人说“生命在于静止”，你同意哪种观点？为什么？

（四）课堂活动：

活动一

词语比赛

四人一组进行比赛：课文中“即”的意思是“也就是”，例如“孙子即儿子的儿子”。完成下面的练习，看哪个小组说得又对又快又多。除了练习中提到的，你们还能说出别的可以使用“A 即 B”的句子吗？

孙子	即	儿子的儿子。	森林之王	即	老虎。
叔叔	即	________。	草原之王	即	________。
伯伯	即	________。	花中之王	即	________。
舅舅	即	________。	鸟中之王	即	________。
姑姑	即	________。	海中之王	即	________。
……			……		

活动二

调查一下班内同学关于养生的了解和实践情况。

要求：四人一组，每人汇报自己正在实行的或知道的养生方法，最后整理出本小组的调查报告。

下面的词语可以帮助你表达：

保持和谐的心态　优质的睡眠　良好的生活习惯　有规律　运动

步行上楼　忧思伤脾，愤怒伤肝，多食伤胃　静坐　环境　顺应自然

气功　太极拳　瑜伽　慢生活　吞咽口水　泡脚　足部按摩　干擦脸部

每日梳头数十至一百下　用手按压双耳　揉眼　捏鼻　叩齿　转颈耸肩

拍肩（左手拍右肩，右手拍左肩）　素食　平衡膳食　蛋白质　碳水化合物

脂肪　荤素搭配　三餐定量　粗细相间　细嚼慢咽　少食多餐

增苦少咸　烧烤　垃圾食品

扩展阅读

营养、运动助你健康

今天，就如何保持正确的生活方式，锻炼好身体，《北京青年报》的主持人采访了北京大学第三医院运动医学研究所研究室主任常翠青博士。

主持人：新的中国居民膳食指南已经出台，其中加了一个重要的内容，就是每天要走6000步，这一部分您是主要的撰写人，能告诉大家为什么每天要走6000步？

常翠青：因为经过科学测算，6000步的运动，基本是一个中等水平的运动量。也就是说，每天摄入食物的能量，假如有两千大卡，用来运动的能量消耗是应该达到20%到30%的水平，我们每天步行的6000步，基本就能达到这个水平。另外，这个运动量也是根据目前国民的身体活动水平得出的。进入21世纪以后，大家静坐的时间越来越长，运动越来越少。包括每天的出行、交通还有上班、回家做的家务等等，所有的这些体力劳动越来越少，加上没有时间去运动，休闲时更多是泡在电脑和电视机前，没有专门的运动时间。从这两个方面看，建议大家至少每天走6000步。

主持人：要运动是不是必须到健身房？

常翠青：不是，只要动起来就可以了。包括做家务、擦地、爬楼梯，都算。另外，我们在工作时间也可以适当地增加一些活动量。比如工作了一个小时，就起来稍微活动活动。当然，我们还是鼓励大家拿出一点儿休闲时间，专门进行锻炼。我们提倡，一次连续的运动时间不少于10分钟。可以用两个10分钟，或者三个10钟达到6000步的运动量。

主持人：有些人运动后食欲大增，这说明什么？

常翠青：如果运动完了以后，发现食欲大增，说明你的运动量有问题，我建议把运动量减少一点儿。运动要合理和适量。如果运动量过大，食欲肯定会大增。达到一个合适的运动量时，食量不会增加。

主持人：许多白领经常不吃早餐，或者是吃点儿面包、牛奶就完了。一年之计在于春，一天之计在于晨，我们说说这个问题吧。

常翠青：许多人吃早餐，但是非常简单。就一杯牛奶、两片面包，或者是再吃一个鸡蛋。但我们希望早餐里面一定要加一点儿蔬菜和水果。早餐的品种越是单一，说明你早餐质量越差。早餐首先要有主食，然后要有一点儿优质蛋白质，如鸡蛋、两片牛肉。第三，我们可以加牛奶、豆浆、蔬菜水果。一般来讲，早餐的能量能够达到一天总能量的25%到30%就可以了。大家觉得早晨起来没有食欲，如果早餐吃得比较早的话，可能是没有食欲的。这次居民膳食指南对吃早餐的时间也有一个界定。从6:30到8:30之间都可以吃早餐。学生可能大部分6:30起床吃早餐。

对于这些人，中午 10:30 左右应该加餐。比如加一杯牛奶，或者加两块黑巧克力，对你整个上午的工作都是有好处的。

主持人：中午的时候呢？

常翠青：中餐应该是主要的一餐，应该是一天中进食量最大的一餐。一般来讲，中午 12 点钟基本可以吃午餐。但是很多人晚饭是六点以后，在这六个小时之间，如果中午吃得不够，到下午三四点钟，会有饥饿感。要是体力劳动强度比较大的话，到这时候会出现体力不支，并有低血糖的反应。所以午餐要多吃，差不多摄入一天能量的 40%。

主持人：有一个说法，红肉最多一周吃 500 克，对吗？

常翠青：红肉主要是指畜肉，红肉饱和脂肪含量比较高，所以红肉的量要尽量控制。这与整个饮食习惯有关系。中国人的肉食长期以畜肉为主。现在建议大家，每天吃红肉最好不超过 3 两，一般来讲 100 克就差不多了。建议大家每天吃二两瘦肉，一个星期最好再吃两三次鱼肉。

主持人：吃完午饭以后，有人建议睡午觉，有人建议去散步，您觉得应该采取哪种方法呢？

常翠青：对于年龄比较大的，40 岁以上的人，中餐不要吃得过饱。如果吃得过饱的话，建议在饭后散步。如果不过量的话，可以午休，一般是 15 分钟，最多半个小时。这对下午有好处。还有一类人，一天中只有中午有运动时间，那应该可以。但要注意，一定要饭后半个小时再做运动，运动量不要过大。如果散步的话，应每分钟 50 到 60 米的速度。

主持人：吃午饭以后，去健身，去打球，或者去健身房怎么样？

常翠青：饭后去打羽毛球、乒乓球，运动量过大，一般不建议这样。如果去健身房，你做的运动量比较小是可以的。

主持人：运动应该在什么时候？

常翠青：在这一天当中，只要有时间，就可以运动，对你的身体健康都有促进作用。每一个人的作息时间表往往是不一样的，一般而言，第一要保持原来的运动习惯。第二，运动的时候，一定要注意运动强度，运动量不要太大。要是你一天都有时间，建议早晚运动，或者晚上睡觉前一个半小时运动，或是下午五点左右运动。对于老年人，尤其是有高血压心脏病的患者来说，早上运动不太合适。因为许多人血压往往在早晨最高，这个时候再去运动，可能会发生意外。运动的时间与个人的身体状况密切相关，而且与年轻时候的运动习惯有关。

主持人：中餐后要有五六个小时才吃晚餐，晚餐应该吃多少？

常翠青：晚餐一般不超过一天总能量的 30%。但是如果有熬夜习惯的可以达到

35%。其实，对于晚餐来说，时间可能更重要。吃完晚餐到睡觉的时间至少应间隔三个小时，这个比吃的量还要重要。这三个小时还应该有适当的活动和工作，而且不要吃别的东西。

主持人：有许多人吃饭以后，在看电视时吃零食，这是发胖的一个原因吗？

常翠青：这是一个主要原因。如果你有吃零食的习惯，就建议你在正餐的时候量不要太足，要减正餐的量。还有一个办法，把原来喜欢吃的糕点、巧克力、糖果，或者方便食品、牛肉干、灌肠、奶酪，换成能量低的蔬菜、水果，或者是能量比较低的所谓低糖食品，或是低油脂的食品。坚果类的每天不应超过 25 克，比如，花生米每天吃 10 粒是有好处的，但超过 20 粒又会带来不好的影响。

主持人：能具体说一下“6000 步”的意思吗？

常翠青：我们说“步”是希望抬腿，如果走不了路的，可以增加一些伸展运动，或者在座位上进行运动，或躺在垫子上面做空蹬腿的运动。其他运动方式也可以换算，如打半个小时乒乓球或羽毛球，或游泳半小时就与 6000 步的能量消耗差不多了。

主持人：许多人晚上睡前喝一杯牛奶，认为能促进睡眠，这种观点对吗？

常翠青：是的。而且如果是一天能量的一部分，睡前一个小时喝一杯牛奶，不仅不会长胖，还有利于脂肪的代谢。有实验已经证实，如果膳食结构中，每天有 250 到 500 毫升牛奶的话，其实更不容易发胖。

（选自《北京青年报》。有删改。）

（一）阅读短文，解释下列句中加点词语的意思：

1. 有些人运动后食欲大增，这说明什么？
2. 一年之计在于春，一天之计在于晨，我们说这个问题吧。
3. 要是体力劳动强度比较大的话，到这时候会出现体力不支，并有低血糖的反应。
4. 红肉主要是指畜肉，红肉含饱和脂肪量比较高。
5. 但是如果有熬夜习惯的可以达到 35%。
6. 许多人晚上睡前喝一杯牛奶，认为能促进睡眠，这种观点对吗？
7. 有实验已经证实，如果膳食结构中，每天有 250 到 500 毫升牛奶的话，其实更不容易发胖。

（二）阅读短文判断对错：

（　　）1. 要运动，去健身房是最佳选择。

（　　）2. 做家务、擦地、爬楼梯，都算运动。

(　　)3. 早餐应该是一天中吃得最多的一餐。

(　　)4. 中午是否运动，不同的人可以有不同的选择。

(　　)5. 吃完中饭后，通过打羽毛球、乒乓球的方式进行运动是一种很好的选择。

(　　)6. 有高血压、心脏病的人最好不要早上运动。

(　　)7. 哪怕再晚睡觉，晚餐都要少吃，不能超过一天总能量的 30%。

(　　)8. 看电视时吃零食是发胖的一个重要原因。

(　　)9. 临睡前喝一杯牛奶，肯定会发胖，但对健康有好处。

（三）理解短文后回答问题：

1. 常翠青认为应该怎么吃早餐、中餐和晚餐？

2. 看了这篇短文，你觉得应该如何保持正确的生活方式？

16 互联网：让人欢喜让人忧

课前提示

1. 你经常用互联网做哪些事情？
2. 在使用互联网的过程中，互联网给你带来过烦恼吗？

课堂学习

词语

16-1

1	互联网	hùliánwǎng	（名）	Internet 国际互联网
2	蒸汽机	zhēngqìjī	（名）	steam engine 发明蒸汽机　蒸汽机的出现
3	伟大	wěidà	（形）	great 伟大的人　伟大的发明创造
4	高速公路	gāosù gōnglù		expressway 一条高速公路
5	网络	wǎngluò	（名）	(computer, telecoms, etc.) network, web 安装网络　网络游戏　计算机网络　校园网络
6	娱乐	yúlè	（名）	entertainment, amusement 娱乐新闻　娱乐节目　娱乐活动 最喜欢的一种娱乐方式
*7	随着	suízhe	（介）	along with, as
*8	日益	rìyì	（副）	increasingly

9	普及	pǔjí	（动）	to popularize 普及卫生常识　日益普及
10	加入	jiārù	（动）	to join 加入足球队
11	领域	lǐngyù	（名）	field, domain, realm 经济领域　教育领域　自然科学领域 文化艺术领域
12	信息	xìnxī	（名）	information 生活信息　旅游信息
13	搜索	sōusuǒ	（动）	to search 搜索信息　四处搜索　搜索出来
14	即时	jíshí	（副）	immediately 即时练习
15	通信	tōngxìn	（动）	to communicate (by letter), to correspond 和朋友通信
16	深刻	shēnkè	（形）	profound, deep 印象深刻　深刻地影响（着人们的生活）
17	族	zú	（后缀）	class or group of people or things with common features 月光族　追星族　SOHO 族
18	魅力	mèilì	（名）	charm, fascination 有魅力　充满魅力　毫无魅力
19	如此	rúcǐ	（代）	such, so, like this 如此认真　如此兴奋　如此关心　如此信任 如此之大　（花钱）如此地大方　如此不负责任 原来如此　向来如此　天天如此　即使如此 但愿如此 （1）他如此为难，你就不要勉强他了。 （2）大家对我如此地信任，我今后一定会更加努力地工作。 （3）快递每天上午十点上门取件，天天如此。
20	依赖	yīlài	（动）	to rely on 依赖父母　依赖网络
*21	以至于	yǐzhìyú	（连）	to such an extent as to…, so…that…
22	若有所失	ruò yǒu suǒ shī		(to feel) as if sth. were missing

23	火药	huǒyào	（名）	gunpowder 火药的发明　制造火药
24	核能	hénéng	（名）	nuclear energy 利用核能
25	克隆	kèlóng	（动）	to clone 克隆技术
26	弊	bì	（名）	disadvantage, harm 利大于弊
27	滥用	lànyòng	（动）	to abuse, to misuse 滥用农药　滥用权力
28	威胁	wēixié	（动）	to threaten 威胁别人　受到威胁
29	谣言	yáoyán	（名）	rumour 听信谣言　传播谣言
30	犯罪	fàn//zuì	（动）	to commit a crime or an offence 犯了罪　犯过什么罪　犯罪事实　犯罪行为 犯罪分子　犯罪团伙　犯罪率 故意犯罪　共同犯罪 （1）她犯了什么罪？警察为什么要抓她？ （2）他们俩的犯罪事实已经查明。
*31	接连	jiēlián	（副）	repeatedly, in succession
32	盗窃	dàoqiè	（动）	to steal 盗窃他人财物
33	诈骗	zhàpiàn	（动）	to defraud, to swindle, to trick into 诈骗钱财
34	病毒	bìngdú	（名）	virus 流感病毒　网络病毒　传播病毒
35	窃密	qiè//mì	（动）	to steal secret information 窃密行为
36	色情	sèqíng	（名）	pornography 色情杂志　色情电影
37	常见	chángjiàn	（形）	commonly seen 常见的事情
38	体验	tǐyàn	（动）	to learn through personal experience 体验到学习的快乐　体验生活　有网恋的体验

39	动摇	dòngyáo	（动）	to shake, to undermine 动摇不了我的决心
40	模式	móshì	（名）	model, pattern 家庭模式　教学模式
41	和睦	hémù	（形）	harmonious, on good terms 和睦的家庭　和睦相处
42	瘾	yǐn	（名）	addiction 网瘾　烟瘾　酒瘾　毒瘾　药瘾　上瘾 成瘾　过瘾　对……有瘾　（烟）瘾很大 （毒）瘾上来（了） （1）他烟瘾很大。 （2）你知道喝可乐也会上瘾吗？
43	网虫	wǎngchóng	（名）	nethead, cyber addict 学生网虫
44	精神不振	jīngshén búzhèn		low-spirited, downcast
45	论坛	lùntán	（名）	BBS (bulletin board system) 上论坛
46	帖	tiě	（名）	thread, post 发帖　跟帖
47	下降	xiàjiàng	（动）	to descend, to decline, to decrease 成绩下降　收入下降　地位下降　水平下降 温度下降　记忆力下降 明显下降　逐渐下降　大大下降 下降了两度　下降得很厉害 （1）他玩游戏上了瘾，成绩明显下降了。 （2）随着地位的下降，他的收入减少了一半。
*48	免不了	miǎnbuliǎo	（动）	to be bound to happen, to be unavoidable
49	颈椎	jǐngzhuī	（名）	cervical vertebra 颈椎受伤　颈椎病
50	脊椎	jǐzhuī	（名）	spine, spinal column 脊椎有问题　脊椎动物
51	厌食	yànshí	（动）	to lose appetite 厌食症
52	诸多	zhūduō	（形）	plenty of, a good deal 诸多要求　诸多不便　诸多危害

53	沉迷	chénmí	（动）	to indulge, to be addicted to 沉迷于网络游戏
54	厌恶	yànwù	（动）	to abhor 厌恶他　厌恶劳动　厌恶他抽烟　厌恶的样子 令人厌恶　深感厌恶　极其厌恶 厌恶极了　厌恶得要命 （1）看到他大声喊叫，她的脸上露出厌恶的样子。 （2）因为厌恶同屋抽烟，他从宿舍搬走了。
55	追求	zhuīqiú	（动）	to seek, to pursue 追求真理　追求幸福　追求金钱 追求物质享受　追求她 努力追求　一直追求　不断追求　坚定地追求 唯一的追求　美好的追求　一生的追求 （1）稳定的生活是我来北京后一直追求的，现在我的愿望终于实现了。 （2）喜欢她的人很多，但敢于追求的却并不多。 （3）他以前把金钱作为唯一的追求，最后才明白世界上还有比金钱更值得追求的东西。
56	自杀	zìshā	（动）	to commit suicide
57	迟钝	chídùn	（形）	slow, slow-witted 感觉迟钝
58	自卑	zìbēi	（形）	feeling oneself inferior, with low self-esteem 感到自卑　克服自卑心理
*59	不至于	búzhìyú	（副）	cannot go so far, unlikely
60	自律	zìlǜ	（动）	to practise self-discipline 自律很严　道德自律
61	自觉	zìjué	（形）	conscious, on one's own initiative 非常自觉　自觉的行动　自觉学习　自觉地做家务
62	维护	wéihù	（动）	to protect, to safeguard 维护世界和平　维护网络环境　自觉维护
63	垃圾	lājī	（名）	rubbish 扔垃圾　一堆垃圾
64	痰	tán	（名）	sputum 吐痰　一口痰

65	树立	shùlì	（动）	to set up, to build, to establish 树立信心　树立（法制）观念　树立榜样 树立（远大的）理想　树立起来 （1）你的笔试成绩很高，只要树立信心，明天的面试你一定会成功的。 （2）他学习努力，为我们树立了好榜样。
66	人生观	rénshēngguān	（名）	view of life 树立正确的人生观
67	逃避	táobì	（动）	to evade, to escape 逃避劳动　逃避现实　逃避责任　逃避义务 逃避罚款　逃避检查　难以逃避　逃避不了 （1）照顾父母是子女的义务，谁都不应该逃避。 （2）现实是逃避不了的，你必须面对。
68	清醒	qīngxǐng	（形）	sober, clear-headed 头脑清醒
69	善于	shànyú	（动）	to be good at 善于和人打交道

课　文

16-2

互联网[1]：让人欢喜让人忧

继蒸汽机[2]的出现、电的使用等之后，互联网可能是 20 世纪最伟大[3]的发明。如果说 19 世纪是火车与铁路的时代，20 世纪是汽车与高速公路[4]的时代的话，那么 21 世纪就是电脑与网络[5]的时代。互联网极大地改变着人们的生活、学习、工作以及娱乐[6]方式，推动着人类社会不断前进。

随着[7]互联网的日益[8]普及[9]，全球越来越多的人加入[10]了这个互联网的“世界”。大到政治、经济，小到普通人的衣食住行、喜怒哀乐，几乎人类社会生活的每一个领域[11]都能看到网络的影子。很多人已经把网络作为重要的信息[12]来源和娱乐来源。网络新闻、电子邮件、信息搜索[13]、即时[14]通信[15]、网络音乐、网络影视、网络游戏等等，正深刻[16]地影响着人们的生活。很多人用看网络新闻代替了看报纸，用发 E-mail 代替了写信，用网上信息搜索代替了去图书馆查资料，用网购代替了“逛街”，真是省时省力又省钱。于是，出现了“SOHO族[17]”“网购族”“网吧族”“网聊族”等。

在互联网的世界中没有什么不可能发生，它成为人类另外的一个生存空间。它的魅力[18]是如此[19]之大，我们对它是如此依赖[20]，以至于[21]几天不上网心里就会若有所失[22]。

与火药[23]、核能[24]、克隆[25]等重大发明一样，互联网有利有弊[26]，在给人类带来极大方便的同时，也因为滥用[27]使人们受到一些威胁[28]。具体表现有：

网络谣言[29]。因为网络的自由性，不少人在上面随意发表消息，使得网上充斥着谣言。

网络犯罪[30]。网络犯罪接连[31]发生，已成为一个世界性的问题。它主要包括网络盗窃[32]、网络诈骗[33]、制作传播网络病毒[34]、网络窃密[35]、网络色情[36]等。

网恋网婚。一项调查说明，网恋已经成为很常见[37]的事情，相当数量的网民有过网恋的体验[38]，有些人在网上“结婚”，甚至“生儿育女”。网恋网婚虽还没有动摇[39]传统的婚恋模式[40]，但确实已经影响到一些家庭的和睦[41]，影响了人们正常的人际关系。

网络上瘾[42]。“网虫[43]”们晚上上网，白天睡觉，健康受损，影响了工作学习。需要上班的网虫白天精神不振[44]，工作业绩不佳；一些学生“网虫”恨不得24小时都“挂”在网上，经常上各类论坛[45]发帖[46]，玩游戏，以至于学习成绩下降[47]；同时，大多数“网虫”免不了[48]有不同程度的颈椎[49]、脊椎[50]病，眼睛也出现问题，厌食[51]、失眠等症状也相当常见。

在诸多[52]危害中，最危险的其实是对人精神和心灵的影响。很多“网虫”沉迷[53]于互联网的世界中，远离现实，甚至厌恶[54]现实生活，互联网上的生活成了他们唯一的追求[55]。对一些“网虫”来说，网络就是一切，他们可以没有家庭，可以不要满意的工作，可以不要亲人，甚至可以按照网上的命令去自杀[56]，但他们绝不能没有网络。同时，过分沉迷于网络，会让人变得迟钝[57]、自卑[58]，有一位“网虫”曾经感叹：“我的朋友很不喜欢说话，但还不至于[59]一句话都不跟别人说。而我上网时间长了，连怎么用嘴说话都忘了。”

网络的“环境保护”问题要依靠法律，更要依靠网民的道德自律[60]。每个网民都应该自觉[61]维护[62]网络环境，不在网络上“吐痰[63]”、乱扔“垃圾[64]”。我们应该树立[65]积极的人生观[66]，热爱生活，关爱别人。我们还应该勇敢地面对困难和压力，不要盲目地把互联网世界作为逃避[67]现实的工具。另外，也要清醒[68]地意识到，网络不仅仅是看新闻、娱乐以及聊天儿的工具，还可以作为学习和工作的重要工具，只有善于[69]利用它，我们的人生才会更加精彩。

（选自《海外文摘》，作者：王愚铭。有删改。）

课文注释

SOHO 族：SOHO，即 Small Office/Home Office。指不去工作单位，在家办公的人。大多指那些专门的自由职业者，例如自由撰稿人、平面设计师、工艺品设计人员、艺术家、产品销售员和搞音乐创作、平面设计、广告制作、服装设计、商务代理、做期货、网站等的人。

语言点例释

（一）随着互联网的日益普及，全球越来越多的人加入了这个互联网的“世界”。

“随着”，介词。与名词或名词性短语一起组成介词短语做状语，表示动作、情况产生的条件或原因。多用在句首。例如：

（1）随着电脑的普及，办公越来越现代化。

（2）随着就业形势的日益严峻，很多大学生三年级时就开始求职。

（3）随着交往的增多，我们彼此有了更深的了解。

（4）人们的生活随着网络的发展而更加方便了。

即时练习

◇ 用“随着”完成对话：

1. ____________________，人们的寿命越来越长。

2. ____________________，夫妻间的称呼也在不断发生变化。

3. ____________________，我对爱情、婚姻有了更深刻的认识。

4. 他的收入____________________而不断增加。

（二）随着互联网的日益普及，全球越来越多的人加入了这个互联网的“世界”。

“日益”，副词。意思是一天比一天更加……。做状语，修饰动词、形容词。所修饰的动词、形容词多为双音节。多用于书面语。例如：

（1）随着外来人口的增多，这座城市的范围日益扩大。

（2）随着经济的发展，出国旅游的人日益增多。

（3）因为年龄的增长，她的心态日益平和。

（4）在全国人民的努力下，我们的国力日益增强。

即时练习

◇ 用“日益”改说句子：

（1）随着考试的临近，一些同学的心情也变得越来越紧张。

（2）随着交往的增多，他们的关系越来越亲密。

（3）因为学习态度认真，他的汉语水平在不断提高。

（4）我校学生越来越多，急需修建更多的学生宿舍。

（三）我们对它是如此依赖，以至于几天不上网心里就会若有所失。

“以至于”，用在后一分句的开头，表示由于前一分句所说的动作、情况程度很深而形成的结果。也说成“以至”。例如：

（1）这幅风景画太美了，以至于我产生了去那儿旅游的念头。

（2）她工作如此认真，以至于工作后第一年就获得了“最佳员工”的称号。

（3）他太强势了，以至于没有任何人敢提出反对意见。

（4）他的话让我大吃一惊，以至半天都说不出话来。

即时练习

◇ 用“以至于”完成句子或对话：

1. 前段时间我鸡蛋吃得太多了，________________。

2. 他考试前一天才开始复习，________________。

3. 这道题太难了，________________。

4. A：他怎么胖了这么多？

B：他最近总是晚上睡觉前吃东西，________________。

（四）网络犯罪接连发生，已成为一个世界性的问题。

“接连”，副词。意思是一次跟着一次、一个跟着一个。主要修饰动词。做状语。例如：

（1）在游泳比赛中，他接连获得了 200 米自由泳和 200 米蛙泳的金牌。

（2）他接连访问了好几个国家，以获得国际支持。

（3）他接连不断地给她找了几个广告。

（4）接连十天的高温，令人难受得要命。

即时练习

◇ 用“接连”完成句子或对话：

1. 这几场比赛他们打得太糟糕了，________________。

2. 为了找工作，________________，但现在还没有回音。

3. A：听说他最近参加了很多考试，是吗？

B：________________，但都没有通过。

4. A：有人来找过他吗？

B：________________，都是找他办事的。

（五）……大多数“网虫”免不了有不同程度的颈椎、脊椎病……

“免不了”，动补结构。意思是不可避免、难免。后面可带动词性宾语。例如：

（1）你这么晚还没回家，妈妈免不了会担心。

（2）在人生的道路上，免不了会遇到一些困难。

（3）当了大夫，自然免不了与病人打交道。

（4）朋友来了，去飞机场接送、陪朋友游玩是免不了的。

即时练习

◇ 用“免不了”完成对话：

1. A：我爸爸的记忆力越来越不好了。

　B：人年纪大了，________________。

2. A：我今天又出了很多错，你说我还能学好汉语吗？

　B：别担心，刚学汉语，________________。

3. A：宝宝刚才又摔倒了。

　B：一两岁的孩子走路，________________。

4. A：要考试了，我真有点儿紧张。

　B：考试前，________________，这都是正常的。

（六）我的朋友很不喜欢说话，但还不至于一句话都不跟别人说。

“不至于”，表示不会达到某种程度，多指不希望的事。用在后一小句时，常与“也”“但”“连……都 / 也……”“还”等搭配使用。例如：

（1）如果你早告诉我实情，我也不至于生那么大的气。

（2）他的伤不轻，但不至于有生命危险。

（3）她已经学了半年汉语了，不至于连怎么用汉语打招呼都不会。

（4）他跟妻子关系不太好，但还不至于离婚。

即时练习

◇ 用“不至于”完成句子或对话：

1. 她的水平这么高，这次虽然没有以前考得好，________________。

2. A：听说昨天他们打了一架，是吗？

　B：哪儿啊，他们确实有矛盾，________________。

3. A：我真担心，如果让我面对很多人演讲，我可能会连话都说不出来。

　B：当众演讲确实会有点儿紧张，但________________。

4. A：医生，我需要住院吗？

B：你的身体确实有点儿问题，____________________________。

课堂练习

（一）根据课文内容判断对错：

(　　)1. 网购虽然比较费时间，但却很省钱。

(　　)2. 使用网络后，很容易上瘾。

(　　)3. 火药的发明既有好处，也有坏处。

(　　)4. 网恋的人虽然还不算多，但也影响到了家庭的和睦。

(　　)5. 如果对网络上瘾的话，身体健康很容易受到影响。

(　　)6. 因为网络交友很容易，所以“网虫”的性格都变得很外向。

(　　)7. 我们不要对着电脑吐痰，以保持电脑的清洁卫生。

（二）根据课文内容回答问题：

1. 人们可以利用互联网做哪些事情？
2. 互联网如果滥用，会使人类受到哪些威胁？
3. 为什么网络上的谣言很多？
4. 网络犯罪包括什么？
5. 在网络的危害中，最危险的是什么？
6. 网络的“环境保护”依靠什么？

（三）课堂讨论：

1. 你觉得互联网有哪些利和弊？
2. 你认为为了维护网络环境，我们可以做些什么？

（四）课堂活动：

活动一

词语讲解

你知道在网络语言中，“恐龙”和“青蛙”是什么意思吗？查找有关资料，选择五个网络词语，把它们的意思告诉给你的同学。

活动二

讨论

题目：我们应该怎样正确利用互联网？

要求：四个同学一组讨论，并做记录。然后写成记录报告，向全班宣读。

下面的词语可以帮助你表达：

大势所趋　信息时代　各种知识应有尽有　利用网络资源　获取信息　网上聊天儿　聊天工具　搜集资料　浏览信息　缩短与世界的距离　被现代社会所淘汰　沉迷于其中　产生依赖性　网络不是天堂　地下黑网吧　黄色网站　电子毒品　网络游戏　网恋　浪费金钱　损害健康　网络信息良莠不齐　无法抵制不良诱惑　网络聊天　双刃剑

扩展阅读

手机短信故事

短信在我的生活中占据着重要的地位。通过短信，我可以尽情地将那些当面不好说的话，不论是关怀、鼓励、感谢还是道歉，全都写到手机里发出去，然后也从别人那儿不停地接收信息，用这种显示在手机屏幕上可以存储的汉字来维护我的人际关系网络。

最浪漫的短信故事，应该就是我的“短信求婚”了。当时与现在的老婆、原来的女友已经谈了快两年，我最为紧迫的问题就是找一个合适的时机向她求婚了。可是想来想去，就是找不出一个好办法开口。无意间抬头发现街对面新开了一家手机店，“她的旧手机坏了”，就只一秒钟，一个完美的构思已出现在我脑中。我抓紧时间，以最快的速度下楼、取钱、购机、回宿舍，然后把手机设置好，藏在枕头下面等她到达，同时写了一张小卡片放在旁边，提示她手机是送给她的礼物。等她坐好，拿过我递过去的水杯之后，我便找了个借口迅速跑到屋外的阳台上，先是拨通新手机的号码，响过三声后挂断，以提醒她手机的位置，然后把“我爱你，嫁给我吧！”发了出去。短信飞走了，她也飞进了我的怀抱，五个月后，我们就结婚了。

最惊悚的短信故事发生在下班后回家的公共汽车上。我老婆在公司工作，所以下班一般都比我晚，那天是一个例外。听到短信提示音的时候，我正在公共汽车上被挤来挤去站立不稳，不过还得费劲儿地摸出手机查看短信。真是不看不知道，一看吓一跳。屏幕上就两个字：“开口！”我顿时背脊发凉，仿佛刚刚读完希区柯克的小说。“开口？”什么意思？怎么看都像是在审讯犯罪分子啊！是有熟人在车上看见我后故意耍我吗？”赶紧环顾四周，没有一个人是我见过一次以上的呀!! 往下一翻页，显示“来信人：老婆”。难道老婆躲在车上的某个角落在侦探我？她没有这么无聊啊！再仔细想想，顿时恍然大悟：她又写错字了！因为每天都是我先回家，所以她一般都不带单元门的钥匙，她嫌钥匙太沉。今天她肯定是先到家，在离单元门 150 米的地方写了一条短信，让我给她“开门！”，却写成了“开口！”，无意间制造了这样一个惊悚事件。果然，看到门没有开，这边电话就来了。

最感动的短信故事是过年回家返回北京的时候，在火车站用短信感谢父母的养育之恩。父母抚养我们四个孩子成长，上学，成家立业，花费了他们几十年的心血。那天要返京，到了火车站的时候，我一直都想把在心里藏了几年的话说出来，可是最终没有开得了口。火车启动的一刹那，我看见父亲已经有些苍老的面颊和母亲眼睛里闪烁的泪光，我忍不住了，便一边在嘴里念叨，一边迅速在手机上写下“爸、妈：每次返回北京，我都是那么不愿意离开你们。我爱你们！感谢二老的养育之恩！希望二老保重身体！”发送给父亲。我发现，对父母说一声“我爱你”可比对老婆说这句话难多了。

（作者：阿文。有删改。）

（一）阅读短文判断对错：

（　　）1. 最浪漫的短信故事是“我”要求“我”喜欢的人成为“我”的女朋友。

（　　）2. 一般是“我”爱人做饭，因为她下班比较早。

（　　）3. 警察经常对罪犯用“开口”这两个字。

（　　）4. 在公共汽车上看完短信后，“我”觉得可能是有人跟我开玩笑。

（　　）5.“我”的父母住在北京，“我”生活在外地。

（　　）6. 要离开父母了，我不禁流下了眼泪。

（　　）7.“我”经常对“我”爱人说“我爱你”。

（二）根据短文内容，在 A、B、C 中选择正确的答案：

1. 与用手机通话相比，短信有什么优点？（　　）

A. 可以感谢别人

B. 可以从别人那儿接收信息

C. 可以告诉别人一些当面不好说的话

2.“我”为什么要用短信求婚？（　　）

A. 这是一种方便的求婚方式

B. 妻子希望“我”用这样的方式

C.“我”想求婚，可是找不出好办法开口

3.“我”是怎么用短信求婚的？（　　）

A. 在屋里用短信向她求婚

B. 把求婚的信息发到她的新手机里

C. 以让她的手机响过三声后挂断的方式求婚

4. 在公共汽车上，看完短信后，“我”为什么觉得很害怕？（　　）

A. 短信的内容一般是警察对坏人说的

B.“我”刚刚读完一本希区柯克的小说

C.“我”知道有熟人在车上看见“我”后故意耍“我”

5.“我”爱人真的是让“我”开口吗？（　　）

A. 不是

B. 是的

C. 她只是在跟“我”开玩笑

6.“我”为什么要以短信的方式发出最感动的短信？（　　）

A. 当着父母的面，“我”不好意思说

B.“我”实在是不愿意离开自己的父母

C. 看到苍老的父亲和母亲的泪花，“我”感动了

（三）理解短文后回答问题：

1.“我”是如何用短信求婚成功的？

2. 请介绍一个发生在你身上的或是听说过的跟短信有关的故事。

17 我和小豆豆的ABCD

课前提示

1. 你觉得情商和智商哪个更重要？为什么？
2. 查找有关资料，看看目前在子女教育上存在着哪些不同的观点和意见，并详细说明其理由。（例如：有的人认为应该富养女孩儿，穷养男孩儿，其理由是……；有的人认为应该像“虎妈”一样教育孩子，其理由是……；有的人则认为“猫爸”的教育方法更好，其理由是……）

课堂学习

词语

17-1

1	中班	zhōngbān	（名）	middle class in a kindergarten 幼儿园中班的孩子　上中班
2	家长	jiāzhǎng	（名）	parent, guardian 学生的家长
3	情商	qíngshāng	（名）	EQ (emotional intelligence quotient) 情商高
4	夸	kuā	（动）	to praise 夸孩子
5	挑选	tiāoxuǎn	（动）	to choose, to select 挑选衣服　挑选人才　严格挑选
6	无意	wúyì	（副）	accidentally, by chance 无意地发现了秘密
7	清脆	qīngcuì	（形）	(of sound) clear and melodious 声音清脆

8	搂	lǒu	（动）	to hold in one's arms, to hug 搂孩子　搂脖子　搂腰 搂过来　搂得很紧　搂在怀中 （1）奶奶把孙子搂在怀里，狠狠地亲了一口。 （2）这棵树很粗，两个人都搂不过来。
9	害羞	hài//xiū	（形）	shy, bashful 害羞的样子　很害羞　害起羞来　害什么羞
10	成就	chéngjiù	（名）	achievement 巨大的成就
11	喜悦	xǐyuè	（形）	happy, joyful 喜悦的心情　喜悦的笑容 胜利的喜悦　内心的喜悦 （1）看到妈妈脸上露出喜悦的笑容，他的心中充满了快乐。 （2）获得冠军后，内心的喜悦使他激动万分。
12	轮滑	lúnhuá	（名）	roller skating 学轮滑　会轮滑
13	站立	zhànlì	（动）	to stand 学习站立
14	踏步	tàbù	（动）	to mark time 踏步走
15	跪姿	guìzī	（名）	kneeling position 从跪姿变成站姿
16	蹒跚	pánshān	（动）	to stagger, to totter 蹒跚地走
17	弯	wān	（动）	to bend, to flex 弯腰　弯着身子
18	屈	qū	（动）	to bend, to crook 屈指
19	膝	xī	（名）	knee 屈膝
20	专心	zhuānxīn	（形）	concentrated, engrossed, absorbed 学习必须专心
21	心满意足	xīn mǎn yì zú		to be perfectly content or satisfied 显出心满意足的样子

22	神情	shénqíng	（名）	(facial) expression, look 喜悦的神情　严肃的神情　兴奋的神情 绝望的神情　神情激动　神情严肃 （1）看到刚下飞机的儿子，妈妈的脸上露出喜悦的神情。 （2）他的神情很不自然，显然发生了什么事情。
23	理念	lǐniàn	（名）	idea 教育理念　消费理念
*24	固然	gùrán	（连）	admittedly
*25	除非	chúfēi	（连）	only if, only when, unless
26	笼统	lǒngtǒng	（形）	vague, at large, in general terms 说得很笼统　笼统地说一说
27	触动	chùdòng	（动）	to move, to touch, to stir up 触动他　触动老人的心事
28	引导	yǐndǎo	（动）	to guide, to lead 引导我们参观　引导学生理论联系实际 引导一番　引导半天　好好引导 （1）导游引导我们参观了故宫，并向我们介绍了它的历史。 （2）刚开始大家谁都不说话，会议主持人引导了一番，气氛渐渐热烈起来。
*29	特意	tèyì	（副）	for a special purpose, specially
30	医药	yīyào	（名）	medicine 医药箱　医药费　医药常识
31	酒精	jiǔjīng	（名）	alcohol 酒精棉球
32	创可贴	chuāngkětiē	（名）	band-aid 贴创可贴　一片创可贴
33	撕	sī	（动）	to tear, to rip 撕创可贴　撕开
34	包装	bāozhuāng	（名）	packing, wrapper 商品的包装　撕开包装
35	示范	shìfàn	（动）	to set an example, to demonstrate 示范打太极拳　给学生示范

36	受伤	shòu//shāng	（动）	to sustain an injury 严重受伤　受了很重的伤
37	草莓	cǎoméi	（名）	strawberry 一颗草莓
*38	眼看	yǎnkàn	（副、动）	soon; to see sth. happen, to watch helplessly
39	有意	yǒuyì	（副）	intentionally
40	责备	zébèi	（动）	to blame 责备她　责备他的表现　责备他对孩子管得不严 受到大家的责备　狠狠责备　当面责备 （1）他这是做好事，不应该受责备。 （2）爸爸责备他不好好念书，他却显得毫不在乎。
41	夸张	kuāzhāng	（形）	exaggerated 动作夸张　夸张的样子　说得很夸张
42	郑重	zhèngzhòng	（形）	serious, solemn, earnest 郑重地签字　郑重地说
43	欣慰	xīnwèi	（形）	gratified, satisfied 感到欣慰　欣慰的笑容
44	参与	cānyù	（动）	to participate in 参与讨论　参与这个工作
45	亲友	qīnyǒu	（名）	relatives and friends 邀请亲友
46	谈论	tánlùn	（动）	to talk about, to discuss 谈论什么　谈论一番　热烈谈论　公开谈论 （1）他这个人不喜欢公开谈论自己的事情。 （2）尽管我们常在一起，但我们从不谈论感情。
47	格外	géwài	（副）	especially, particularly 格外香　格外轻松　格外尊敬　格外有意思 格外引人关注 （1）这场大雪让孩子们格外开心。 （2）因为身份特殊，他得到了学校的格外关照。
48	条理	tiáolǐ	（名）	proper arrangement or presentation, orderliness 有条理　条理清楚
49	感染	gǎnrǎn	（动）	to infect, to affect 感染病毒　受到感染　（他的歌）感染了我

50	低估	dīgū	（动）	to underestimate 低估他的水平
51	事务	shìwù	（名）	work, affair, routine 家庭事务
52	自豪	zìháo	（形）	proud 感到自豪　自豪的样子　自豪地说
53	呜	wū	（象声）	toot, hoot, zoom 呜呜地哭
54	粉碎	fěnsuì	（形）	broken into pieces 摔得粉碎　撕了个粉碎
55	剥夺	bōduó	（动）	to deprive 剥夺权利　剥夺自由　剥夺机会
56	情感	qínggǎn	（名）	emotion, feeling 丰富的情感
57	大于	dàyú	（动）	to be larger/greater than 利大于弊

专有名词

小豆豆	Xiǎo Dòudou	*name of a person*

课文

17-2

我和小豆豆的 ABCD

这是女儿上中班[1]的时候，老师让家长[2]做的一项“家庭作业”——让家长写写教育孩子的心得体会。现在，许多家长都认同这一观点：智商高的孩子将来

不一定能成功，培养孩子的情商[3]是最重要的。

A　说明白为什么要夸[4]你

故事一：几天前我们带小豆豆去商店，离开的时候，一位外国妇女正蹲着挑选[5]东西，无意[6]中挡住了路。我万没想到的是，走在前面的小豆豆竟然声音清脆[7]地说了一句："Excuse me！"我们才顺利通过。走出门外，她抬起小脸，说："妈妈，她是外国人，应该听得懂英语吧？"我蹲下去，搂[8]着她说："豆豆，你今天表现得真棒！"上车之后，我接着说："知道妈妈为什么夸你吗？第一，你这句英语用得特别对，还说得特别大声（因为她有时候比较害羞[9]），第二，你能想到她是外国人，要跟她说外语，逻辑也特别对。"虽说她不全懂什么叫"逻辑"，但是她因为成就[10]感产生的喜悦[11]却是那么明显。

故事二：这学期小豆豆报了轮滑[12]课，第一次上课学习了站立[13]和踏步[14]。回到家里，她穿上轮滑鞋，一次一次练习从跪姿[15]站起，算起来，这个动作她至少练了几百次。有的时候歪倒了，就再接着练，然后蹒跚[16]地踏步，按老师教的，背手、弯[17]腰、屈[18]膝[19]，练得非常认真。事后我亲了她一下，说："宝贝，你知道吗？刚才你练习时那认真的小脸真是特别可爱！学什么都要这样专心[20]才学得快。"她的脸上露出心满意足[21]的神情[22]。

现在普遍已经接受"好孩子是夸出来的"、"对孩子要多鼓励"这样的教育理念[23]，这固然[24]有道理，但我觉得对孩子的称赞除非[25]必要，否则不要随便使用。拿现在最流行的称赞语"你真棒"来说，总是一句笼统[26]的"你真棒"，不见得对孩子有什么触动[27]，说多了效果也许还正好相反。对孩子的称赞具体、发自内心，她才能从被肯定的那些地方获得真正的、有效的鼓励。因为相同的理由，批评她的时候也要具体，避免情绪化的"可真气人"、"讨厌"这类说法。

B　爱是需要引导[28]的

故事一：有一次我做饭的时候不小心把手划伤，流血了，我特意[29]叫小豆豆来帮忙，指点她从医药[30]箱里找出酒精[31]棉球和创可贴[32]，帮我撕[33]开包装[34]并贴上。其实我自己来做这些可能更快更方便一些，但是我偏故意请她帮助，不仅正好可以示范[35]受伤[36]应该如何处理，而且更重要的是，我想有意识地引导她懂得关爱别人，并体会从这种爱的行动中获得幸福感。

故事二：小豆豆最爱吃的水果就是草莓[37]。冬天，有一次，她一颗接一颗，一口气吃了十几颗，一碗草莓眼看[38]就要吃完了，我有意[39]说："给我吃一个。"她觉得很意外，抬起头来，说："都快没有了。"我没有责备[40]她，只是说："特别好吃是吧？正因为这样才应该和妈妈分享啊。你不是总说爱妈妈吗？当然要把最喜欢的和妈妈分享了。"看得出她是一番犹豫之后才把一颗草莓放到我嘴里的，我夸张[41]地表现出"太好吃了"，然后郑重[42]地谢谢她，让她明白分享不是失去。

爱是一种能力，所以怎样表达爱是需要学习的，怎样关爱他人是需要引导的。看到她得到礼物后，懂得感恩地说出："爸爸妈妈可真爱我！"的时候，我们感到非常欣慰[43]。

C　参与[44]和责任感

故事一：一天，我们计划邀请亲友[45]来家里做客，我们谈论[46]这件事的时候，小豆豆始终在场，然后我们告诉她要请奶奶爷爷、大姑一家、二姑一家、叔叔一家，现在请她给他们每家打个电话，跟他们打声招呼，请他们到时候准时过来，但并没有教她说什么、怎么说。让我特别意外的是，她的任务完成得非常好，表达得格外[47]清楚，说得也很有条理[48]，还把我们商量时说的谁去接谁，中午在哪里吃饭等安排都讲得很清楚，也很有礼貌，热情而有感染[49]力。真是不能低估[50]了小孩。

故事二：我们全家每次一起出去旅游，收拾行李时都要让小豆豆和我一同完成，经常还问问她："还应该带什么呢？"和她商量带这个可以做什么用，带那个能干什么。她提出的意见，合理的我一定接受，不太合适的我会解释为什么，然后商量出一种双方都接受的解决办法。

教育家说，让孩子真正参与家庭生活中的事务[51]，能看到自己的行为给别人带来的影响，感到自己有价值，并由此而产生自豪[52]感和责任心。

D　就让她哭一会儿吧

故事一：豆豆正在看电视里的一部电影，看到外星小宝贝不得不和地球姐妹分开时，小豆豆伤心地哭了，先是静静流泪，然后居然呜[53]呜呜地哭出了声。我坐过去，搂紧她，但忍住没说什么"这是假的，有什么可哭的"之类的话。等她冷静下来后，我问她要不要以后再看，她带泪摇头，我就不说什么，只以搂住她的方式安慰她，一直陪她看到让人高兴的地方。

故事二：因为不小心，小豆豆拿东西的时候把花瓶碰倒了，花瓶摔了个粉碎[54]。

她"哇"地一下子大哭起来，我看她站的那个地方离花瓶有一段距离，不会被伤到，就故意拖延了一下才过去，然后抱住她说："不要紧的。"她哭着说："我太喜欢这个花瓶了！"以前她也弄坏过一些东西，但都表现得无所谓。那么这一次就让她哭一会儿又有什么关系呢？能被触动，能感到可惜，这样的机会也算可遇而不可求呢。

我觉得"让孩子在快乐的情绪中成长"，不等于剥夺[55]她体验丰富情感[56]的可能。现在的孩子一切都太顺了，很多情感他们很少体验到，其实能够在正常的范围内体验到喜怒哀乐，对培养健康的心理利大于[57]弊。

语 言 点 例 释

（一）……这固然有道理，但我觉得对孩子的称赞除非必要，否则不要随便使用。

"固然"，连词。有"虽然"的意思，表示先承认原来的意思，后转入相反的情况。常与"但是、不过"等词语搭配使用。"固然"多用在主语后。例如：

（1）他水平固然很高，可也不该看不起别人。

（2）强壮的身体固然是工作、学习的基本保证，但心理健康也不可忽视。

（3）资金固然重要，不过人才更不能缺少。

（4）每次都得第一固然好，偶尔一次考不好也没关系。

即时练习

◇ **用"固然"完成对话：**

1. A：他很聪明，考试及格肯定没问题吧？

   B：________________。

2. A：这件衣服是名牌，质量真的很不错，就买这件吧。

   B：________________。

3. A：我们这么忙，哪有时间锻炼！

   B：________________。

4. A：这儿的房租是最便宜的了，我看我们可以考虑。

   B：________________。

（二）……但我觉得对孩子的称赞除非必要，否则不要随便使用。

“除非”，连词。用在条件复句的从句中，强调指出唯一的条件。条件分句可以在前，也可以在后。条件分句在前时，后一分句常有“否则、才”等与之呼应；条件分句在后时，则前一分句常有“要、如果”等与之搭配。例如：

（1）除非他向我道歉，否则我不会原谅他。

（2）除非你去，我才去。

（3）要想明天我陪你逛街，除非今天你洗碗。

（4）你别想在这里买房，除非找到一个好工作。

即时练习

◇ 用“除非”完成句子：

1. ____________________，否则你无法毕业。

2. ____________________，我才同意。

3. 要想升职，____________________。

4. 如果你想让身体好起来，____________________。

（三）……我特意叫小豆豆来帮忙……

“特意”，副词。表示行为是专为某种目的而进行的。做状语，修饰动词。常用于口语。例如：

（1）为了庆祝，我特意请他到学校附近的饭馆吃了一顿。

（2）公司特意从大学请来了专家教授，为大家培训。

（3）在典礼上，他特意戴上了领带以示正式。

（4）她带着 3 岁的孩子，特意赶来捐款。

即时练习

◇ 用“特意”完成句子：

1. ____________________，你怎么不吃呢？

2. ____________________，没想到他不在。

3. 他过生日时，____________________。

4. 下雨了，____________________。

（四）……帮我撕开包装并贴上。

A. 连词"并"可连接动词、动词结构或分句，表示更进一层的意思。连接小句时，后一小句主语承前省略。多用于书面。例如：

（1）会议讨论并通过了我们提出的计划。
（2）他对王强很敬佩，常和王强接近并请教问题。
（3）我让她多去看看他，并在可能的情况下多帮帮他。

B. "并"是副词时，放在"不、没（有）、未、无、非"等否定词前面，加强否定的语气。表示否定某种看法，说明真实的意思。略带反驳的意味。"并"和否定词连用时，中间不能插入其他词语。例如：

（4）你可能误会他了，他并不像你想的那么坏。
（5）我真的不骗你，这件事情他并没告诉我。
（6）他并未去世，你不要相信那些谣言。

即时练习

◇ **用"并"完成对话：**

1. A：你们昨天做什么了？
   B：我们参观了工厂，______________________。
2. A：你们刚才在干什么呢？
   B：他要了我的手机号，______________________。
3. A：大家都说你很喜欢他，是真的吗？
   B：别听他们瞎说，______________________。
4. A：你怎么能在老板背后说他的坏话呢！
   B：这是谁说的？______________________。

（五）……一口气吃了十几颗……

"一口气（儿）"，副词。表示不间断地做某件事，做状语，后面经常带有数量短语或结果补语。不带"地"。例如：

（1）他一口气说了好几个笑话，大家都很开心。
（2）那个地方太美了，我在那儿一口气拍了几十张照片。
（3）他在纸上一口气把新学的生词都写了下来。
（4）他站在台上，一口气说了很多话，情绪非常激动。

即时练习

◇ 用“一口气”完成句子：

1. 这本书太有意思了，________________。

2. 他太饿了，________________。

3. ________________，看看表还来得及，才停下来休息了一下。

4. 老师为了让我们明白这个词的用法，________________。

（六）……一碗草莓眼看就要吃完了……

A. “眼看”，副词。“马上”的意思，常与“就”连用。例如：

（1）他热得头昏眼花，眼看就要倒在大街上了。

（2）开会的时间眼看就要到了，他却还没来。

B. “眼看”，动词。表示亲眼看到，或表示看见不如意的事情发生或发展而不管。后面可带“着”，不能重叠，没有否定式。例如：

（3）我眼看着她进了办公室，怎么现在又找不着人了？

（4）眼看着从家里带来的钱快花光了，可还没有找到工作，他很着急。

（5）我们一定要想办法帮助他们，不能眼看着他们受冻挨饿啊！

（6）你怎么眼看着小偷偷东西也不管？

即时练习

◇ 用“眼看”完成句子：

1. ________________，他肯定在屋里。

2. 他实在跑不动了，________________，最后只得了第二名。

3. 她再不上课就不能参加考试了，你们是好朋友，________________。

4. ________________，你准备得怎么样了？

（七）……跟他们打声招呼，请他们到时候准时过来……

“打招呼”，在这里的意思是事前或事后将某事或某问题通知有关人员。做谓语。受事常用“跟、和、给”引出。“打”和“招呼”之间可以插入其他成分，如“打个招呼、打了招呼、打一下招呼”等。常用于口语。例如：

（1）日程变动你不必操心，我会和秘书打招呼的。
（2）你跟他打个招呼，他让我办的事我已经给他办好了。
（3）这么重要的事情，怎么也不跟父母打个招呼？
（4）因为事前和领导打了招呼，所以领导对我的态度很好。

即时练习

◇ **用“打招呼”完成句子：**

1. 你什么时候来，________________________，我好做准备。
2. 我今天不能去上王老师的课了，________________________。
3. 结婚是件大事，________________________。
4. 关于我们晚会换时间的事情，________________________，他怎么会不知道呢？

（八）等她冷静下来后……

“……下来”是复合趋向补语的引申用法，表示某种状态开始出现并继续发展，前面多为“小、低、暗、黑、瘦、静、安静、平静、冷静”等可以表示由强到弱变化的形容词。例如：

（1）他的声音小了下来，都快听不清楚他在说什么了。
（2）大家都听得很专心，谁都没注意到天不知不觉黑了下来。
（3）发言者上台后，会场里很快就安静了下来。
（4）他现在太激动了，等他平静下来后再说吧。

即时练习

◇ **用“……下来”完成句子：**

1. 他每天都注意减肥，________________________。
2. 她气得连话都说不出来了，在我的劝告下，________________________。
3. 老师一说要宣布成绩，________________________。
4. 小孩子刚才哭得很厉害，妈妈抱起他后，________________________。

课堂练习

（一）根据课文内容判断对错：

(　　)1. 现在，一般认为情商比智商更重要。
(　　)2. 那个外国妇女故意挡住我们的路，小豆豆有点儿生气。
(　　)3. “我”说了“你真棒！”后，小豆豆非常高兴。
(　　)4. 因为小豆豆的轮滑动作做得很棒，所以“我”夸了她。
(　　)5. “我”的手受伤了，因为“我”自己贴不了，所以只好请小豆豆帮忙。
(　　)6. “我”非常喜欢吃草莓，所以吃了后不禁说了句“真好吃！”。
(　　)7. 小豆豆请亲友来家里做客，任务完成得非常好。
(　　)8. 花瓶摔碎了，小豆豆受伤了，所以她哭得很伤心。

（二）根据课文内容回答问题：

1. 作者认为家长应该怎样称赞孩子？
2. “我”为什么故意要吃小豆豆最喜欢吃的草莓？
3. 出去旅游时，“我”为什么让小豆豆和“我”一起收拾行李？
4. 看电影时，小豆豆为什么哭了？
5. 小豆豆哭时，“我”为什么不马上安慰她？

（三）课堂讨论：

1. 你同意“我”的这些教育孩子的理念吗？为什么？
2. 你还知道哪些好的教育孩子的理念？请举例说明。

（四）课堂活动：

活动一

填空比赛

四人一组进行比赛：中国的教育体制可能和你们国家不完全相同，请完成下面的练习，看哪个小组完成得又快又对。

中国的幼儿园一般分为（　　）、中班和（　　）。按中国法律的规定，儿童（　　）岁上小学，所以正常情况下，（　　）岁上初中，（　　）岁上高中，（　　）岁上大学，（　　）岁大学毕业。大学毕业后，如果想继续学习，还可以读（　　）研究生，学习时间一般是（　　）年到（　　）年；毕业后还可以继续读（　　）研究生，一般需要读（　　）年。其中，法律规定的义务教育时间为（　　）年。

活动二

调查一下班内同学的国家的教育情况。

要求：六人一组，角色轮换调查，最后整理出本小组的调查报告。要求：六人尽量为不同国家的同学。下面是可以进行调查的一些问题：

1. 你们国家的孩子一般上幼儿园吗？幼儿园分为几个年级？每个班一般有多少孩子、几个老师？
2. 在你们国家，孩子的母亲在孩子小的时候工作吗？
3. 在你们国家，读小学、中学、大学以及研究生的年龄和时间跟中国的完全一样吗？义务教育的时间是多长？
4. 小学、中学、大学的入学率是多少？
5. 你们国家比较著名的大学有哪些？它们是跟中国一样，基本上是只根据分数录取学生吗？
6. 老师可以体罚学生吗？
7. 分数对于学生来说重要吗？你的国家的学校一般是用百分制还是五分制？老师公布成绩吗？排名次吗？
8. 学生作业多吗？学习时间一般是多长（包括在家中）？
9. 学生课后上辅导班吗？如果上，一般上哪些辅导班？

……

扩 展 阅 读

为英雄鼓掌的人

我有一个宝贝女儿，她同学们都叫她23号。

她的班上一共有50个人，而每次考试我女儿都排名23。时间长了便有了这个外号，她也就成了名副其实的中等生。我们不喜欢这个外号，女儿却很高兴地接受了。老公发愁地说，一碰到公司活动，或者老同学聚会，别人都不停地夸自家的“小超人”，他却只能保持沉默。

人家的孩子，不仅成绩好，而且特长很多。只有我们家的23号女生，没有一样值得炫耀的地方。因此，他一看到娱乐节目那些才艺非凡的孩子，就羡慕得两眼放光。后来，看到一则九岁孩子上大学的报导，他很受伤地问女儿：“孩子，你怎么就不是个神童呢？”女儿说：“因为我爸爸不是神父啊！”老公无言以对，我不禁笑出声来。

到了中秋节，亲友相聚，坐满了一整个宽大的包厢。众人的话题渐渐转向各家的小儿女，要孩子们说说将来要做什么。钢琴家、明星、政界要人，孩子们毫不怯场，连那个四岁半的女孩，也会说将来要做电视的主持人，赢得一阵赞叹！我们那 15 岁的女儿，正为身边的小弟弟小妹妹剔蟹剥虾，盛汤擦嘴，忙得不得了。大家忽然想起，只剩她没说了。在众人的催促下，她认真地回答："长大了，我的第一志愿是：当幼儿园老师，领着孩子们唱歌跳舞，做游戏。"众人礼貌地表示赞许，紧接着追问她的第二志愿。她大大方方地说："我想做妈妈，穿着印叮当猫的围裙，在厨房做晚餐，然后给我的孩子讲故事，领着他在阳台上看星星。"亲友愕然，面面相觑，不知道该说些什么。老公的神情，非常尴尬。

回家后，他叹着气说："你还真打算让女儿将来当个幼儿园老师？我们难道真的眼看着她当中等生？"其实，我们也想过很多办法。为提高她的学习成绩，请家教，报辅导班，买各种各样的资料。孩子也很懂事，漫画书不看了，剪纸班退出了，周末的懒觉放弃了。像一只疲惫的小鸟，她从一个班赶到另一个班，卷子，练习册，一张张地做。但到底是个孩子，身体先受不了了，得了重感冒。打着点滴，在病床上，她还坚持写作业，最后引发了肺炎。病好后，孩子的脸小了一圈。可期末考试的成绩，仍然是让我们哭笑不得的 23 名。

后来，我们也曾试过增加营养、物质激励等等，几次折腾下来，女儿的小脸越来越苍白。而且，一说要考试，她就开始厌食、失眠、冒虚汗，再接着，考出了令我们无法相信的 33 名。我和老公，默默地放弃了轰轰烈烈的拔苗助长活动。恢复了她正常的作息时间，还给她画漫画的权利，允许她继续订《儿童幽默》之类的书报，家中安稳了很久。我们对女儿，是心疼的，可面对她的成绩，又有说不出的困惑。

一个周末，一群同事结伴郊游。大家各自做了最拿手的菜，带着老公和孩子去野餐。一路上笑语盈盈，这家孩子唱歌，那家孩子表演小品。女儿没什么本领，只是开心地不停鼓掌。她不时跑到后面，照看着那些食物。把倾斜的饭盒摆好，松了的瓶盖拧紧，流出的菜汁擦净。忙忙碌碌，像个细心的小管家。野餐的时候，发生了一件意外的事。两个小男孩，一个数理天才，一个英语高手，两人同时夹住盘子上的一块糯米饼，谁也不肯放手，更不愿平分。丰盛的美食，源源不断地摆上来，他们看都不看。大人们又笑又叹，连劝带哄，可怎么都不管用。最后，还是女儿用掷硬币的方法，轻松地解决了这个难题。

回来的路上碰上大堵车，一些孩子们开始着急起来。女儿开始说笑话，一个接一个，一口气说了十几个，全车人都被逗乐了。她的双手也没闲着，用装食品的彩色纸盒，剪出许多小动物，引得这群孩子赞叹不已。直到下车，每个人都拿到了自己的生肖剪纸。听到孩子们一次又一次地道谢，老公禁不住露出了自豪的微笑。

期中考试后，我接到了女儿班主任的电话。首先得知，女儿的成绩，仍是中等。不过，他说，有一件奇怪的事想告诉我，他从教三十年了，第一次遇见这种事。语文试卷上有一道附加题：你最欣赏班上的哪位同学？请说出理由。除女儿之外，全班同学，竟然都写上了女儿的名字。理由很多：热心助人、守信用、不爱生气、好相处等，写得最多的是，乐观幽默。班主任还说，很多同学建议，由她来担任班长。他感叹道："你这个女儿，虽说成绩普通，可是做人，实在很优秀！"

我开玩笑地对女儿说，你快要成为英雄了。正在织围巾的女儿，歪着头想了想，认真地告诉我说，她们老师曾讲过一句格言：当英雄路过的时候，总要有人坐在路边鼓掌。她轻轻地说："妈妈，我不想成为英雄，我想成为坐在路边鼓掌的人。"我猛地一震，默默地打量着她。她安静地织着毛线，淡粉的线，在竹针上缠缠绕绕，仿佛一寸一寸的光阴，在她手上，吐出点点的花蕾。我的心，竟是突然一暖。那一刻，我忽然被这个不想成为英雄的女孩打动了。

在这世界上，有多少人，年少时渴望成为英雄，最终却成了一个平凡的人。如果健康，如果快乐，如果，没有违背自己的心意，我们的孩子，又何妨做一个善良的普通人。长大成人后，她一定会成为：贤淑的妻子，温柔的母亲，甚至，热心的同事，和善的邻居。何况她是班上 50 名之中的 23 名，我们还不庆幸，还不满足？还想要更高人一等，更出人头地！那后面还有 27 名半数以上的孩子呢？如果我是他们的父母，我又该怎么办呢？

在那些漫长的岁月，她都能安然地过着自己想要的生活。她又没学坏，我作为身教言教的父母，能教养孩子长大成人，并成为社会上有用的人，就可告慰先祖，还想为孩子祈求怎样更美好的未来？就算她将来能当上法官，能考上建筑师，如果她心术不正，口是心非，那又有什么用？想让你的孩子当第一名吗？还是先能成为一个坐在路边为英雄鼓掌的人吧。

（选自《读者》，作者：刘继荣。有删改。）

（一）阅读短文判断对错：

（　　）1. 女儿不喜欢自己的外号，"我"和老公也不喜欢。

（　　）2. 朋友聚会时，"我"老公很为自己的女儿自豪。

（　　）3. "我们"和女儿都为提高女儿的成绩付出了很多的努力。

（　　）4. 在"我们"的不断努力下，孩子的成绩提高得很快。

（　　）5. 郊游回来碰上堵车时，在大家的要求下，女儿说了几个笑话。

（　　）6. 因为成绩不错，女儿是班上最受欢迎的人。

(　　)7. 女儿其实很能干，会织围巾，还会剪纸。

(　　)8. “我”认为，只要健康快乐，女儿长大后成为一个善良的普通人也是不错的选择。

（二）根据短文内容，在 A、B、C 中选择正确的答案：

1. 女儿回答“因为我爸爸不是神父啊！”这明了女儿的性格是：(　　)

A. 乐观幽默

B. 悲观自卑

C. 喜欢和人打交道

2. 亲友聚会，孩子们在谈自己的理想时，“我”的女儿在做什么？(　　)

A. 弹钢琴

B. 照顾弟弟妹妹

C. 领着孩子们唱歌跳舞、做游戏

3. 下面哪一项不是“我”女儿的理想？(　　)

A. 做妈妈

B. 当幼儿园老师

C. 成为钢琴家、明星、政界要人

4. 亲友对“我”女儿的理想的态度是：(　　)

A. 吃惊

B. 尴尬

C. 高兴

5. 最后，“我”和老公放弃了提高女儿成绩的努力是因为：(　　)

A. 女儿不高兴

B. 老师劝说了我们

C. 女儿的成绩下降了

（三）理解短文后回答问题：

1. 请举例说明“我”的女儿是一个什么样的人。

2. 你愿意做一个“为英雄鼓掌”的“路人”吗？为什么？

18 整容

课前提示

1. 在你的身边有人整过容吗？说说你了解到的情况。
2. 如果有可能，你会选择整容吗？为什么？如果考虑整容，你会整什么地方？

课堂学习

词语

18-1

1	整容	zhěng//róng	（动）	facelift 整过三次容
2	主管	zhǔguǎn	（名）	person in charge 销售主管　财务主管
3	消除	xiāochú	（动）	to eliminate, to remove 消除（她的）疑惑
4	评价	píngjià	（名、动）	comment; to evaluate, to appraise （名）评价不错　获得（很高的）评价 给予（高度）评价 很高的评价　高度评价　专家的评价 （动）进行评价　无法评价 评价老师　评价作品 （1）他对工作很有责任感，公司的每个人对他的评价都很高。 （2）没有标准，我们无法评价。
5	奋斗	fèndòu	（动）	to strive, to work hard 为理想奋斗　奋斗了很多年
6	承受	chéngshòu	（动）	to bear, to endure 承受一百斤的重量　承受压力　承受不住

7	坦率	tǎnshuài	（形）	candid, frank 态度坦率　坦率地说
8	瞒	mán	（动）	to hide the truth from 瞒着他　瞒住　瞒不过你
9	踏实	tāshi	（形）	free from anxiety, at peace 心里不踏实
10	冷冰冰	lěngbīngbīng	（形）	icy, cold in manner 态度冷冰冰的　冷冰冰地说
11	讲述	jiǎngshù	（动）	to tell about, to recount 讲述事情　向我讲述　讲述了一遍
12	方正	fāngzhèng	（形）	upright and four-square 脸比较方正　字写得很方正
13	轮廓	lúnkuò	（名）	outline, profile, contour 轮廓分明
14	冷峻	lěngjùn	（形）	grave and stern 冷峻的样子
15	难题	nántí	（名）	thorny problem 出难题　很多难题
16	修整	xiūzhěng	（动）	to repair and maintain, to trim 修整果树　修整工具
17	协调	xiétiáo	（形）	coordinated, harmonious 动作协调　色彩协调
*18	一个劲儿	yígejìnr	（副）	continuously, persistently
19	口才	kǒucái	（名）	eloquence 有口才　口才好
*20	不时	bùshí	（副）	frequently, often
21	别扭	bièniu	（形）	awkward, uncomfortable 觉得别扭　很别扭　别扭极了　别扭的感觉 （1）我说这件衣服怎么穿上后感到很别扭，原来扣子扣错了。 （2）你最好不要把他们分在一组，他们的关系一直别别扭扭的。 （3）我总觉得这个句子有点儿别扭，你还是改一下吧。

*22	一度	yídù	（副）	once, for a time
23	厌倦	yànjuàn	（动）	to be weary of 感到厌倦　厌倦上网
24	懒得	lǎnde	（动）	to be tired of doing sth. to be unwilling to do sth. 懒得出去　懒得逛街　懒得再跟她说话
25	揉	róu	（动）	to rub, to knead 揉眼睛　揉面　揉碎　揉一下
26	配	pèi	（动）	to match, to find sth. to fit, to be qualified, to deserve 配钥匙　配眼镜　（白色）配黑色　配领带 （他）配称为好学生　难配　配齐　配起来 配不上 （1）他的条件太差，根本就配不上你。 （2）这件衣服你觉得配什么裤子比较好？
27	惊人	jīngrén	（形）	astonishing, amazing 感到惊人　贵得惊人　惊人地快　惊人的美 惊人的变化　惊人的才能 （1）这位选手有着惊人的记忆力，大家都很佩服他。 （2）那家饭店的菜价贵得惊人，一般人根本吃不起。
28	美貌	měimào	（名）	good looks 惊人的美貌
29	五官	wǔguān	（名）	five sense organs, facial features 脸上的五官
30	端正	duānzhèng	（形）	regular, upright 五官端正　字写得很端正
31	化妆	huà//zhuāng	（动）	to make up, to put on makeup 化了很浓的妆　妆化得不太好
32	耐看	nàikàn	（形）	(of a face, scenery, work of art, etc.) with lasting appeal 长得很耐看
33	倾听	qīngtīng	（动）	to listen attentively to 倾听大家的意见　认真倾听
34	方案	fāng'àn	（名）	plan 教学方案　治疗方案　工作方案
35	婴儿	yīng'ér	（名）	baby, infant 照顾婴儿　婴儿车

36	治疗	zhìliáo	（动）	to treat, to cure 治疗疾病
37	性感	xìnggǎn	（形）	sexy 穿得很性感
38	对照	duìzhào	（动）	to compare, to contrast 把……和……进行对照　认真对照　对照一下 对照原文　对照答案　对照事实 （1）这两张画几乎一样，可是把这张画和那张对照一下，发现了一些不同的地方。 （2）下一题我们就不再讲了，大家可以自己对照一下答案。
39	朴素	pǔsù	（形）	(of colour, style, etc.) simple, plain 衣着朴素　穿得很朴素
40	激光	jīguāng	（名）	laser 一束激光
41	嫩	nèn	（形）	soft, tender, delicate 皮肤嫩　嫩叶
42	细腻	xìnì	（形）	fine and smooth 细腻的皮肤　感情细腻
*43	暗暗	àn'àn	（副）	secretly
*44	依然	yīrán	（副）	still, as before
45	辩解	biànjiě	（动）	to try to defend oneself, to make an explanation 为自己辩解　替别人辩解
46	委屈	wěiqu	（形、动）	feeling wronged; to put sb. to great inconvenience （形）感到委屈　委屈地说　委屈得不得了 （动）委屈自己　受委屈 （1）弟弟打碎了花瓶，妈妈却骂我，我感到很委屈。 （2）我们应该向你道歉，委屈你了。
47	怪圈	guàiquān	（名）	vicious cycle, strange phenomenon hard to get rid of 一个怪圈　掉进怪圈　陷入怪圈
48	面临	miànlín	（动）	to face, to be faced with 面临（很多）问题　面临（严峻的）形势 面临危险　面临困难 （1）我们面临的主要任务是提高自己的业务水平。 （2）你一定要好好考虑，如果这样做，你将面临很大的危险。

49	危机	wēijī	（名）	crisis 面临危机　经济危机　人才危机
50	挽回	wǎnhuí	（动）	to redeem, to retrieve, to recover 挽回面子　挽回她的爱　挽回经济损失
51	容颜	róngyán	（名）	facial features 美丽的容颜

专有名词

莉莉	Lìli	*name of a person*

课文

18-2

整容[1]

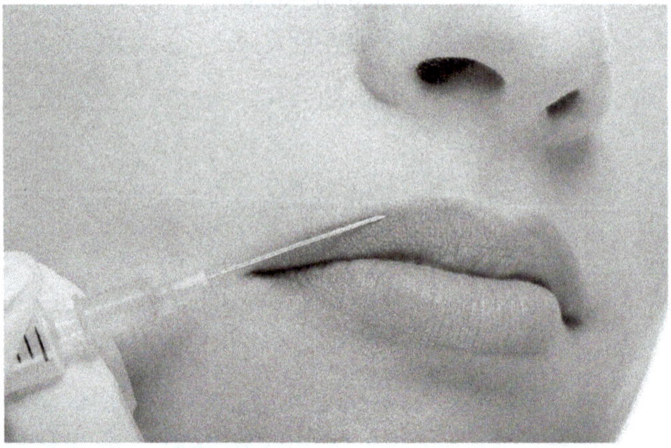

我认识小张和莉莉还是去年的时候，经过朋友的介绍，他们来找我。由于朋友曾跟我打过招呼，说有个姓张的小伙子会来找我，所以当小张夫妇走进办公室的时候，我以为丈夫是陪着妻子过来整容的。聊了一会儿才知道，原来找我整容的是小张，他的妻子是陪他来的。那时小张27岁，是个销售主管[2]，看上去年轻精神，我实在看不出有什么特别需要整容的地方。

我的疑惑很快就消除[3]了，小张前来整容有他自己认为非常充分的理由。

做销售的小张对市场销售非常熟悉，领导和同事对他的评价[4]也很高。现在，他得到了一个机会，到另一家公司担任销售方面的重要职位。如果成功，他的收入将增加很多，买车买房有存款的目标也将在较短的时间内实现，否则最少要多奋斗[5]七八年。小张非常重视这次换工作的机会，但是也因此承受[6]了不小的压力。

小张的妻子莉莉坦率[7]地把他们的想法说了出来："不瞒[8]您说，我老公心里最不踏实[9]的就是他那冷冰冰[10]的外表，他非常担心这样的外表会影响他得到这份工作。因此我们希望把他的脸整得柔和一些。"

听完莉莉的讲述[11]，我开始仔细观察小张。他的脸比较方正[12]，面部较平，轮廓[13]不是很分明，的确有些冷峻[14]，不是那种看一眼就让人愿意接近的人。要改变这么一张脸并不是什么难题[15]。我根据小张的脸形和实际情况，建议他只将眼睛修整[16]一下就可以了。眼睛是心灵的窗户，对于面部表情能起到非常重要的作用。小张的两只眼睛大小稍微有些不同，原因是一只眼睛是很明显的双眼皮，另一只眼睛则是内双，所以看上去不是那么协调[17]。

小张接受了我的建议，进行了眼部手术。不久，我接到了莉莉的电话，她非常高兴地告诉我，小张已经顺利地成为那家公司的市场部经理。莉莉一个劲儿[18]地向我表达谢意，我笑着接受了她的感谢。其实我知道，真正让他获得这份工作的还是他的能力，整容更多的是给了他信心，鼓励他迈出了本来很犹豫的一步。

我以为事情就这样结束了，没想到这才刚刚是个开始。

不久后的一个下午，莉莉突然来到我的办公室，她的眼睛有点儿红，她告诉我，小张的眼睛经过整容后非常好看，在新公司很受欢迎。也许是好看的眼睛给了小张足够的信心，加上他做市场销售多年练出来的口才[19]，很快就和同事们打成了一片。"现在他笑起来眼睛弯弯的，很好看。你不知道那些女孩儿看他的样子，我看了就生气！马医生，你想想看，27岁的年轻经理，人又长得帅，那些年轻姑娘们就整天围着他转，中午吃饭要一起去，晚上下班要一起走，还不时[20]发个信息打个电话过来，经理长经理短地说得可亲热了。虽然他从来都不瞒我，我也很相信他，可我一想到那些小姑娘看他的样子，就感到格外别扭[21]。"

对此，小张也曾一度[22]耐心地做过解释，可慢慢地，他似乎也厌倦[23]了，对妻子的怀疑开始不再回答。后来，他俩吵了无数次的架，现在已经不怎么理对方了，仿佛连架都懒得[24]吵了。这样的状况是两个人谁也没有想到的，莉莉说现在他们两个人都很难受，实在不知道怎么办才想来找我帮忙。接着，莉莉揉[25]着眼睛说出了心愿："我也要整容。我讨厌别人看我们的目光，好像我根本配[26]不上他一样。"

莉莉说得那么直接，我一时不知道该怎么接下去。她虽然没有惊人[27]的美貌[28]，但是五官[29]端正[30]，也很会化妆[31]打扮，是一个很耐看[32]的女孩。

很显然，莉莉想多了，但我能理解一个女人整天害怕别人抢走自己丈夫的那种感觉，可是我却不知道该如何帮她树立信心，我能做的仅仅是倾听[33]，然后给出一种最合适的方案[34]，希望身体上的改变能够为她增加一些勇气和信心。

莉莉打了瘦脸针，她的稍微有些婴儿[35]肥的小圆脸会在10天后明显瘦下来。治疗[36]效果很理想，一个月后再见她时，她化着浓妆，非常性感[37]，但对照[38]她以前的样子，我有种不自然的感觉，莉莉的浓妆让她少了那种朴素[39]的美。

我笑着问她俩现在的关系怎么样，她说："已经好了，但是马医生，还得求您一件事儿，千万得答应我！"她竟然是要求我千万不要再给她丈夫整容。但我没有多问，就答应了她，我相信那只是莉莉的一种根本不必要的担忧。然而，没想到几天之后，小张竟然真的来找我了。

小张一见我就要求我帮他做激光[40]嫩[41]肤，让自己的皮肤更加细腻[42]。我暗暗[43]吃惊，又有点儿想笑。这真是一对可爱的小夫妻。小张的皮肤很白，年纪不大，皮肤也很好，似乎没有立刻美容的必要。但小张依然[44]坚持自己的意见，他说："你知道我们之间出了问题，刚开始我也辩解[45]，但后来就什么都不想说了，因为我也觉得委屈[46]啊。我们好像已经陷入了一个怪圈[47]，居然在比赛着进行整容。我们俩都变得越来越骄傲，却又好像总在担心自己配不上对方。我们的家庭面临[48]着日益严重的危机[49]，可谁都不知道该如何解决。"

我看着眼前的这个男人，忽然想到了前些天在我面前哭红眼睛的莉莉。这对夫妻目前最需要的不是比赛着整容，而是坐下来好好地谈一谈。所以，对于小张，我选择了拒绝。我希望用我的拒绝来帮助他们挽回[50]一些已经失去的东西。我的工作是让人们的容颜[51]变得更美，我的心却希望生活比容颜更美。

（节选自《君的美丽梦想》，作者：马君。有删改。）

语 言 点 例 释

（一）由于朋友曾跟我打过招呼……

“由于”，连词，书面语。在表示因果关系的句子里表示原因。常与“所以、因而、因此”相呼应。“由于”表原因放在后一分句时，“由于”前一定要加上“是”。例如：

（1）由于缺课过多，他被取消了考试资格。

（2）由于房价上涨太快，所以现在很多人已无力购房。

（3）由于文明程度的提高，因而我们越来越关注教育公平。

（4）由于她突然病倒了，因此不能参加考试。

（5）她的脸变瘦了，是由于打了瘦脸针。

“由于”和“因为”的不同有三点：第一，口语里多用“因为”，较少用“由于”；第二，“由于”可以跟“因此、因而”配合用，“因为”不能；第三，“因为”可以直接放在后一分句，“由于”放在后一分句时前面必须加上“是”。

即时练习

◇ 用“由于”或“因为”填空：

1.（　　）成绩优秀，因而他获得了“优秀毕业生”的称号。

2.（　　）无法控制，因此我们不得不放弃。

3. 他不能参加考试了，（　　）缺课太多。

（二）不瞒您说，小张心里最不踏实的就是他的冷冰冰的外表

“不瞒……说”，“瞒”，动词，意思是把真实的情况隐瞒起来，不让别人知道。“不瞒”是“不隐瞒”的意思。“不瞒……说”中常嵌入人称代词或某某人，表示对某人不隐瞒，很坦率，这些话常常是不随便告诉别人的。常做插入语。要注意的是，第一，“不瞒……说”中嵌入的人称代词或某某人必须是正在听说话者说话的人，不能是不在场的第三者；第二，“不瞒”必须放在句子或分句的最前面，其前面不能有别的词。例如：

（1）不瞒你说，我也不太喜欢他。

（2）不瞒大家说，今年我公司的收入大大低于去年。

（3）不瞒同学们说，这次考试他确实没及格。

（4）不瞒各位说，我也已好几个月没休假了。

即时练习

◇ **判断下列句子对错。如果错误，请说明原因：**

（　　）1. 我不瞒你说，那次会议我也没参加。

（　　）2. 他不瞒我说，他不喜欢我。

（　　）3. 不瞒他说，这个任务我们不会交给他的。

（　　）4. 不瞒小王说，他们肯定会失败。

（　　）5. 不瞒大家说，我们已经准备结婚了。

（三）莉莉一个劲儿地向我表达谢意

“一个劲儿”，副词。表示一种行为、动作不停地连续地进行。后边常带“地”，做状语。例如：

（1）他觉得心里很痛苦，就一个劲儿地喝酒。

（2）她一个劲儿地写，连吃饭都忘了。

（3）我们一个劲儿地提醒他，可他就是不听。

（4）她见一辆空车开过来了，便一个劲儿往车站跑。

即时练习

◇ **用“一个劲儿”完成句子：**

1. 三岁的小弟弟摔伤了，________________。

2. ________________，我只好告诉他了。

3. 我让他别说了，________________。

4. 你别________________，难道你不知道吸烟危害身体健康吗？

（四）……还不时发个信息打个电话过来……

“不时”，表示行为、动作或情况间断地、多次地发生。做状语，修饰动词。例如：

（1）他给我留下了深刻的印象，二十年来我不时想起他。

（2）他坐在我的前面，不时回头看看我。

（3）她不时地向外望着，希望丈夫早点儿回来。

（4）他对周围的东西很感兴趣，一边走着，一边不时地向四处看。

即时练习

◇ 用“不时”完成句子：

1. 过了九点小王还没来，小李很着急，______________。

2. 她上课不太认真，上课时______________。

3. 我还在发烧，妈妈很担心，______________。

4. 树林里鸟很多，______________。

（五）……经理长经理短地说得可亲热了。

“……长……短”，并列联合结构。后面常有“的”；如有动词，“的”变成“地”。后面的动词常跟说话有关。用法如下：

A. 中间嵌入两个相同的名词，表示对某人某事的关注。例如：

（1）我儿子对网络游戏着了迷，整天就是游戏长游戏短的。

（2）小姑娘见了我总是阿姨长阿姨短的，真可爱。

（3）只要年龄比他大的人，他都叫哥，对小五更是五哥长五哥短地叫个不停。

（4）看见嫂子不太高兴了，我便嫂子长嫂子短地向她道歉。

B. 中间嵌入比较固定的词语，形成比较固定的格式，如“张三长李四短”“张家长李家短”“东家长西家短”等。表示“……怎么样……怎么样”的意思，多含贬义。例如：

（5）你别总是张三长李四短地议论别人，让别人听见不好。

（6）她整天就是东家长西家短的，真讨厌。

即时练习

◇ 用“……长……短”完成句子：

1. 他最近喜欢上了足球，______________，我都听烦了。

2. 哥哥第一次出国，妈妈很担心，这几天总是______________。

3. 小宝非常想了解英国的情况，______________，我都被他问烦了。

4. 你别像她一样，______________，这样的人大家都不喜欢。

（六）小张也曾一度耐心地做过解释

“一度”，副词。表示过去曾经有过一次或过去一段时间内曾发生的情况。在句中常做状语。例如：

（1）他一度抽烟上瘾，现在抽得少多了。
（2）我跟一些大学同学一度失去了联系，通过这次聚会跟他们又联系上了。
（3）因为很多同学回国，我们班一度只剩下十来个人。
（4）她一度只追求吃喝玩乐，而现在的她简直就像换了一个人。

即时练习

◇ 用“一度”完成句子或对话：

1. ____________________，但是现在我们对她已失去信任了。

2. ____________________，但经过努力，最后总算成功了。

3. A：他不是去年就该毕业了吗？

   B：____________________，所以今年才毕业。

4. A：你参加这次考试吗?

   B：____________________，但后来想想还是参加吧，要不就得明年再考了。

（七）我暗暗吃惊

“暗暗”，副词。表示在暗中或私下里，不显露出来。做状语，修饰动词。这里的动词通常是表示心理活动的动词。例如：

（1）我心中暗暗埋怨同屋，觉得她不应该不提醒我。
（2）听了他的话，我感动得不知说什么好，暗暗下定决心，一定要对得起他。
（3）没想到他竟然实现了自己的愿望，我暗暗吃惊。
（4）她暗暗地告诉自己，这次机会一定不能再错过了。

即时练习

◇ 用“暗暗”完成句子：

1. 知道同屋考了第一名，____________________。

2. 马上要考试了，还有很多内容没有复习，____________________。

3. 听到自己升职的消息后，____________________。

4. ______________________，因为今天股票暴跌。

（八）但小张依然坚持自己的意见……

“依然”，副词。表示跟原来一样，没有改变。做状语，修饰动词、形容词。用于书面语。例如：

（1）他依然对做生意不感兴趣，只喜欢音乐。

（2）至今他依然是个一般的演员，当明星依然只是个梦。

（3）我每天很努力地工作着，可收入依然很低。

（4）他说汉语已经很地道了，但他依然希望自己的汉语能更流利些。

即时练习

◇ **用“依然”完成句子：**

1. 十年过去了，______________________。
2. 不瞒你说，______________________。
3. 他已经四十五岁了，______________________。
4. ______________________，我跟他还是不要见面了。

课 堂 练 习

（一）根据课文内容判断对错：

（　　）1. 小张和莉莉跟“我”关系很好，所以特意来找“我”整容。

（　　）2. 小张的外表不错，刚见到他时，“我”没发现他有什么需要整容的地方。

（　　）3. 由于小张觉得整容可以帮助他提高销售量，因此他找到了“我”。

（　　）4. 要满足小张的整容要求是非常困难的。

（　　）5. 小张的整容手术很成功，他也顺利地换了工作。

（　　）6. 那天下午，莉莉来找“我”是因为小张的手术出了问题。

（　　）7. “我”觉得莉莉整完容之后，比以前美多了。

（　　）8. 小张想让自己的皮肤更加细腻，所以他又来找“我”。

（二）根据课文内容，并用上提示词语来回答问题：

1. 小张和莉莉为什么来找“我”？
（销售　评价　重要职位　收入　实现　压力　冷冰冰　影响　柔和）

2.“我”根据小张的脸形和实际情况，提出了什么建议？“我”为什么这么建议？
（修整　心灵　面部表情　稍有不同　双眼皮　内双　协调）

3. 那天下午，莉莉为什么来找“我”？
（受人欢迎　主管　围着他转　发信息　……长……短　别扭）

4. 对于妻子的怀疑，小张是什么态度？现在小张和莉莉的关系怎么样？
（一度　耐心　厌倦　吵架　理　懒得）

5. 莉莉整容后有什么变化？“我”看到莉莉后有什么感觉？
（瘦下来　治疗　浓妆　性感　朴素）

6. 小张为什么又来找“我”？他对“我”说了什么？
（激光嫩肤　细腻　委屈　怪圈　骄傲　配不上　面临　如何）

7. 对于小张的要求，“我”是什么态度？为什么？
（拒绝　不是……而是……　挽回）

（三）课堂讨论：

1. 如果你的男朋友（女朋友）像小张一样很受异性的欢迎，你会像莉莉一样吗？
2. 你认为美丽（英俊）的容貌有助于事业吗？

（四）课堂活动：

活动一

词语讲解

查找有关资料，说出脸部和身体整容整形手术的专业名称，例如：把鼻子变高的手术叫什么？减少脸上的皱纹的手术叫什么？……并把手术的具体情况和可能的危害做一下介绍，例如：把胸部变高的手术可以使用什么材料？可能有什么危害？……最后把情况向全班做一下介绍。

活动二

辩论

题目：整容利大于弊还是弊大于利？

正方观点：整容利大于弊

反方观点：整容弊大于利

步骤：

（1）全班同学自愿选择正方观点或反方观点，分为两组，作为正方和反方；

（2）广泛查阅资料，从中选取论据证明自己的观点。其中最好有整容成功或失败的例子和图片，以 PPT 等形式在课堂上展示；

（3）在课堂上阐述本方观点，同时要认真听取对方的论述，抓住对方论述中的漏洞，反驳对方的观点。

下面的词语和句式可以帮助你表达：

我方认为……，原因如下：

首先……其次……再次……最后……

以上内容充分说明……

面部缺陷　外科手术　增强自信　健康良好的心态　割双眼皮　隆鼻　嫩唇　造酒窝　矫正牙齿　除皱　除痘　种睫毛　脱毛　瘦脸　拉皮　注射肉毒素　下颌角切除术　拥有　完美的脸　风险　创伤　危及生命　正规的整形美容机构　具有医疗美容职业资格　后果　补救　感染　器官　脸型　皮肤松弛　疤痕　疤痕体质　过敏体质　手术费用

扩 展 阅 读

皱纹，是我笑过的地方

不知当年靳羽西说这句话的时候，她的额头与眼角是否爬上了皱纹。反正我喜欢这句话的时候，我已进入中年，我的脸上笑或者不笑，都有了或深或浅的皱纹。如果说，我一点儿也不在乎我脸上的这些皱纹，那也是假话。女人谁不想拥有一张永远年轻细腻光滑的脸呢？但毕竟年岁不饶人啊，没有谁能挡住岁月无情的脚步。明白了这个道理，我才会坦然面对自己脸上越来越明显的皱纹。

但还是有太多女人对此心有不甘，比如说我的好友玲。玲跟我同岁，我们若走在一起，你肯定会惊疑地发现我跟玲的脸是多么地不同。我的脸是标准的中年女人的脸，额头和眼角都刻下了岁月的痕迹。可是玲的脸却光洁如玉，仿佛岁月的雕刻刀对她的脸网开一面。其实，也只有我知道，玲除了每周定期去美容院，还每隔数月就要往脸上注射一种除皱毒针。听说，那种除皱毒针价格很高，但仍然吸引了众多害怕老去的女人。

玲还总是告诫我说，女人到了这个年龄，脸上的皮肤已渐渐松弛，不能再像以前那样随便地哈哈大笑。如果整天笑个不停，脸上的皱纹就会越积越多，越来越明显。可是，一遇到开心的事情时，我还是忍不住哈哈大笑，哪怕眼角的鱼尾纹暴露无遗，我也要开心地笑。而以前也爱跟我们一起吵闹着开怀大笑的玲呢？为了自己美丽光洁的脸上没有皱纹，现在早已不敢大笑了。现在的玲整天绷着那张拉过一次皮打过数次除皱毒针的光洁如玉的脸，即使是忍不住要笑一下，那也是轻扯嘴角的微笑。现在的玲，因为除皱毒针和高档除皱护肤品的作用，她的脸确实焕发出年轻的光洁。可是现在的玲，因为成天地面无表情，也因为除皱毒针的副作用，那张美丽光洁的脸也渐渐地像面具一般的冷漠僵硬。

一天，在电视上看杨澜主持的《天下女人》，凑巧的是，那期节目的嘉宾竟然是美丽知性的靳羽西。屏幕上的靳羽西侃侃而谈，说到开心处，忍不住哈哈大笑起来。这时候，摄像师给了靳羽西一个特写镜头。在特写镜头下，这个美丽知性优雅的女子，她眼角的鱼尾纹，在她爽朗的笑声里快乐地展开，却丝毫没影响到她的美丽与性感。

是的，中年以后的女性恒久的美丽本应如此：坦然面对不可抗拒的衰老，用自己内在的知性美、涵养美及阅历美，来源源不断地补充渐渐衰退的外表美。而在每一个晨妆时刻，面对镜中那张已然不年轻的脸，我们也应该像靳羽西一样，轻轻地笑着说一声：皱纹，是我笑过的地方。

（一）根据短文内容判断对错：

(　　)1. 现在，不管“我”笑还是不笑，脸上都能看出来有皱纹。

(　　)2. 对于脸上的皱纹，“我”毫不在乎。

(　　)3. 玲以前就不太喜欢笑，现在更不喜欢笑了。

(　　)4. 虽然知道大笑容易让自己有皱纹，但“我”还是想笑就笑。

(　　)5. 靳羽西是个美丽的女子，岁月在她的脸上没有留下什么痕迹。

（二）根据短文内容，在 A、B、C 中选择正确的答案：

1.“我”和玲的脸的不同是：(　　)

A.“我”的脸上皱纹较少，玲的脸上皱纹较多

B.“我”的脸上皱纹较多，玲的脸上皱纹较少

C.“我”的脸上皱纹较多，玲的脸上没有皱纹

2. 下面哪个不是玲的脸和“我”的脸不同的原因？(　　)

A.“我”生活不幸福，玲生活很幸福

B.“我”从来不打除皱毒针，玲经常打

C.“我”现在还经常哈哈大笑，玲现在从来不大笑

3. 下面哪一项是错误的描述？（　　）

A.“我”的皮肤已渐渐松弛了

B. 对于玲的年轻的脸，“我”非常羡慕

C.“我”觉得玲的脸给人一种冷漠僵硬的感觉

4.“我”认为中年以后的美丽应该是：(　　)

A. 有一张光洁如玉的脸

B. 有一张焕发出年轻的光洁的脸

C. 有内在的知性美、涵养美及阅历美

（三）理解短文后回答问题：

“我”和玲对于美丽的看法有什么不同？你同意谁的观点？为什么？

19 甜甜的三次租房故事

课前提示

1. 你租过房子吗？你觉得租房时最需要考虑的问题是什么？
2. 你喜欢一个人租房住还是跟人合租？为什么？

课堂学习

词语

19-1

1	网站	wǎngzhàn	（名）	website 一家网站
2	编辑	biānjí	（名）	editor 网站编辑　报纸编辑
3	位于	wèiyú	（动）	to be located, to be situated 云南位于中国南部
4	老式	lǎoshì	（形）	old-style 老式建筑　老式家具
5	黑洞洞	hēidòngdòng	（形）	pitch-dark 黑洞洞的房间
6	走廊	zǒuláng	（名）	corridor, passageway 黑洞洞的走廊　一条走廊
7	杂物	záwù	（名）	odds and ends, sundries 堆满杂物　杂物间
8	穿	chuān	（动）	to go through, to pass through 从这条路穿过去　穿过走廊
9	群租	qúnzū	（动）	group-oriented leasing 群租形式　群租房

10	同伴	tóngbàn	（名）	companion 我的同伴
11	平摊	píngtān	（动）	to go shares 平摊房租　平摊一下
12	遥不可及	yáo bù kě jí		out of reach, unreachable 遥不可及的世界　梦想遥不可及
13	掰	bāi	（动）	to break off or divide with the hands 把面包掰开　掰下来
14	负担	fùdān	（动、名）	to bear, to carry, to shoulder (a responsibility, work, expense, etc.); burden, load, weight, strain （动）负担学费　负担老人的生活费 主动负担　独自负担　负担不起 （名）增加负担　减轻负担 经济负担　家庭负担　工作负担　学习负担 沉重的负担　负担（太）重 （1）这几年他的学费一直是我来负担的。 （2）现在的房租太高，我一个人根本负担不起。 （3）他的家庭负担太重，最近都累病了。
15	开销	kāixiāo	（名）	expense 开销太大
16	新式	xīnshì	（形）	new-type, new-style 新式家具
17	公寓	gōngyù	（名）	apartment building, condo 一座公寓　新式公寓
18	动心	dòng//xīn	（动）	to have one's desire, enthusiasm or interest aroused, to be attracted 他已经动了心了　有一点儿动心
19	供应	gōngyìng	（动）	to supply, to provide 供应食物　供应热水
20	幽雅	yōuyǎ	（形）	quiet and tastefully laid out 幽雅的环境
21	白领	báilǐng	（名）	white-collar worker 公司白领
22	憧憬	chōngjǐng	（动）	to long for, to look forward to 憧憬未来
23	洒	sǎ	（动）	to sprinkle, to spray, to shed 洒水　洒满阳光

24	透	tòu	（动）	to penetrate, to pass through 阳光透过窗户
25	落地窗	luòdìchuāng	（名）	French window, high and long window whose bottom reaches the ground 大大的落地窗　透过落地窗
26	回想	huíxiǎng	（动）	to think back, to recall 回想过去　回想一下
27	冲动	chōngdòng	（形）	impulsive, impetuous 冲动的行为　一时冲动
28	三合板	sānhébǎn	（名）	three-ply wood 一块三合板
29	装修	zhuāngxiū	（动）	to fit up (a house, etc.) 装修房子　装修得很漂亮
30	塑料	sùliào	（名）	plastic 塑料杯子　塑料袋
31	平方米	píngfāngmǐ	（量）	square metre 一平方米
32	宽带	kuāndài	（名）	broadband 宽带上网　免费宽带
33	采光	cǎiguāng	（名）	lighting, daylighting 采光很好
34	其乐融融	qí lè róngróng		with happiness knowing no bounds 大家在一起其乐融融　玩儿得其乐融融
35	缘故	yuángù	（名）	reason, cause 不知道什么缘故　因为生病的缘故
36	剧烈	jùliè	（形）	violent, fierce, strenuous 剧烈运动　剧烈活动　剧烈的疼痛 相当剧烈　更加剧烈 （1）饭前饭后不要进行剧烈运动。 （2）她突然被一阵剧烈的疼痛惊醒。 （3）吵闹的声音使他的头疼得更加剧烈。
37	晃动	huàngdòng	（动）	to rock, to sway 剧烈晃动
38	震	zhèn	（动）	to shake, to shock, to vibrate 震得厉害
39	抖	dǒu	（动）	to shake, to tremble 手抖得很厉害　墙被震得一抖一抖的

40	迅速	xùnsù	（形）	rapid, speedy, prompt, swift 迅速离开　迅速提高　迅速增加 行动迅速　生长迅速　发展迅速 （1）狼看到食物后开始迅速地奔跑。 （2）受伤后要迅速采取急救措施。 （3）我国的高等教育发展迅速。
41	吸取	xīqǔ	（动）	to absorb, to assimilate 吸取经验　吸取教训
42	教训	jiàoxun	（名、动）	lesson; to teach sb. a lesson, to scold （名）吸取教训　总结教训　一次教训 生活的教训　深刻的教训 （动）教训孩子　教训别人　经常教训 （1）从失败的教训中得到的经验更加宝贵。 （2）我们要总结经验，吸取教训，这样才能不断进步。 （3）你别动不动就教训孩子。
43	做伴	zuò//bàn	（动）	to keep sb. company 做个伴
44	分摊	fēntān	（动）	to share (expenses) 分摊房租　分摊一下
45	轨道	guǐdào	（名）	(railway) track 轨道交通
46	摆设	bǎishe	（名）	furnishings, decorations 小摆设
47	稿	gǎo	（名）	manuscript, draft 写稿　改稿
48	钻	zuān	（动）	to get into, to make one's way into 钻进去　钻到水里
49	被窝	bèiwō	（名）	quilt folded to form a sleeping bag 钻进被窝　躺在被窝里
50	乐意	lèyì	（形、动）	pleased, happy; to be ready to, to be willing to （形）十分乐意　乐意极了 （动）乐意帮忙　乐意接受　乐意购买 （1）你说了那么多批评他的话，他听了有些不乐意。 （2）不管遇到什么困难，小区的邻居们都乐意帮忙。 （3）这种产品质量好，即使价钱贵一点儿，顾客也乐意接受。

*51	万一	wànyī	（连）	in case, if by any chance
52	凑	còu	（动）	to gather, to pool, to collect 凑钱　凑人数　凑学费　不容易凑 凑起来　凑齐　凑够　凑在一起 （1）这么一大笔钱很不容易凑，我凑了很长时间才凑够。 （2）他们的足球队是临时凑起来的，所以踢得不太好。 （3）一下课，同学们就凑在一起聊天儿。
53	遥远	yáoyuǎn	（形）	distant, remote, faraway 距离遥远　路途遥远　非常遥远 遥远的家乡　遥远的将来　遥远的地方 （1）这两颗星星看起来离得很近，实际上它们相距遥远。 （2）机器人进入家庭已经不是遥远的事情。 （3）他的声音那么陌生，好像来自一个非常遥远的世界。
54	潮	cháo	（形）	damp, moist, humid 一楼太潮
55	透气	tòu//qì	（动）	to let air in or through, to breathe freely 不透气　透不过气来　出来透透气
56	小心翼翼	xiǎoxīn yìyì		with the greatest care 小心翼翼地说　小心翼翼的样子
*57	趁	chèn	（介）	to take advantage of (time, opportunity, etc.)
58	混	hùn	（动）	to muddle along, to drift along 混日子　混得不好　混不出样子
59	光芒	guāngmáng	（名）	rays of light, radiance 太阳的光芒

专有名词

1	甜甜	Tiántian	*name of a person*
2	澳门路	Àomén Lù	Macau Road, name of a road in Shanghai
3	宜家	Yíjiā	IKEA

课　文

19-2

甜甜的三次租房故事

上个星期，在上海工作的网站[1]编辑[2]甜甜不得不又一次搬家。新租的房子位于[3]一座老式[4]的高层建筑内，黑洞洞[5]的走廊[6]里堆满了旧凳子坏椅子之类的杂物[7]。穿[8]过长长的走廊，我才找到她租住的房间。

这是甜甜自去年六月份毕业以来搬进的第三套房子。第一套群租[9]房太乱，第二套房子又太远，现在的这套每月租金 2600 元，不得不和另外两个同伴[10]平摊[11]。对大学毕业没多久的甜甜来说，买房子遥不可及[12]。她所关心的是租房的价格还会不会继续上涨。现在每个月的房租，已经超过她全部收入的三分之一了。即使把钱掰[13]开了算，也负担[14]不起一个人住的开销[15]。唯一的办法，只有跟人合租。

甜甜在上海租的第一套房子，是从网上找来的。那套房子离上班的地方很近，在澳门路上一个新式[16]的公寓[17]小区里。网上的介绍令甜甜非常动心[18]，有人负责打扫房间，24 小时供应[19]热水，而且小区环境干净幽雅[20]，一看就是白领[21]公寓。甜甜不由得憧憬[22]起电视剧中白领的生活来——躺在洒[23]满阳光的沙发上，透[24]过大大的落地窗[25]，静静地看远处美丽的风景。

现在回想[26]去看房的那天，甜甜觉得自己相当冲动[27]。一套三室的房子被房东用三合板[28]分成十间，没装修[29]，地上只铺着塑料[30]的地板。给甜甜的那间屋子朝北，大概 10 平方米[31]，有一半是阳台，确实有落地窗，每月租金 1000 元。

我问甜甜为什么明知道不是很理想，可还是要租。甜甜说："房东很能讲啊。我说卫生间谁负责，她说会有阿姨隔天来打扫；我说没有空调怎么办，她说这里是高层，冬暖夏凉，况且还有免费宽带[32]，采光[33]也好，住的都是白领，大家在一起其乐融融[34]。"最后商量好的价格是一个月700元，当时甜甜因为急着搬家的缘故[35]，就住进去了。

住进去甜甜才知道，所谓的"群租房"是什么。用三合板做的墙稍微撞一下就剧烈[36]晃动[37]，隔壁说的每句话都听得清清楚楚。说好来打扫的阿姨，根本就没见过。最不能忍受的是，快要睡着的时候突然来了人，关门声很大，把墙震[38]得一抖[39]一抖的，有时还在走廊里说话，让人怎么也睡不着。甜甜忍受了两个月，找到第二套房子后，迅速[40]走人，再也不想回到那儿了。

甜甜吸取[41]了第一次的教训[42]，后来只和认识的人合租，坚决不要群租。她和同学说好一起找房，两人不仅可以做个伴[43]，还可以分摊[44]房租。

第二次她和同学住进一套老式公寓内。因为远，又没有轨道[45]交通，所以这套房子租金稍微便宜些，一个月1400元，分摊后一人700元。甜甜的房间很小，不到10平方米，但是朝南。甜甜去宜家买了各种漂亮的小摆设[46]，还买了一张小桌子，可以放在床上看书写稿[47]。冬天早早就钻[48]进被窝[49]，还省去空调费。就是上班远了点儿，得坐公交车，在高峰期，路上能堵两个小时。

甜甜在那儿住了近一年，慢慢习惯了这样的生活。但两个月前，房东找到两个小姑娘说："你们看，房价一直上涨，大家都涨价了，我也得加钱。"房租一下子从1400元涨到了2000元。同学不乐意[50]了，甜甜也觉得贵，不过住了这么长时间，总觉得有感情，不愿意离开。可是万一[51]自己不搬找不到人合租怎么办，甜甜只好跟着同学一起搬出来了。

现在的第三套房子，是她们俩和另外一个人一起合租的。刚毕业的小张是个男孩子，住了最小的一间，甜甜和同学分了另两个单间。三个人把钱凑[52]起来，才能付得起全部的房租。平时三个人各上各的班，周末在堆满杂物的小客厅里聊聊天儿，不是聊遥远[53]的理想，就是聊日常的生活。

我问甜甜对现在的房子是否满意，她无可奈何地笑了笑。一楼太潮[54]了，况且也没有阳光，房间特别暗，卫生间也不透气[55]，而且经常有小狗在窗子下大便，稍微有点儿臭。不过这些都还可以忍受，最担心的是房东又要涨价，或者一起合租的人换了工作找到新房子，那就只能另想办法了。

我请甜甜谈一谈希望在上海过的生活，她想了想，好半天才小心翼翼[56]地说："多赚一点儿吧。上海的工作机会还是比老家多，工资也高不少。既然留在上海了，就趁[57]年轻，好好干一番。如果实在混[58]不出样子，再回老家去，回老家就不用这么担心房子了。当然，最好能在上海生活下去，有自己的房子，有自己的家。"说到这里，甜甜的脸上突然露出一种光芒[59]，就像无数个同龄人走入这个城市时，脸上带有的那种表情一样……

（选自《申江服务导报》，作者：职烨。有删改。）

语言点例释

（一）这是甜甜自去年六月份毕业以来搬进的第三套房子。

"自……以来"，介词短语，表示从过去的某一时间开始，一直延续到现在说话时。中间有时是一个具体的时间，有时是某一事物或某一种具体的情况，也可以时间和具体情况都有。例如：

（1）自六月份以来，我的孩子就一直生病。

（2）自古以来，中国就是一个多民族的国家。

（3）他是自成龙以来最有名的电影演员。

（4）自改革开放以来，人民的生活水平大大提高了。

"自"口语中常常用"自从"，同时省略"以来"。例如：

（5）自从房价上涨，这儿租房的人越来越少了。

（6）自从发明了电灯，人类的生活就变得方便多了。

即时练习

◇用"自……以来"完成句子或对话：

1. ______________，我就没回过国，所以非常想念我的父母。

2. A：听说你又换工作了。

B：别提了，______________，这已经是我换的第三个工作了。

3. A：最近产品的销售量怎么样？

B：非常好，______________________，销售量就一直在增加。

4. A：这个月的工资又花得差不多了。

B：是啊，______________________，咱们花的钱就越来越多。

（二）她所关心的是租房的价格还会不会继续上涨。

"所"，助词。用在动词前，使"所 + 动"成为名词性的短语。它可以直接代替名词，也可以再修饰别的名词。多用于书面语或正式场合。例如：

（1）你别问了，我们所谈的不过是些生活小事而已。

（2）请大家把你们这几天的所见所闻写下来。

（3）我所知道的情况就是这些了，您可以再采访一下别的人。

（4）他是广大读者所熟悉的一位著名作家。

即时练习

◇用"所 + 动（句后括号中的动词）"完成句子或对话：

1. 大家现在______________________是这座城市最好的展览馆，希望我的讲解能让大家满意。（参观）

2. 警察说我们应该______________________都告诉他们。（知道）

3. A：听说我们的产品很受欢迎啊。

B：是啊，______________________已经销售到海外了。（生产）

4. A：你会考虑我们的意见吗？

B：放心吧，______________________我一定会考虑的。（提）

（三）我问甜甜为什么明知道不是很理想，可还是要租。

"明"，副词。做状语，表示很明显地、清清楚楚地、确实地。下文的意思常常出现转折，用"可是、但是"来连接。例如：

（1）明知道这间房子不太好，但他还是租了下来。

（2）他明知道我会强烈反对，可还是把家里重新装修了一遍。

"明明"与"明"的意思用法基本相同，但"明"一般只用于"明知道"或"明知"。"明明"可以修饰更多的词语，而且有强调的意思。下面这些句子，句中的"明明"

都不可以换为“明”。例如：

（3）他明明报了名，怎么名单上却没有他的名字呢？

（4）这明明是件很丢脸的事，可他一点儿都不在乎。

即时练习

◇用“明”或“明明”完成句子：

1. ______________，你怎么还跟他来往呢？

2. ______________，但我没想到你竟然不承认。

3. ______________，可是一转眼他就改变了主意。

4. ______________，你为什么说是他做的呢？

（四）当时甜甜因为急着搬家的缘故，就住进去了。

“因为……的缘故”也可以说“由于……的缘故”，表示事物发生的原因，中间可以插入某些词语或者小句做“缘故”的修饰成分。多用于书面语。例如：

（1）因为丈夫是中国人的缘故，她特别喜欢中国文化。

（2）因为租金太高的缘故，很多年轻人已经负担不起房租了。

（3）很多游客出现感冒头疼等情况，是因为适应不了天气的缘故。

（4）这篇文章还得再修改几遍，主要是因为结构太复杂的缘故。

即时练习

◇用“因为……的缘故”完成句子：

1．______________，他又受到了老板的批评。

2. ______________，我不得不休学一年。

3. 他的眼睛红红的，可能是______________。

4. 什么事他都愿意为你做是______________。

（五）可是万一自己不搬找不到人合租怎么办，甜甜只好跟着同学一起搬出来了。

“万一”，表示假设的连词。意思是发生的可能性极小，一般用于不希望发生的事。例如：

（1）医生万一不能及时赶到，我们就先采取措施。

（2）万一不能继续负担学费，我的梦想就难以实现了。

（3）你应该再去图书馆找找，万一他在那儿呢。

（4）你身上带着这么多钱，万一碰到坏人怎么办？

即时练习

◇用“万一”完成句子：

1. ______________________，你就赶紧给我打电话。

2. 你先试试，______________________，我们再想别的办法。

3. 我觉得还是带上伞吧，______________________。

4. 还是先打个电话问问吧，______________________。

（六）平时三个人各上各的班，周末在堆满杂物的小客厅里聊聊天儿，不是聊遥远的理想，就是聊日常的生活。

“不是……就是……”，连接两个并列的成分，组成并列复句。

A. 看起来是选择，实际上是用两个例子来说明某种情况，表示列举，意思是“或者……或者……”。例如：

（1）他周末不是去打球就是去游泳，有时候还去爬爬山。

（2）小李特别热心，不是帮人修电脑就是帮人修车。

B. 表示真正的选择。意思是两种选择必有其一。例如：

（3）这个时间，他不是在办公室，就是在教室。

（4）看样子他不是韩国人就是日本人。

即时练习

◇用“不是……就是……”完成句子：

1. 吃完晚饭，我们俩______________________，有时候也看看电视。

2. 春节前大家都特别忙，______________________。

3. 后天就要开学了，我觉得甜甜______________________。

4. 他______________________，因为他根本不会开车。

（七）既然留在上海了，就趁年轻，好好干一番。

“既然……就……”组成因果复句。先提出一个前提，然后进行推论，经常用来表示劝说、做出判断等，后半句也可用“也、还”。例如：

（1）既然他不同意，你就别再勉强他了。

（2）既然他的负担已经很重了，就别再给他新任务了。

（3）既然你这么愿意，我也不反对了。

（4）既然他已经吸取了教训，我们还可以再给他一次机会。

即时练习

◇按“既然……就……”格式把句子补充完整：

1. 既然他已经向你道歉了，________________。

2. 既然觉得这份工作不适合自己，________________。

3. ________________，就得拼命努力才行。

4. ________________，就干脆不要再吸了。

（八）既然留在上海了，就趁年轻，好好干一番。

“趁”，介词。跟别的词语组成介词短语修饰动词，一般可加“着”，表示利用某种条件或者机会。例如：

（1）我趁（着）放假的机会，去云南玩了一趟。

（2）趁（着）商场搞活动，我买了很多暂时可能用不着的东西。

（3）孩子趁（着）父母不在家，又上了一天网。

（4）趁（着）房租还没涨，你赶紧把房子租下来吧。

（5）趁她不注意，我偷偷把她的书包藏了起来。

“趁”后可以是单音节词，“趁着”不可以。例如：

（6）煮好的饺子一定要趁热吃。

（7）如果打算考研究生的话，一定要趁早准备。

即时练习

◇选择适当的词语完成下列句子：

趁老师还没走　趁放假　趁早　趁热　趁天没黑　趁老板不注意

1. ________________，大家快点儿把这些活儿做完吧。

2. 到这家医院看病的人特别多，________________。

3. 我想＿＿＿＿＿＿＿＿＿＿＿＿＿＿赶紧再问几个问题。

4. ＿＿＿＿＿＿＿＿＿＿＿＿＿＿，凉了的话味道就不好了。

5. ＿＿＿＿＿＿＿＿＿＿＿＿＿＿，他又提前下班了。

6. 我打算＿＿＿＿＿＿＿＿＿＿＿＿＿＿回国看看父母。

课堂练习

（一）根据课文内容判断对错：

(　　)1. 甜甜是一家报社的编辑，已经工作一年多了。
(　　)2. 甜甜跟人合租的第三套房子每个月房租是 2600 块钱。
(　　)3. 甜甜租的第三套房子是从网上找来的。
(　　)4. 关于第一套房子，网上的介绍和实际情况比较相符。
(　　)5. 在群租房里住了两个月，甜甜就受不了了。
(　　)6. 甜甜对第二次租的房子还算满意，住在那儿没什么不便。
(　　)7. 甜甜租的第三套房子其实不是非常令人满意。
(　　)8. 甜甜下定决心要在上海买到自己的房子，建立自己的小家。

（二）根据课文内容回答问题：

1. 甜甜在上海买得起房子吗？她最关心什么？
2. 网上是怎么介绍第一套房子的？实际情况又是怎么样的？
3. 甜甜觉得群租房有哪些缺点？
4. 甜甜租的第二套房子怎么样？她为什么要从第二套房子里搬出来？
5. 甜甜对她租住的第三套房子满意吗？为什么？
6. 甜甜对于自己在上海的生活有什么想法？她为什么暂时不愿回老家？

（三）课堂讨论：

1. 如果你要租房子，你愿意单住还是合租？你能接受异性合租吗？为什么？
2. 汉语有个成语叫“安居乐业”，你如何理解居住环境和事业工作的关系？

（四）课堂活动：

活动一

词语比赛

三人一组进行比赛：课文中有两个描写建筑的词语，“老式”和“新式”。除了这两个词语，你们还知道哪些带有“式”字并描述样式（如建筑的样式、家具的样式等）的词语？看哪个小组说得又对又快又多。

活动二

调查一下班内同学或者他们的朋友的租房情况。

要求：四人一组，角色轮换调查，最后整理出本小组的调查报告。请至少选择以下问题中的四个进行调查。

1. 你有过几次租房的经历？
2. 你租房时最看重哪些方面？为什么？
3. 你现在在哪儿租房？你是怎么知道这套房子的？
4. 请简单描述一下你租住的小区的情况和房屋的情况。
5. 你的房东怎么样？你们相处愉快吗？
6. 你们付房租的方式是什么样的？如果房东突然要涨房租，你会怎么办？

……

下面的词语和句式可以帮助你表达：

老式　新式　公寓　供应　幽雅　轨道　负担　开销　涨　凑　平摊
分摊　其乐融融　落地窗　装修　摆设　平方米　采光　宽带　潮　透气
明……可是……　因为……的缘故　万一　不是……就是……　既然……就……

扩展阅读

买房还是租房

小庄去年毕业留在广州工作，目前月收入 3000 元左右。上个月她有了买房的念头，看了整整一星期的房子，瞄准了某楼盘一套 50 平方米的一居，总价 20 万，父母给了 6 万作为房子的首付。由于月收入不高，小庄只好贷款 14 万，30 年还款期，月供 1000 元。由于贷款时间长，以贷款利率 6.39% 来算，30 年小庄要付出的利息就高达 219304 元。

从此，小庄过上了“房奴”的生活，每个月的物业管理以及水电费，加上每月

1000 元的月供，花在房子上的钱就多达 1400 元。此外，因为要转车，交通费 1 天得 8 元，一个月下来 240 元。七七八八的费用支出，一个月下来小庄所剩无几。生活的窘迫让她时常怀念起以前租房的快乐生活。

买房前，小庄和另外一个女同事合租了一套每月 1500 元的房子，加上水电费用，每人每月支出不过 850 元左右。而且离单位又近，车费省去了不少，除了吃饭、买衣服的费用外，小庄每月至少还剩下 800 元。

许多人认为，住在自己的房子里才会真正有家的感觉。可小庄自买房以来，却对自己的行为后悔不已，房子不仅让她背上了承重的经济负担，而且还失去了一切娱乐生活，想想之前和同事一起租房的日子，其实也很幸福。

买房的确是好事，但不顾自己经济实力盲目买房，使得买房的人在享受有房的心理安慰之时，生活质量却大大下降：不敢随便换工作、不敢娱乐、害怕银行涨息、担心生病、失业，更没时间好好享受生活。所谓"房奴"，就是房子的奴隶，工作赚的钱不是为养老婆、孩子，而是为了养房子。为了房子，他们背负上十几甚至二十几年的债务，不低的月供不仅让他们失去了该有的娱乐，更让他们成了工作机器……而租房永远不会成为"房奴"，租房一族可以自豪地说："房子是为我服务的，而不是我为房子服务。"买房是改善居住条件的途径，租房也是一条途径。当租赁成为一种常态，生活就不会因为租房变得不幸福了。

其实，买房与租房各有利弊，关键是要权衡个人实际经济条件。有专家指出，我国的住房自有率高居世界首位，城镇家庭为 80%，农村为 100%。即使在发达国家，居民平均住房自有率也仅为 50% 左右。在欧美、日本和香港地区，也不是多数青年人刚参加工作便去买房，流行的住房时尚是先租房后买房的"梯度住房消费"模式。这是市场经济社会中最被提倡的住房消费观念。专家认为，对于三类人来说租房是更为理性的选择。

一、初入职场的年轻人

记者了解到，目前大部分买房的毕业生当中，父母提供买房首付的情况占绝大多数。尽管对于创业初期的买房者来说，为了提高居住品质，以父母提供首付的形式买房未尝不可。但是一般来说，刚刚工作的年轻人月收入约在 3000 元左右，扣除生活费，一般每月手头可以掌控的资金约 1500 元。就目前广州租金价格来说，刚毕业的大学生还是租房，尤其是合租比较划算。如果把父母养老的钱一下子花在买房上，无论是从道义还是从风险角度来说，都不应该。

二、工作流动性较大的人群

近年来，由于工作流动性加大，换工作、跳槽已成为年轻人的家常便饭，在工作尚未到达相对稳定的时候买房，万一工作调动，出现单位与住所距离较远的情况，就会产生一笔不小的交通成本支出。理财专家表示，这类人群最好租一套房子或者与人合租房子。因为没有带不走的固定资产，来去自由，可以一心发展自己的事业。

三、收入不稳定的人

工作稳定性差的人，不结合实际经济条件，一味盲目贷款买房，如果银行贷款的利率上调，贷款人的经济负担就会增加，少则几十元，多则数百元。不仅会出现难以还贷的情况，还有可能因无法还贷而使房产被银行没收。

按照以上专家的说法，小庄这样刚入职场的年轻人，还是租房更合适，怪不得小庄如此留恋租房时的幸福生活。

（选自《信息时报》，作者：袁峰、罗莎琳。有删改。）

（一）阅读短文判断对错：

(　　)1. 小庄自己付了 6 万首付，买了一套 50 平米的房子。

(　　)2. 小庄买了房以后，每个月的开销比以前大多了。

(　　)3. 买房是改善居住条件的唯一途径。

(　　)4. 不顾自己的经济实力盲目买房也会带来很多痛苦。

(　　)5. 在发达国家，多数年轻人刚参加工作便去买房。

（二）根据短文内容，在 A、B、C 中选择正确的答案：

1. 文中“月供”的意思是：(　　)

A. 每个月的供应

B. 每个月还的贷款

C. 按月供给

2. 文中“七七八八的费用支出”中“七七八八”的意思是：(　　)

A. 七千七百八十八

B. 七十八

C. 表示很多

3. 文中小庄花在房子上的钱没有提到的是：(　　)

A. 月供

B. 装修费

C. 物业管理费

4. 有的人盲目买房后，生活质量下降，会出现很多令人担心的情况，下列哪项文中没有提到？（　　）

A. 担心失业

B. 担心银行涨息

C. 担心找不到工作

5. “梯度住房消费”模式指的是:(　　)

A. 先租房后买房

B. 先买房后租房

C. 既买房又租房

（三）理解短文后回答问题:

专家认为对文中三类人来说租房是更加理性的选择，你同意专家的看法吗？为什么？

20 现代女性的三难选择

课前提示

1. 你周围的单身朋友多吗？你觉得单身好还是结婚好？
2. 如果你是女性，婚后做职业女性还是全职太太？如果你是男性，希望你的妻子做职业女性还是全职太太？为什么？

课堂学习

词语

20-1

1	全职	quánzhí	（形）	full-time 全职太太　全职在家
2	因人而异	yīn rén ér yì		to differ from person to person 答案因人而异
3	统一	tǒngyī	（形）	unified, unitary 统一的答案　统一的意见
4	关键	guānjiàn	（名、形）	hinge, key, crux; crucial 问题的关键　关键是…… 关键问题　关键时刻
5	利弊	lìbì	（名）	advantages and disadvantages 各有利弊　各自的利弊
6	慎重	shènzhòng	（形）	prudent, discreet, cautious 慎重选择　慎重考虑　慎重处理 态度慎重　相当慎重　应该慎重 （1）婚姻关系到每个人的一生，大家都应该慎重。 （2）这次出差的机会很难得，希望你慎重考虑一下。 （3）大家对这个问题的态度都很慎重，认真考虑之后才会做出选择。

7	个性	gèxìng	（名）	personality, individuality 个性很强　很有个性
8	驻	zhù	（动）	to be stationed, to be posted 驻日办事处　驻华大使
9	发誓	fā//shì	（动）	to vow, to pledge, to swear 发过誓　发过一次誓　发誓戒烟 向……发誓　对天发誓　暗暗发誓 （1）我对天发誓，这话根本不是我说的。 （2）他曾经向女朋友发过誓，要永远爱她。 （3）这种誓你已经发过很多次了，我再也不会相信你了。
10	辞职	cí//zhí	（动）	to resign, to quit a job 辞职回家　从公司辞了职
11	上司	shàngsi	（名）	boss, superior 我的上司
12	分配	fēnpèi	（动）	to distribute, to allocate 分配工作　按需要分配
13	业务	yèwù	（名）	vocational work, business 重要的业务　业务能力
14	诉说	sùshuō	（动）	to tell, to relate 向朋友诉说
15	成本	chéngběn	（名）	cost 生产成本 成本价格
16	收益	shōuyì	（名）	income, profit, earnings 没有收益　增加收益
17	代价	dàijià	（名）	price, cost (of doing sth.) 付出代价　代价很大
18	艰巨	jiānjù	（形）	arduous, formidable 艰巨的任务　更加艰巨
*19	随手	suíshǒu	（副）	conveniently, without extra trouble
20	贷款	dài//kuǎn	（动、名）	to grant or obtain a loan; loan （动）贷一笔款　贷不出款来　贷款买房 从银行贷款 （名）一笔贷款　还清贷款　没有贷款 （1）现在的年轻人基本上都是贷款买房，有的人还贷款买车。 （2）上一笔贷款他还没有还完，所以现在贷不出款来。 （3）还清这笔贷款，我们的生活就会轻松一些了。

21	诸如此类	zhū rú cǐ lèi		things like that, and so on 诸如此类的事情很多
*22	一一	yīyī	（副）	one by one
23	列举	lièjǔ	（动）	to enumerate, to list 一一列举　列举出来
24	打呼噜	dǎ hūlu		to snore 睡觉时打呼噜
25	类型	lèixíng	（名）	type, kind, category 不同的类型　各种类型
26	泡	pào	（动）	to steep, to soak, to immerse, to dawdle 泡茶　泡澡　泡温泉　泡吧 泡一会儿　泡好了　泡得发白 （1）茶已经泡好了，你也来一杯吧。 （2）周末，他常常跟家人一起去泡温泉。 （3）昨天她在网吧里泡了一天，连午饭都没吃。
27	克制	kèzhì	（动）	to control, to check, to restrain 克制自己　克制感情　克制不住　克制一下
28	游荡	yóudàng	（动）	to idle, to loaf about, to loiter 到处游荡　整天游荡
29	午夜	wǔyè	（名）	midnight 午夜的铃声
30	拎	līn	（动）	to carry, to lift, to hold 拎（着）包　拎起来
31	自由港	zìyóugǎng	（名）	free port 香港是自由港
32	行踪	xíngzōng	（名）	whereabouts, track 报告一天的行踪　行踪不定
33	薪水	xīnshui	（名）	salary, pay, wages 每月的薪水　薪水很高
34	去向	qùxiàng	（名）	direction in which sb. or sth. has gone, whereabouts 他的去向　去向不明　不知去向
35	尿布	niàobù	（名）	diaper, napkin 洗尿布　换尿布
36	英俊	yīngjùn	（形）	handsome, good-looking 他的英俊的脸　他长得很英俊

37	违背	wéibèi	（动）	to violate, to go against, to run counter to 违背原则　违背道德　违背意志 无法违背　不能违背　严重违背 （1）老师把考试题提前告诉学生是严重违背职业道德的行为。 （2）你应该让他自己选择要上的大学，不要违背他的意志。 （3）我拒绝了好朋友的无理要求，因为我从来不做违背原则的事。
38	人性	rénxìng	（名）	human nature, humanity 违背人性　没有人性
39	符合	fúhé	（动）	to accord with, to tally with 符合要求　符合条件　符合事实　符合实际 符合质量标准　不符合　基本符合　特别符合 （1）这篇文章中不符合实际的地方都要修改。 （2）喝了不符合卫生标准的水很容易生病。 （3）这个电视剧的结尾基本符合多数人希望"好人一生平安"的心理。
40	冒	mào	（动）	to risk, to brave 冒雨　冒着生命危险
41	嫌疑	xiányí	（名）	suspicion 有嫌疑　嫌疑人
42	解除	jiěchú	（动）	to remove, to relieve, to get rid of 解除婚约　解除合同　解除痛苦 马上解除　无法解除　解除不了 （1）由于他工作能力太差，老板解除了他的工作合同。 （2）他正在考虑跟已共同生活了二十年的妻子解除婚约。 （3）他当医生就是为了解除病人的痛苦。
43	婚约	hūnyuē	（名）	engagement, marriage contract 解除婚约　定下婚约
44	甘	gān	（动）	to be willing, to be of one's own accord 甘当小学生　不甘失败
45	内人	nèirén	（名）	(*old-fashioned*) my wife
*46	往往	wǎngwǎng	（副）	usually, frequently

47	归属	guīshǔ	（动）	to belong to, to be under the jurisdiction of 感情的归属　人生的归属
48	合二为一	hé èr wéi yī		to combine two into one 把两者合二为一
49	退出	tuìchū	（动）	to withdraw from, to quit 退出舞台　退出比赛　提前退出
50	舞台	wǔtái	（名）	stage, arena 社会大舞台　历史舞台
51	效益	xiàoyì	（名）	benefit, result 社会效益　产生效益
52	中介	zhōngjiè	（名）	medium, intermediary 通过中介　中介作用　市场中介
53	枯燥	kūzào	（形）	boring, dull, uninteresting 枯燥的生活　相当枯燥
54	灰尘	huīchén	（名）	dust 打扫灰尘　小小的灰尘
55	跳槽	tiào//cáo	（动）	to job hop 跳槽去别的公司　跳了三次槽
56	以往	yǐwǎng	（名）	before, formerly 以往的经验　以往的生活
57	竞争	jìngzhēng	（动）	to compete, to vie, to contend 公平竞争　自由竞争　竞争失败
58	反而	fǎn'ér	（副）	on the contrary, instead
59	外遇	wàiyù	（名）	extramarital affair 有外遇
60	上述	shàngshù	（形）	above-mentioned 上述情况
61	恭喜	gōngxǐ	（动）	to congratulate 恭喜大家　恭喜恭喜！

专有名词

1	欣玫	Xīnméi	*name of a person*
2	大连	Dàlián	Dalian, a city in Liaoning Province

课文 20-2

现代女性的三难选择

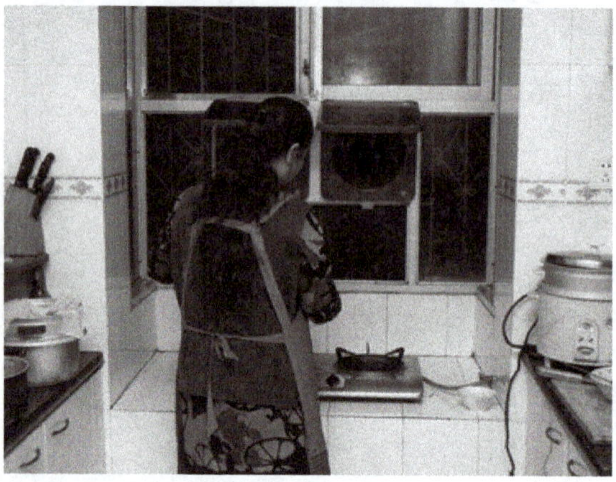

生活是一道道选择题，单身还是结婚，做职业女性还是做全职[1]太太？这些问题其实因人而异[2]，没有统一[3]的答案，关键[4]是要考虑清楚各自的利弊[5]，慎重[6]选择。

欣玫是个个性[7]很强的女孩，毕业于名牌大学，经济学硕士，在日本一家公司驻[8]大连办事处工作。刚离校时她发誓[9]要好好干一番事业，暂时不考虑结婚问题。可工作了一段时间后，才发现现实和想象根本不是一回事。

公司的日籍女性大都工作到30岁就辞职[10]回家，做全职太太，所以上司[11]常按性别分配[12]工作。通常重要业务[13]很少交给女性来做，只有一般性工作才由她们负责，对欣玫也不例外。为此，她很苦恼，找男友诉说[14]，谁知男友劝她干脆把工作辞掉，结婚做全职太太。欣玫拒绝了，因为她还没做好结婚的准备，更没想过做全职太太。

欣玫是受过高等教育的知识女性，还是想在事业方面有所发展。可是男友各方面条件都很好，这么拖着时间长了也怕出问题。家人和朋友都劝她抓住机会赶紧嫁掉，提前享受生活。自己奋斗很辛苦，就算成功也成黄脸婆了，享受起来也不那么痛快了。她现在很矛盾，拿不准怎么办，所以跑来问我。对此，我也很难回答，这不是一两句话就能说清楚的。不过我还是给了她一点儿帮助，建议她在做选择之前，从经济学的角度，计算一下每种选择的成本[15]和收益[16]。

选择单身，算没算生活成本？

很多人觉得单身生活轻松自在，一个人想做什么就做什么，不用担心，不必负责，是一种很自由的生活方式。其实不然，单身生活确实很自由，但这种自由是有代价[17]的。你可以不用对别人负责，但也没有人对你负责，你得完全为自己负责。从这一点来说，单身是一种比婚姻更艰巨[18]的生活。因为我自己也是单身，随手[19]就能列出几条单身的成本：

一个人贷款[20]供房。

一个人赚钱养家。

遇事自己做决定。

一个人吃早餐、午餐、晚餐。

出门不能忘了带钥匙。

有病自己去医院。

灯泡坏了，要学会自己换。

……

诸如此类[21]，还有许多，不一一[22]列举[23]。总之，单身生活并不是一件轻松的事，成本很高。至于收益，只有一个——自由。比如一个人独享双人床，晚上开着音乐睡，早晨睡到自然醒，不用担心有人在旁边打呼噜[24]或说梦话。购物时只挑自己喜欢的，不用考虑他人。可以跟不同类型[25]的异性朋友交往。还有，没人和你抢遥控器，不会被动吸烟，可以泡[26]吧泡到凌晨两点，等等。最后，也是最重要的一点——不管何时何地，遇到自己喜欢的人，可以痛痛快快地恋爱，不必克制[27]自己的感情。

选择婚姻，肯不肯付出自由？

与单身生活相比，婚姻有很多好处。比如可以两个人贷款供房，两个人赚钱养家，遇事可以和人商量，有人和你共进晚餐，生病有人陪你去医院……总之，单身的成本就是婚姻的收益。然而，这一切都是以失去自由为代价的，这也是婚姻最大的成本。

选择了婚姻，你就不能再像从前那样一个人到处游荡[28]，午夜[29]还开着音响，心情不好拎[30]个包就去机场。家不是可以随时进出的自由港[31]，而是你的第二单位。你得随时报告一天的行踪[32]，薪水[33]的去向[34]，有事要请假，晚归要道歉。如果有了宝宝，晚上要睁着眼睛睡，早晨要起来洗尿布[35]。最后，也是最关键的一条——结婚就意味着你要放弃爱别的男人的权利，不管他多么优秀英俊[36]。尽管这有些违背[37]人性[38]，但符合[39]社会道德，婚姻法也是这么规定的。除非你愿意冒[40]着成为犯罪嫌疑[41]人或解除[42]婚约[43]的风险，否则，还是和爱情说再见吧。当然，如果想做全职太太，成本和收益又要换一种方法计算了。

选择全职太太，愿不愿甘[44]当内人[45]？

首先，职业和婚姻是人生的两个重要内容。前者往往[46]是事业成功的基础，后者则是个人感情的归属[47]。全职太太将两者合二为一[48]，退出[49]社会这个大舞台[50]，回到家庭小舞台。从此，女性不再直接产生社会效益[51]，必须通过男性这个中介[52]才能被社会承认。

其次，再没有什么比家务劳动更单调更枯燥[53]的了。灰尘[54]永远擦不完，衣服永远洗不完，还有每天重复的一日三餐，很少有人能从这些工作中获得乐趣。这份工作，跳槽[55]的机会也比较小。别的职业经验越多越容易得到职位，全职太太则相反，以往[56]的工作经验不仅不能为你增加竞争[57]力，反而[58]会起到相反的作用。

第三，有调查表明，被全职太太照顾的男人，发生外遇[59]的比较多。人们常说，每个成功的男人背后都有一个“伟大的女人”。可问题是成功的男人更容易吸引美女的眼球，尤其是家里那个“伟大的女人”已经变成黄脸婆的时候。这就是女人的青春游戏——你用青春获得的，有一天，也会由于同样的原因而失去。

不过，如果上述[60]情况你都可以接受，甚至能够处理得更好，那么恭喜[61]你，你将会是一个不错的全职太太！

（选自《人民文摘》，作者：林夕。有删改。）

课文注释

黄脸婆：指因为失去了青春，容貌、脸色变得不好看的女人。

语言点例释

（一）通常重要业务很少交给女性来做，只有一般性工作才由她们负责。

“由”，介词，介绍出动作的执行者或者事情的负责人，共同组成介词短语做状语。例如：

（1）这次的春游活动是由留学生处组织的。

（2）你的婚姻大事还是要由你自己来决定。

（3）被取消考试资格的学生名单，由办公室负责公布。

（4）要想使公司更快地发展，很多问题就得由员工亲自去解决。

即时练习

◇用“由”完成句子或对话：

1. 我们家的钱＿＿＿＿＿＿＿＿＿＿。

2. 妻子生了宝宝之后的第一个月，家务活儿＿＿＿＿＿＿＿＿＿＿。

3. 他辞职以后，这些事情先＿＿＿＿＿＿＿＿＿＿代办一下。

4. A：我不希望女儿结婚后当全职太太。

B：当不当全职太太，还是＿＿＿＿＿＿＿＿＿＿来决定吧。

（二）欣玫是受过高等教育的知识女性，还是想在事业方面有所发展。

“有所”，助词“所”常跟某些双音节动词一起做“有”的宾语，如：“有所提高”“有所准备”“有所增加”等，表示动作、行为在程度方面有变化，但变化不大，程度不高。例如：

（1）要想得到美好的感情，双方都要有所付出。

（2）在各方面的努力下，这几年贫困地区的经济状况有所好转。

（3）社会经济不断发展，人们的文化水平也有所提高，对教育自然更重视了。

（4）对工作中可能遇到的困难，你要有所准备。

即时练习

◇用“有所＋动（句后括号中的动词）”完成句子或对话：

1. 虽然还不是旅行的最佳季节，但来这里的游客＿＿＿＿＿＿＿＿＿＿。（增加）

2. A：最近工作太不顺利了。

B：只要你肯努力，________________。（改变）

3. A：你有什么学习语言的好办法吗？

B：我觉得找一个语伴一定会对________________。（帮助）

4. A：听说那位记者开始写有关社会问题的文章了。

B：是啊，他以前只关注娱乐，现在也开始对________________。（关注）

（三）就算成功也成黄脸婆了，享受起来也不那么痛快了。

“……起来”，趋向补语。作为引申用法，可用在某些非趋向性动词的后面，做插入语或者句子的前一部分，表示估计、评价或者从某一方面考虑。例如：

（1）这个牌子的酒闻起来很香，喝起来就更不用说了。

（2）这件衣服挂那儿看着不错，穿起来却不是很好看。

（3）这件事说起来容易做起来难。

（4）说起结婚的好处来，我马上就能列出好几条。

（5）论起质量来，我觉得还是这个牌子的电视机最好。

即时练习

◇用“动＋起来”完成句子：

1. 这件毛衣看起来挺漂亮，________________。

2. 这几道题看着容易，________________。

3. ________________，我一点儿都不陌生，因为我做过好几年茶叶生意，对它的种类非常了解。

4. 他说话总是不慌不忙的，可________________，却总是急匆匆的。

（四）她现在很矛盾，拿不准怎么办，所以跑来问我。

“拿不准”，意思是不能准确地掌握。“拿不准”后面有宾语时，宾语中常有“怎么、什么、谁”等疑问代词，如果没有疑问代词，宾语常是选择式的并列结构，这些并列结构的各项之间常有连词“还是”。例如：

（1）他住的那条街我知道，至于住几号，我就拿不准了。

（2）我拿不准是今天开会还是明天开会，你再去问一下吧。

（3）他也拿不准“着火”的“着”到底该怎么读。

（4）拿不准的事情就不应该随便说出去，难道你不知道吗？

（5）A：你确定是八点出发吗？

B：我也拿不准。

即时练习

◇用“拿不准”完成句子或对话：

1. ________________________，就去查查词典吧。

2. 到现在为止他还不知道这件事，我________________________。

3. A：最后一门考试究竟是哪一天？

B：________________________，你还是去看一下通知吧。

4. A：他家是住在这儿吗？怎么看起来不像。

B：我本来还挺肯定的，可是被你这么一问，________________________。

（五）因为我自己也是单身，随手就能列出几条单身的成本

“随手”，副词。表示顺便用手去做某事。也常常用来表示很随便、很容易地一伸手（做某事）。后面的动词多跟手的动作有关。例如：

（1）他在床边坐下，随手拿起床上的一张报纸看了起来。

（2）我总是把词典放在随手就可以拿到的地方。

（3）那位作家总是随身带着笔和纸，有了什么好想法就随手记下来。

（4）老王从书架上拿起一本书，随手翻了翻。

（5）他随手点着一支烟，继续思考问题。

即时练习

◇用“随手”完成句子：

1. 灯就在门旁边，你出去的时候，____________________。

2. 张老师转过身去，在黑板上____________________。

3. 这儿处处都是风景，他拿起相机____________________。

4. 糟糕！刚才没注意，我____________________，钥匙还在房间里呢！

（六）诸如此类，还有许多，不一一列举。

“一一”，副词。一个一个地，表示动作依次发生，用在动词和动词性词语前做状语。例如：

（1）看着这些照片，难忘的往事在他眼前一一出现。
（2）她把新产品一一介绍给顾客，让他们按自己的心意挑选。
（3）需要掌握的重点已经强调好几次了，就不再一一重复了。
（4）你提的这些要求我们不能一一满足。
（5）对于记者们提出的问题，我无法一一进行解答。

即时练习

◇用“一一”完成句子：

1. 看到客人们进来，主人马上微笑着迎接，____________________。

2. 对学生们提出的问题，李老师____________________。

3. 进入公司的第一天，领导让新员工们____________________。

4. 有些生词的意思你们可以自己查词典，____________________。

（七）前者往往是事业成功的基础，后者则是个人感情的归属。

“往往”，副词。表示某种情况通常在一定条件下出现或发生，强调这种情况的规律性。句子中通常要指明跟动作行为有关的时间、地点、原因、方式、条件等。例如：

（1）这些细节你们往往不太注意。
（2）这几天，因为公司业务多，下班后他往往都要多加一会儿班。
（3）他们夫妻俩感情很好，偶尔吵架往往是因为教育孩子的问题。
（4）我们公司的白领往往都是坐地铁上下班。
（5）有些科学实验，往往需要经历多次失败才能成功。

“往往”一般也可以替换为“常常”。但下面两个句子中的“常常”不能替换为“往往”：

（1）这张照片，我希望你能常常带在身边。
（2）他常常锻炼。（比较：他往往在早上锻炼。）

即时练习

◇用“往往”完成句子：

1. 每到暑假，____________________。

2. 任何一门语言都不是一下子就能学好的，____________________。

3. 要想找到一份好工作是不容易的，____________________。

4. 我们每个人从小到大，____________________，不可能总是那么顺利。

◇选择“往往”和“常常”填空：

1. 刘强（　　）骑摩托车。

2. 记住，到那儿以后一定要（　　）给妈妈打电话。

3. 每天上班前，欣玫（　　）要花很长时间来打扮自己。

4. 希望学校能（　　）举行一些文体活动，以丰富学生的业余生活。

5. 在现代社会中，女性要获得成功，（　　）要付出比男性更大的代价。

6. 人老了（　　）会觉得很孤独，年轻人应该（　　）陪他们聊聊天儿。

（八）以往的工作经验不仅不能为你增加竞争力，反而会起到相反的作用。

“不仅不……反而……”，前一小句是否定句，后一小句是肯定句，表示不但没有前一小句说的情况发生，而且实际上正好相反。前一小句的否定词可以是“不”，也可以是“没（没有）”。这里的“不仅”还可换成“不但”。例如：

（1）他工作以后不仅不给父母钱，反而要父母拿出钱来给他。

（2）我们那么打搅他们，他们不仅不厌烦，反而热情地帮助我们。

（3）爸爸不仅没有反对，反而鼓励我走那条路。

（4）困难不但没有吓倒他，反而让他的信心更加坚定。

（5）你这么做，不但帮不了他，反而会害了他。

即时练习

◇用“不仅不 / 没……反而……”完成句子：

1. 吃了广告中的药后，她的病____________________。

2. 春天到了，天气____________________。

3. 我帮了他的忙，他____________________。

4. 作为一个母亲，你管得太多，孩子________________。

课堂练习

（一）根据课文内容判断对错：

（　　）1. 欣玫是毕业于名牌大学的经济学硕士，现在在日本工作。
（　　）2. 欣玫在公司既负责重要业务，也负责一般性工作。
（　　）3. 欣玫受过高等教育，她希望能有一番自己的事业。
（　　）4. 单身生活确实很自由，但也是有代价的。
（　　）5. 按照课文的说法，单身的成本并不是很高。
（　　）6. 单身的成本就是婚姻的收益。
（　　）7. 按照课文的说法，女性结婚后并不意味着要放弃爱别的男人的权利。
（　　）8. 全职太太也能直接产生社会效益。
（　　）9. 还有比家务劳动更单调更枯燥的事。
（　　）10. 有调查表明，被全职太太照顾的男人发生外遇的比较多。

（二）根据课文内容回答问题：

1. 欣玫刚毕业时有什么想法？工作一段时间后，她为什么很苦恼？
2. 欣玫为什么跑来找“我”？“我”给了她什么建议？
3. 选择单身，有什么好处（收益）？同时要付出什么成本？请举例说明。
4. 选择结婚，有什么好处（收益）？同时要付出什么代价？请举例说明。
5. 结婚后做全职太太要付出什么代价？

（三）课堂讨论：

1. 如果你是课文中的欣玫（或者欣玫的男朋友），你会做出什么样的选择？为什么？
2. 作者认为，家务劳动是最单调、最枯燥的，你同意作者的看法吗？为什么？

（四）课堂活动：

活动一

课文中的“嫌疑人”指的是有犯罪嫌疑但还未经过证实的人；“竞争力”指的是为了自己方面的利益跟人争夺胜利的能力。分组归纳或者查找，看看你们还知道哪些结构类似“×+人”指某种人的词语，以及结构类似“×+力”指某种力量、能力的词语。请把你们查找后的结果记录下来向大家汇报。

活动二

辩论

辩论方式：全班同学分为两组，分别作为正方和反方，阐述本方观点，反驳对方。辩论时可使用以下句式进行表达：

我方一致认为……

请允许我继续阐释我方的观点……

我方还可以举出更多诸如此类的例证……

我方已经从逻辑、理论、事实等方面证明了……

对方辩友没有回答我说的问题，选择了回避……

请对方辩友不要对……视而不见……

这个问题，我方辩友已经论证过很多遍了，倒是对方辩友还没……

……

选题一：结婚的利与弊

正方观点：结婚利大于弊

反方观点：结婚弊大于利

选题二：女人婚后是否应该继续工作

正方观点：女人婚后应该继续工作

反方观点：女人婚后不应该继续工作

下面的词语和句式可以帮助你表达：

职业女性　全职太太　美女　黄脸婆　自我价值　青春游戏　事业机会　利弊

成本　收益　代价　感情归属　社会效益　外遇　慎重选择　贷款　跳槽　合二为一

因人而异　单调　枯燥　不仅不……反而……　有所……　随手　一一

……不是一回事　……不是一两句话就能说清楚的

关键是……　从这一点来说……　最后，也是最重要的一点……

与……相比　没有什么比……更……的了

人们常说……　有调查表明……

扩展阅读

“煮夫时代”来临？

有一部很受欢迎的电视剧名叫《婚姻保卫战》，该剧与以往众多家庭剧不同的是，剧中出现了“家庭煮夫”这一现代社会的新式产物，所有夫妻关系最后都走向“女强男弱”的状态。由演员黄磊扮演的人物许小宁，不那么强势，但他有着这个时代的男人身上日渐缺少的品质：忠诚、负责、善良、体贴又充满智慧、活力和情趣。洗衣、做饭、打扫屋子、带孩子，给妻子端茶递水……这就是许小宁的日常生活。而他的妻子兰心，则整日在商场上打拼。

“家庭煮夫”越来越成为被男人们认可的新身份。一项在北京、上海、广州、深圳四地开展的调查显示，在28岁到32岁的男性白领中，分别有22%、73%、34%、32%的人愿意在条件许可的情况下当“煮夫”。但注意，这个数据的前提是：在条件许可的情况下当“煮夫”。什么是条件许可？也许是判断男人成功的标准不再是看他的官职、薪水、汽车；也许是男人自身价值观的变化，金钱、权力、美女不再是男人的人生三大欲望……但这其中的任何一条，都远比男人学会做一道新菜难度要大得多。所以，当“家庭煮夫”，对男人而言，最大的障碍是心理层面上的：在人前如何保住面子？婚姻中能有多少话语权？

而与此同时，“家庭煮夫”在女性那里则是需求不断增加。在国内某知名婚恋网站关于“家庭煮夫”的调查中，有44%的女性表示愿意嫁给家庭煮夫，有85%的女性期待另一半能“出得厅堂，入得厨房”。

但这并不意味着，在中国，传统的“男主外，女主内”的婚姻模式，正在或即将发生革命，男人们就可以把挣房贷、车贷、儿女教育费的事情交给女人，然后去研究“宫保鸡丁”的新做法……事实上，男人回家更像是一种理想，而非一种现实。

《婚姻保卫战》的导演赵宝刚对“家庭煮夫”的态度，或许可以代表男性的一种较为普遍的心理。赵宝刚说，生活中的确存在“家庭煮夫”，至于这个群体具不具有代表性其实不重要。重要的是电视剧里给大家呈现了女人对于男人的一种期盼：她们既希望自己事业成功，老公能在家支持自己；又觉得在家的男人会不会有失自己的面子，这是一种很矛盾的心态，也是女人自己该反思的问题。

比较有意思的是，赵宝刚也曾做了6年的煮夫，每天保证为妻子做出四菜一汤。从某种意义上讲，许小宁这个角色，有他个人的体验在里面。许小宁的原型，有人说是著名导演李安。李安曾在事业不得志的时期在家洗菜做饭带孩子长达6年。那6年，李安的勇气和激情，在这种日复一日的重复中几乎消失了。后来还是妻子不断的鼓励和提醒，让他意识到，这不应该是他人生的最后内容。于是，李安开始大量阅读，大量看片，并开始练习写剧本，可以说，这段岁月成了他人生中的一个重要的积累期。对于李安或者赵宝刚来说，"家庭煮夫"是一个有趣且有益的人生体验，是人生的一种高明的进退和平衡。

现在越来越多男性主动成为"煮夫"，他们以当"煮夫"为荣。这可能是由于男人们厌倦了工作中的明争暗斗，他们把"煮夫"当成了一种自我解压的方式，因为它成本不高，容易实现。不过绝大部分男人，还要负担家庭的多数义务和责任，在"家庭煮夫"还不能职业化的社会背景之下，男人们偶尔当一下"煮夫"，倒也是一种有趣的体验，而且也是对女性需求的一种满足。

（选自《国际金融报》。有删改。）

（一）阅读短文判断对错：

(　　)1. 电视剧《婚姻保卫战》里的人物黄磊由演员许小宁扮演。
(　　)2. 在上海有 32% 的人愿意在条件许可的情况下当"煮夫"。
(　　)3. 在中国，传统的的婚姻模式是"男主外，女主内"。
(　　)4.《婚姻保卫战》的导演赵宝刚也曾当过"家庭煮夫"。
(　　)5. 现在"家庭煮夫"已经慢慢变成一种职业了。

（二）根据短文内容，在 A、B、C 中选择正确的答案：

1. 文中"体贴"一词的意思是：(　　)
   A. 照顾别人的身体
   B. 感受别人的心情，关心和照顾别人
   C. 观察别人的心情
2. 文中以往"判断男人成功的标准"中没有提到的是：(　　)
   A. 薪水
   B. 住房
   C. 职位
3. "出得厅堂，入得厨房"指的是：(　　)
   A. 从客厅出来走到厨房
   B. 既能做好自己的工作，又能处理好家庭
   C. 男性在外工作，女性照顾家庭
4. 下列哪位是电视剧《婚姻保卫战》里的人物？(　　)
   A. 赵宝刚
   B. 李安
   C. 兰心

5. 下列哪种说法是文中没有提到的？（　　）

A. 当“煮夫”是一种解压的方式

B. 当“煮夫”是一种有趣的体验

C. 当“煮夫”是来自孩子的要求

（三）理解短文后回答问题：

1. 文中提到判断男人成功的标准是看他的官职、薪水和汽车，你是否认同这样的标准？为什么？

2. 文中认为“家庭煮夫”可以是人生的一种高明的进退和平衡，你同意这种看法吗？为什么？

21 普通话与方言

课前提示

1. 你认识下列普通话中的词语吗？你知道这些词语是从汉语哪种方言里来的吗？

   里弄　尴尬　龙眼　打工　埋单

2. 请查阅相关资料了解汉语的方言知识，并与同学们分享。

课堂学习

词语

21-1

1	普通话	pǔtōnghuà	（名）	Mandarin 提倡说普通话
2	方言	fāngyán	（名）	dialect 各地的方言
3	相声	xiàngsheng	（名）	crosstalk, comic dialogue 说相声　一段相声
4	开怀	kāi//huái	（动）	to one's heart's content 开怀大笑　乐开了怀
5	地域	dìyù	（名）	area, region 不同的地域
6	广阔	guǎngkuò	（形）	vast, wide, broad 地域广阔　广阔的天地
7	众多	zhòngduō	（形）	many, multitudinous, numerous 民族众多　人数众多
8	不计其数	bú jì qí shù		countless, innumerable 天上的星星不计其数

9	数不胜数	shǔ bù shēng shǔ		beyond count, countless 来参观的人数不胜数
*10	不妨	bùfáng	（副）	there is no harm in, it would be nice if
11	冤枉	yuānwang	（动、形）	to treat unjustly; wrong, unfair, unjust, not worthwhile （动）冤枉别人　冤枉好人　冤枉他们 受到冤枉　被冤枉 （形）的确冤枉　不冤枉　真冤枉 走冤枉路　花冤枉钱　受冤枉气 （1）把所有的错误都算在他身上，这样太冤枉他了。 （2）我们会把这件事调查得清清楚楚，决不会让好人受到冤枉。 （3）这场足球比赛我们队确实踢得不太好，输得并不冤枉。
12	举报	jǔbào	（动）	to report (an offence etc. to the authorities) 举报犯罪行为
13	询问	xúnwèn	（动）	to ask about, to enquire about 询问病情　询问（他的）生活情况　询问大家 仔细询问　热情地询问　礼貌地询问 打电话询问　向经理询问 （1）护士每天给他测量体温，并详细地询问他的身体情况。 （2）老师一一询问孩子们暑假的学习和生活情况。 （3）很多人都讨厌别人一个劲儿地询问自己的私事。
14	咋	zǎ	（代）	(*dialectal*) what, how, why 咋样　咋办　你咋不去
15	开腔	kāi//qiāng	（动）	(*dialectal*) to begin to speak 咋不开腔　他先开了腔
*16	不料	búliào	（连）	to one's surprise, unexpectedly
17	淡而无味	dàn ér wú wèi		tasteless and insipid 这道菜淡而无味
18	碟子	diézi	（名）	dish, plate, saucer 小碟子
*19	连连	liánlián	（副）	repeatedly, again and again

20	与其	yǔqí	（连）	(would rather…) than, rather than
21	闹	nào	（动）	to suffer from, to be troubled by 闹笑话　闹矛盾　闹水灾　闹病　闹肚子 （1）最近他工作上闹了不少笑话，被领导批评了。 （2）你们俩怎么又闹矛盾了？ （3）今天中午我吃得太多了，现在有点儿闹肚子。
22	如今	rújīn	（名）	nowadays, now, at present 事到如今
23	便利	biànlì	（形、动）	convenient, easy; to facilitate （形）便利的交通　便利的条件　便利的措施 相当便利　非常便利　更加便利 （动）便利群众　便利乘客 （1）这座城市的水路交通十分便利。 （2）互联网的普及为网上购物创造了更加便利的条件。 （3）我们公司扩大服务范围的目的就是为了便利群众。
24	成员	chéngyuán	（名）	member 家庭成员
25	省份	shěngfèn	（名）	province 各个省份
26	天南海北	tiān nán hǎi běi		all over the country or world 来自天南海北
27	禁止	jìnzhǐ	（动）	to prohibit, to ban, to forbid 禁止吸烟　禁止高声说话　禁止（车辆）通行 遭到禁止　被禁止　全面禁止 （1）公共场所禁止吸烟。 （2）绿灯表示可以通行，红灯表示禁止通行。 （3）这种药的副作用很大，已经禁止使用了。
28	南腔北调	nán qiāng běi diào		north and south accents 南腔北调的客人
29	积淀	jīdiàn	（名）	sediment, deposit 文化积淀　历史的积淀
30	沿	yán	（介）	following, along 沿海　沿着小路　沿着河边走
31	海鲜	hǎixiān	（名）	seafood 海鲜市场　海鲜炒饭

32	密切	mìqiè	（形）	close, intimate 关系密切　密切关注
33	细致	xìzhì	（形）	meticulous, fastidious, scrupulous 细致的调查　细致的分工　细致的描写 工作细致　认真细致　相当细致 （1）担任护士这一工作的大多是女性，因为她们非常耐心细致。 （2）他工作非常细致，从来没有出过错。 （3）我们对这里的方言进行了细致的调查。
34	多种多样	duō zhǒng duō yàng		varied, various 产品多种多样
35	内地	nèidì	（名）	inland, interior 内地的城市 内地和沿海
36	一带	yídài	（名）	district, region 沿海一带
37	螃蟹	pángxiè	（名）	crab 一只螃蟹
38	产	chǎn	（动）	to produce, to yield 产石油　产大米
39	小米	xiǎomǐ	（名）	millet 产小米
40	名称	míngchēng	（名）	name, appellation 关于这个名称
41	反映	fǎnyìng	（动）	to reflect, to mirror 反映了现实的生活　反映出一些问题
42	家喻户晓	jiā yù hù xiǎo		widely known, known to all 这首诗家喻户晓　家喻户晓的作品
43	乡音	xiāngyīn	（名）	accent of one's native place 乡音未改　乡音依旧
44	一瞬	yíshùn	（名）	a flash, a very short moment
45	强烈	qiángliè	（形）	strong, violent, powerful 强烈的情感　强烈要求
46	共鸣	gòngmíng	（动）	to empathize, to share a similar feeling 引起共鸣　情感的共鸣
47	老乡	lǎoxiāng	（名）	fellow-townsman, fellow-villager 我们俩是老乡

48	泪汪汪	lèiwāngwāng	（形）	tearful, brimming with tears 两眼泪汪汪的
49	素不相识	sù bù xiāngshí		to be strangers to each other 我们素不相识　素不相识的人
50	温情	wēnqíng	（名）	tender feeling 一片温情
51	异国他乡	yìguó tāxiāng		foreign country, alien land 在异国他乡　来自异国他乡的问候
52	喜不自禁	xǐ bú zì jīn		cannot contain one's joy 令人喜不自禁
53	推广	tuīguǎng	（动）	to popularize, to spread 推广普通话　推广新产品　推广下去
54	忧心忡忡	yōuxīn chōngchōng		heavy-hearted, laden with anxieties 显得忧心忡忡　忧心忡忡的样子
55	历经	lìjīng	（动）	to experience, to undergo 历经千百年　历经风雨
56	岁月	suìyuè	（名）	years 历经岁月　那段岁月
*57	据	jù	（介）	according to
58	交际	jiāojì	（动）	communication, social intercourse 交际工具
59	外力	wàilì	（名）	outside force, external influence 使用外力
60	强迫	qiǎngpò	（动）	to force, to compel, to coerce 强迫别人　强迫（他）劳动　强迫（他）接受 无法强迫　一个劲儿地强迫　用武力强迫 （1）你不要一个劲儿地强迫他做不愿意做的事。 （2）任何人都无权强迫别人接受自己的观点。 （3）这些人用武力手段强迫我们停车。
61	自发	zìfā	（形）	spontaneous 自发的选择
62	弱势	ruòshì	（名）	the weak 弱势语言　弱势群体　处于弱势
63	强势	qiángshì	（名）	the strong 强势语言　强势地位　处于强势

专有名词

1	侯宝林	Hóu Bǎolín	Hou Baolin (1917-1993), a well-known Chinese comic dialogue performer
2	四川	Sìchuān	Sichuan Province
3	河北	Héběi	Hebei Province
4	唐山	Tángshān	Tangshan, a city in Hebei Province
5	浙江	Zhèjiāng	Zhejiang Province
6	唐朝	Tángcháo	Tang Dynasty (618-907)
7	贺知章	Hè Zhīzhāng	He Zhizhang (659-744), a famous poet in the Tang Dynasty
8	粤	Yuè	the abbreviation of Guangdong Province

课文

21-2

普通话[1]与方言[2]

记得小时候听过相声[3]大师侯宝林先生的一段相声——《普通话与方言》，说的是由于方言的原因，造成了交流上的麻烦，引起了不少误会，听了不禁让人开怀[4]大笑。之所以会出现这种情况，是因为中国地域[5]广阔[6]，民族众多[7]，各种民族语言和方言不计其数[8]，跟方言有关的笑话更是数不胜数[9]。您不妨[10]先看看四川人是怎么被冤枉[11]的吧。

有一天，两个四川人到外地旅游，在公交车上看地图，甲说："我们先杀到那儿，然后再杀到……。"乙说："要得嘛，我们就按你说的一路杀过切。"不幸的是，临下车，被同车的人举报[12]了，警察询问[13]了之后才把他们放出来。甲乙两人来到了广场上，看着人来人往，一时不知道该说什么……甲忍不住说："你咋[14]不开腔[15]呢？"乙说："你都不开腔，我咋敢开？"不料[16]话音刚落，又被人举报了。

其实熟悉四川话的都知道，这里的"杀"是去的意思，"开腔"是说话的意思。尽管上面这个笑话有些夸张，但在人们实际生活吃穿住行的各个方面，方言引起的误会倒也不少见。曾经有一位河北唐山的朋友出门旅行，肚子饿了，进饭店要了一份饭菜，品尝之后觉得淡而无味[17]，便叫服务员拿点儿盐来。服务员手里拿着一只碟子[18]走过来，礼貌地询问："先生，要放点儿盐吗？"唐山朋友连连[19]点头说："Gao！ Gao点儿！"服务员疑惑地把手里的盐碟举高了些。唐山朋友也疑惑地看了服务员一眼，继续说："Gao！ Gao！"服务员又举高了点儿。唐山朋友一下子急了，"我说你是怎么回事？ Gao啊！"服务员也生气了，"您让我举那么高干吗？"原来，唐山方言把"放"说成"Gao"，服务员根本不明白顾客是什么意思。

我们与其[20]坚持说方言闹[21]出笑话，不如好好学学普通话，以便大家更好地交流。如今[22]交通便利[23]了，世界变小了，家庭成员[24]、同学同事往往来自不同省份[25]不同地区，到外地出差或者旅行也成了平常事。如果天南海北[26]的人凑在一起都不说普通话，肯定不能毫无障碍地进行沟通。

不过提倡归提倡，并不是要禁止[27]说方言，反对方言。每一种方言，无论南腔北调[28]，都是数百年甚至上千年文化积淀[29]的结果。通过方言，我们可以看到不同地方人们生活的影子。沿[30]海地区居民的生活跟海鲜[31]关系密切[32]，他们要细致[33]区分各类海鲜，因此有关海鲜的称呼多种多样[34]，是内地[35]人难以想象的。比如浙江南部沿海一带[36]对各种螃蟹[37]的称呼就有好多种。再拿"米"来说吧，中国北方产[38]小米的地方，说"米"一般是指"小米[39]"，说"大米"时，要加个"大"字；南方则恰恰相反，"米"指大米（水稻），说"小米"必须加"小"字。这些名称[40]反映[41]出了中国各地不同的生产和生活习惯。

方言伴随着很多人的一生。唐朝诗人贺知章有一首诗家喻户晓[42]，诗中写自己从小离家，到老了才有机会回到家乡，他曾经熟悉的一切都变得陌生了，可是乡音[43]却依然如故。乡音中有一份浓浓的感情，对使用它的人来说，方言就像一张名片，会在一瞬[44]间拉近人与人之间的距离，令人产生强烈[45]的共鸣[46]。"老乡[47]见老乡，两眼泪汪汪[48]"，讲的就是两个素不相识[49]的人，用方言互相问候时的一种温情[50]。有时人在异国他乡[51]，突然听到一两句熟悉的方言，则会更加喜不自禁[52]。

在推广[53]普通话的同时，方言是否会消失呢？一说到这个问题，很多人就显得忧心忡忡[54]。其实这些历经[55]岁月[56]仍保存下来、被广泛使用的语言，都是很有生命力的语言。据[57]专家研究，今天的普通话在发展过程中就吸收了不少方言中很有特色的词语，比如“打工”一词就来自粤方言。任何语言都是人类用来交际[58]的工具，人们最终使用哪一种语言，有时是由于受到外力[59]的强迫[60]，有时则是由于生存的需要自发[61]的选择，是弱势[62]语言被强势[63]语言影响的结果。

（根据文远竹博客《推广普通话并不是禁说方言》删改，
部分文字节选自及周振鹤、游汝杰著《方言与中国文化》。）

课文注释

1. 贺知章有一首诗家喻户晓：贺知章（659–744），中国唐朝著名的诗人。他的诗《回乡偶书》家喻户晓，全诗为：“少小离家老大回，乡音无改鬓（bìn）毛衰（cuī）。儿童相见不相识，笑问客从何处来。”这首诗写出了离开家乡多年后重返故乡的感慨。
2. 粤方言：汉语方言的一种，主要分布在广东省及香港、澳门地区。代表方言是广州话。

语 言 点 例 释

（一）之所以会出现这种情况，是因为中国地域广阔，民族众多……

“之所以……是因为……”构成因果复句，“之所以”引出结果或结论，“是因为”引出原因或理由，这种结构比“因为……所以……”结构更加强调原因或理由。“之所以”一般放在前一分句的主语和谓语之间，其前边的主语不能省去。例如：

（1）我之所以会那么吃惊，是因为没想到会在国外遇到他。

（2）这件毛衣之所以如此珍贵，是因为它是妈妈亲手给我织的。

（3）他们之所以关系那么好，是因为曾经共同经历过困难的日子。

（4）这部作品之所以这么受欢迎，是因为它能引起人们强烈的好奇心。

即时练习

◇用“之所以……是因为……”完成句子：

1. 他之所以被选为我们班的班长，____________________。
2. 甜甜之所以选择跟别人合租，____________________。
3. ____________________，是因为上次比赛后他受伤了。
4. ____________________，是因为它实在是淡而无味。

（二）您不妨先看看四川人是怎么被冤枉的吧。

“不妨”，副词。表示可以这样做，没有什么妨碍。做状语，语气相对委婉。后面多跟动词重叠形式或其他动词短语。例如：

（1）这种办法我们从来没用过，这次不妨试试。
（2）我们这儿的葡萄很好吃，你不妨买来尝尝。
（3）谁说那儿的交通不太便利？你不妨亲自去看看再说。
（4）你有什么意见不妨直说，不必客气。

即时练习

◇用“不妨”完成句子或对话：

1. 你如果遇到什么困难，________________。

2. 既然你已经来了，不太忙的话，________________。

3. A：这种药的效果怎么样？
   B：我觉得还可以，________________。

4. A：我这样解释可以吗？
   B：这样解释估计很多人都听不懂，________________。

（三）不料话音刚落，又被人举报了。

“不料”，连词。意思是没想到，用于转折复句。前边的小句说明原先的情况或想法，后边小句表示转折常用“却、竟、还、倒、仍”等词语来呼应，用来加强“没想到”的意思。例如：

（1）我只是跟他开个玩笑，不料他却生气了。
（2）原以为屋里会暖和些，不料里面的温度和外面的温度竟差不多。
（3）本来希望今年生意会好点儿，不料倒比往年还要差。
（4）我本来以为老同学一定很热情，不料他根本不愿意和我说话。

即时练习

◇用“不料”完成句子：

1. 我本来想跟姐姐去泡吧，________________。

2. 他们下午要去参加比赛，________________。

3. 他昨天还跟我说下周再辞职，________________。

4. 我原想趁今天没事好好休息休息，________________。

（四）唐山朋友连连点头说："Gao！ Gao 点儿！"

"连连"，副词。表示在较短的时间里动作、行为连续地反复地进行。例如：

（1）这几次比赛，我们连连获胜，大家都非常开心。

（2）参加会议的几位专家连连表示，这个项目完成得非常好。

（3）领导对他的工作非常满意，连连地称赞他。

（4）他看起来非常着急，只是连连地说："这不是我的错。"

即时练习

◇**用"连连"完成句子：**

1. 船马上就要开了，小王冲大家________________。

2. 问他同意不同意，他不说话，却________________。

3. 最近的比赛________________，大家的心情都很糟糕。

4. 这孩子在课堂上表现得既聪明又可爱，________________。

（五）我们与其坚持说方言闹出笑话，不如好好学学普通话，以便大家更好地交流。

"与其……不如……"，构成复句，表示经过比较之后的选择。"与其"后面是说话人认为应该舍弃的，"不如"后面是应该选取的。"不如"前有时还可以用"倒、还"，用来加强语气。例如：

（1）与其你陪孩子一起去，不如让他一个人去，锻炼锻炼他。

（2）与其没完没了地修这台电脑，还不如去买一台新的。

（3）与其花那么多钱去十几个国家随便看看，倒不如花同样的钱去一个国家好好旅行。

"与其说……不如说……"，表示的是对客观情况的判断，说话人认为后一种说法更准确些。

（4）与其说它是一门科学，不如说它是一种制度。

（5）你所谈的这些问题与其说是经济问题，还不如说是社会问题。

（6）这次比赛失败，与其说是水平不如对手，倒不如说是心理的原因。

即时练习

◇用"与其……不如……"完成对话：

1. A：咱们星期天坐车去颐和园玩儿吧。

   B：颐和园不算远，与其坐车去，____________________。

2. A：你怎么花钱买这么贵的手机啊？

   B：质量最重要啊，我觉得____________________。

3. A：他是一个真正的小说家。

   B：我觉得他的诗更好，____________________。

4. A：你来这儿打工是为了赚钱吧？

   B：你误会我了，我来这儿打工____________________。

（六）不过提倡归提倡，并不是要禁止说方言，反对方言。

"归"，动词。意思是"虽然"，用在相同的动词、形容词、名词或动词、形容词、名词性词语之间，表示让步。例如：

（1）我们俩闹归闹，但遇到事儿还是会首先为对方考虑的。

（2）他聪明归聪明，就是还不够努力，不过最近好一些了。

（3）朋友归朋友，钱的事儿还是要算清楚。

（4）你们之间有矛盾归有矛盾，但千万不能影响工作。

即时练习

◇用"……归……"完成句子：

1. A：这件衣服挺漂亮的吧？

   B：____________________，但是质量实在太差了。

2. A：这项任务实在是太难完成了。

   B：____________________，可还是必须完成。

3. A：你觉得他怎么样？我已经受不了他了。

   B：____________________，但还是有很多别的优点啊。

4. A：你跟同屋怎么老吵架啊？

   B：____________________，不过吵完了我们还是好朋友。

（七）据专家研究，今天的普通话在发展过程中就吸收了不少方言中很有特色的词语……

“据”，介词。意思是按照、依据。后面一般是动词或主谓结构的短语，常用在一句话的开头做插入语。常用的固定搭配有“据说、据报道”等，“据报道”是报刊新闻用语。例如：

（1）据估计，今年的房租可能上涨百分之二十。

（2）据报道，北京最新的地铁线下个月就建好了。

（3）据学校统计，今年的学生人数超过了去年。

（4）据医生说他的病很快就会好的。

即时练习

◇用“据……”完成句子：

1. ________________________，他已经辞职不干了。
2. ________________________，星期五会有一场大雪。
3. ________________________，那儿的海鲜特别好吃。
4. ________________________，每年来这座城市打工的人近 4 万。

课堂练习

（一）根据课文内容判断对错：

（　　）1. 中国地域广阔，各种民族语言和方言不计其数。

（　　）2. 课文中两个四川人被同车的人举报了两次。

（　　）3. 唐山话中，“杀”是去的意思，“开腔”是说话的意思。

（　　）4. 交通便利之后，到外地出差也变得很平常了。

（　　）5. 每一种方言都是几千年文化积淀的结果。

（　　）6. 内地人很难想象沿海居民关于海鲜称呼的多种多样。

（　　）7. 在中国南方产小米的地方，说“米”一般是指“小米”。

（　　）8. 在异国他乡，听到熟悉的乡音，能引起人强烈的共鸣。

（　　）9. 推广普通话必然会引起方言的消失。

（　　）10. 普通话中的“打工”一词来自粤方言。

（二）根据课文内容回答问题：

1. 相声《普通话与方言》主要讲的是什么内容？
2. 两个四川人为什么被同车的人举报了呢？
3. 服务员为什么要把碟子举高？
4. 浙江南部沿海一带对螃蟹的称呼为什么会有好几种？
5. 在南方，为什么说“米”时即指的是大米？
6. 贺知章家喻户晓的那首诗主要写的是什么？
7. 课文中认为什么决定了使用哪一种语言？

（三）课堂讨论：

1. 你觉得说方言会给人一种什么样的感觉？你觉得应该禁止说方言吗？为什么？

2. 现在一直在推广普通话，全世界学汉语的人也在不断增多，你觉得中国的方言会消失吗？为什么？

（四）课堂活动：

活动一

我来当老师

活动要求：根据课堂情况分组，每组同学分别选择下面一列进入普通话的方言词语，通过查词典的方式为大家进行讲解，要求每个词语都要配有例句（如果条件允许，可通过网络检索这些方言词来自哪种方言）。

曲奇	瘪三	里手	靓仔
名堂	水货	叉烧	滑头
过硬	马甲	马铃薯	忽悠

活动二

请跟同学分享你经历过或听说过的由于说方言而闹出笑话的故事，也可以讲解自己或朋友在学习语言时闹的笑话。

要求：四人一组，每位同学都要讲解一个故事，最后派一位代表上讲台发言。请把以下几个关键问题讲解清楚。

1. 这个故事是在哪儿发生的？
2. 故事的主人公说的是哪种方言或哪种语言？
3. 如果是真实的事情，故事的主人公是否知道自己闹笑话了？
4. 我们应该怎样避免语言方面的笑话？

……

下面的词语和句式可以帮助你表达：

误会　询问　开怀　冤枉　开腔　推广　强烈
天南海北　闹出笑话　南腔北调　弱势　话音刚落
交流上的麻烦　毫无障碍地沟通　反映出　洋腔洋调
与其说……不如说……　之所以……是因为……
归　不料　据　不妨

扩 展 阅 读

《普通话与方言》相声节选

甲：您说相声，也常说北京话吗？
乙：哎，干吗常说北京话呀！我们说相声就得说北京话呀！
甲：哎！那可不对。
乙：怎么？
甲：你应该说普通话呀！
乙：普通话不就是北京话吗？
甲：错了不是。
乙：怎么？
甲：北京话是北京话，普通话是普通话。
乙：噢！这还不一样哪！
甲：哎，现在推广普通话。
乙：是。
甲：它是以北京话为基础方言。
乙：噢。
甲：以北京语音为标准音。
乙：这我还不太明白呢！
甲：这你不太明白呢！
乙：不明白。
甲：这你得好好学！你看说普通话的好处大了，因为现在有山南的，海北的，各处的人在一起工作，如果都用方言那就不好懂了，都用普通话就彼此都能懂。
乙：噢！是喽。
甲：您比如说这么一句话吧……
乙：什么话呢？

甲：用普通话说就好懂了："你看这是什么？"
乙：这句话就是普通话？
甲：哎，你要用北京话就跟这个不一样了。
乙：北京话怎么说呢？
甲："你瞜（lōu）瞜这（zhei）是什么？"
乙：噢，瞜瞜。
甲：瞜瞜这（zhei）是什么？普通话说："这是什么？"是不是啊？
乙：是是，就在字正。
甲：哎，你要到天津这句话就变了。
乙：天津话怎么说？
甲："你看看这（jie）是（si）嘛（ma）？"
乙：哎！这是天津话。
甲：是吧？
乙：哎。
甲：到上海话，又不同了。
乙：上海话又怎么说哪？
甲："你看看这是什么"？
乙：这啊？
甲："你（nong）看（ku）看（ku）这（di）是（zi）什么（sa me zi）？"
乙：这句话我就不懂。
甲：也是这个意思啊："你看看这是什么？"
乙：噢，也是这个意思。
甲：对吧。
乙：噢。
甲：要是到我们家乡，这句话又变味了。
乙：您什么地方的？
甲：沧县。
乙：沧县？
甲：沧州嘛！
乙：这句话怎么说哪？
甲："你瞅瞅这是什么（me）呀？"
乙：噢，这是沧州话。
甲：你要到福建省福州，跟这又不同了。
乙：是啊！
甲：那更不好懂了。

乙：福建话这句怎么说哪？

甲："你（lu）看（kan）这（zui）是（sai）什么（nao）？"

乙：这句话我更听不懂了。

甲：所以呀，大家都学普通话有好处呀！

乙：是喽！

甲：普通话跟北京话区别不大。

乙：噢！

甲：你要学普通话，常听相声有好处。

乙：就能够学普通话。

甲：哎！相声它不是北京话吗？

乙：是啊！

甲：它就是儿化韵多。

乙：噢！儿化韵。

甲：这是最大的区别。普通话说"今天""明天""后天"。

乙：对啊。

甲：北京话那就不这样了。

乙：怎么说哪？

甲："今儿""明儿""后儿"。

乙：对！

甲：没事儿出门儿，遛弯儿，买根冰棍儿。

乙：噢，这是儿化韵。

甲：哎！你看这儿化韵也有它的好处。

乙：那有什么好处啊？

甲：你要写在字上，你写"冰棍"，可是你要说话哪，就得说"冰棍儿"。

乙：啊！冰棍儿。

甲：冰棍儿，它区别词义：冰棍儿，它加这个儿化让你听这东西不大。

乙：噢！就是小的意思。

甲："哎！您瞧，天热呀！来棵冰棍儿。"

乙：哎。

甲：来棵冰棍儿。这样听着好听，你要不用儿化韵，听着多可怕呀！"今天热啊！你来棵冰棍。"

乙：嗬！

甲：冰棍哪！

乙：那得多大呀！

甲：说的是哪。四人扛着吃？

乙：那怎么吃啊！
甲：是不是？
乙：对。
甲：它能够区别词义。
乙：是喽。
甲：多是用在爱称上。
乙：噢！
甲：用这个儿化。
乙：怎么？
甲：我们看一小孩儿，哎，你看这个小孩儿多好啊，长得跟花儿似的。
乙：夸这个小孩儿。
甲：“你看这小孩儿长得跟花儿似的。”
乙：对。
甲：他都用儿化。你要不用儿化哪，这意思就差了。
乙：是吗？
甲：哎，你看这个小孩长得跟花似的。
乙：花似的？
甲：“你看这个小孩长得跟花似的。”那孩儿长得跟麻雷子似的，再来一个跟二踢脚似的。
乙：好家伙！这儿放鞭炮哪！
甲：是不是？
乙：啊。
甲：所以说儿化韵有它的好处。
……
乙：是了。
甲：所以学普通话的时候，注意北京话的儿化韵。
乙：是是。
甲：您要听相声学普通话，千万得注意，有的演员爱用方言、土语。
乙：噢，土话啊。
甲：啊。
乙：这个土语说起来也就本地方懂。
甲：哎，离开那地方人家就不懂了，外埠（bù）人不大懂。
乙：对。
甲：是吧？
乙：哎。

甲：并且也不好写。

乙：噢，写也没法写。

甲：那属于老北京话。

乙：噢。

甲：您比如说普通话，这两句话挺好懂："哎，郭先生，昨天我去看你，你没在，我等了很久你也没回来，后来我就走了。"

乙：噢。

甲：你看这话好懂吧？

乙：这话好懂。

甲："昨天我去看你，等了很久，你也没回来，我就走了。"谁都懂。

乙：是啊。

甲：你要用北京的方言，大部分人不懂。

乙：那怎么说？

甲："嘿，昨儿我䁖你去了。"

乙：䁖我去了！

甲："我一䁖你颠（diān）儿啦。"

乙：我颠——好嘛！

甲："遛（liù）遛儿等你半天儿，压根儿你也没回来，我一瞧折（念 zhě）子了。"

乙：嗯？

甲："我就撒（sā）丫子了。"

乙：撒丫子呀！

（节选自侯宝林、郭启儒相声，根据 1959 年 6 月 29 日录音整理。）

（一）阅读短文判断对错：

（　　）1. 北京话就是普通话。

（　　）2. 北京话的"䁖"就是"听"的意思。

（　　）3. 普通话的"今天"，北京话里说成"今儿"。

（　　）4. 相声演员都爱用方言和土语。

（　　）5. 北京话的"撒丫子"就是"走"的意思。

（二）根据短文内容，在 A、B、C 中选择正确的答案：

1. 关于普通话，下列哪项是文中没有提到的？（　　）

A. 以北京话为基础方言

B. 以北京语音为标准音

C. 以典范的现代白话文著作为语法规范

2.“你看这是什么？”用福州话说应该是：(　　)

A. 你看看这（jie）是（si）嘛（ma）？

B. 你（lu）看（kan）这（zui）是（sai）什么（nao）？

C. 你瞅瞅这是什么（me）呀？

3. 儿化韵不具备的作用是：(　　)

A. 区别词义

B. 往小里说

C. 放松

4. 下列哪个词不是指鞭炮？（　　）

A. 麻雷子

B. 二踢脚

C. 撒丫子

5.“我一瞜你颠儿啦。”中“颠儿啦”的意思是（　　）

A. 走啦　　B. 睡啦　　C. 吃啦

（三）模仿练习：

请查找侯宝林、郭启儒两位先生合说的相声《普通话与方言》录音，找一位同学，两人模仿并合说此相声。

22 左，还是右

课前提示

1. 请查阅资料了解一下世界上汽车靠左行驶的国家有哪些，靠右行驶的有哪些。
2. 你们国家的汽车靠左行驶还是靠右行驶？是从什么时候开始的？

课堂学习

词语

22-1

1	空闲	kòngxián	（名）	free time, spare time 没有空闲　空闲时间
2	驾驶	jiàshǐ	（动）	to drive, to pilot 驾驶车辆　驾驶飞机
3	周游	zhōuyóu	（动）	to travel round, to journey round 周游世界
4	侧	cè	（名）	side 左侧　右侧　东侧
5	行驶	xíngshǐ	（动）	(of a vehicle, ship, etc.) to go, to travel 行驶了 5 万公里　行驶速度　靠左侧行驶
6	**典型**	diǎnxíng	（形、名）	typical, representative; model, typical example （形）　典型代表　典型症状 典型的表现　典型的性格　典型的中国服装 不够典型　比较典型 （名）中国建筑的典型　文学形象的典型 （1）欣玫是一位典型的现代女性，既重视家庭也重视事业。 （2）咳嗽、发烧等都是感冒的典型症状。 （3）他做什么事都很着急，是个典型的急性子。

7	大陆	dàlù	（名）	continent, mainland 大陆国家
8	岛国	dǎoguó	（名）	island country 日本是个岛国
9	半岛	bàndǎo	（名）	peninsula 半岛国家
*10	并非	bìngfēi	（副）	not, really not
11	固定	gùdìng	（形、动）	fixed, regular, unchangeable; to fix, to regularize （形）固定职业　固定格式　固定的数字 （动）固定下来　固定一下　固定住 （1）我每天起床的时间都不固定，有时候早，有时候晚。 （2）他没有固定的职业，一直靠打工养活自己。 （3）我们班的人数已经固定下来了，刚好20个人。
12	演变	yǎnbiàn	（动）	to develop, to evolve 长期演变
13	采用	cǎiyòng	（动）	to adopt, to employ, to use 采用老办法　采用新课表　采用阴历
14	骑士	qíshì	（名）	knight, cavalier 骑士精神　勇敢的骑士
15	推崇	tuīchóng	（动）	to hold in esteem, to praise highly 为人们所推崇
16	脚镫	jiǎodèng	（名）	pedal, treadle 自行车的脚镫　上脚镫　踩着脚镫
*17	随后	suíhòu	（副）	soon afterwards
18	跨	kuà	（动）	to step, to bestride, to go beyond 跨上去　跨过去　跨进大门　向右跨一步 跨在马上　跨入新世纪　跨地区　跨年度 跨行业　跨国公司　跨国交通 （1）小张一步跨入船内，船剧烈地晃动起来。 （2）各国政府都在积极建立跨地区的教育和研究中心。 （3）这家银行是一家全球领先的跨国银行。
19	姿势	zīshì	（名）	posture, gesture 姿势端正　保护性姿势
20	臂	bì	（名）	arm 左臂　右臂

21	剑	jiàn	（名）	double-edged straight sword 一把剑　拔剑
22	掩护	yǎnhù	（动）	to shield, to cover 掩护他们　掩护一下
23	规则	guīzé	（名）	law, rule, regulation 交通规则　自然的规则
24	殖民地	zhímíndì	（名）	colony 英国的殖民地
25	坚定	jiāndìng	（形）	firm, steadfast, unshakable 坚定不移　态度坚定
26	开创	kāichuàng	（动）	to start, to initiate, to found 开创新时代　开创……（的）新道路
27	阵营	zhènyíng	（名）	camp, group of people pursuing a common interest 敌方阵营　双方的阵营
28	贵族	guìzú	（名）	noble, aristocrat, peer 贵族家庭　法国贵族
29	压迫	yāpò	（动）	to oppress, to repress 受到压迫　压迫人民
30	特权	tèquán	（名）	privilege, prerogative 拥有特权
*31	索性	suǒxìng	（副）	simply, just, might as well
32	发动	fādòng	（动）	to start, to initiate, to launch 发动战争
33	征服	zhēngfú	（动）	to conquer, to subjugate 征服自然　征服世界　征服观众　征服了我的心 难以征服　无法征服　征服不了 （1）他之所以坚持训练，是为了征服最高的山峰。 （2）艺术家的精彩表演征服了坐在台下的观众。 （3）他是最年轻的征服北极的亚洲人。
34	给予	jǐyǔ	（动）	to give, to render, to offer 给予帮助　给予同情　给予支持　给予指导 给予亲切的关怀　给予密切的关注 给予高度的评价 应该给予　相互给予　无法给予 （1）在我遇到伤心事的时候，他给予了我精神上的支持。 （2）教授对那位天才学生给予了无私的指导。 （3）她现在这么困难，我们应该关心她，应该给予她帮助。

35	划清	huà//qīng	（动）	to draw a clear line of demarcation, to make a clear distinction 划清范围　无法划清　划得清　划不清
36	界限	jièxiàn	（名）	demarcation line, bounds, boundary 划清界限　界限分明
37	初期	chūqī	（名）	initial stage, early days 建国初期　战争初期
38	制定	zhìdìng	（动）	to establish, to enact, to map out, to formulate 制定法律　制定规则 重新制定　好好制定　制定好　制定出 （1）我虽然没有权利制定规则，但有权提出建议。 （2）法律是由国家权力机关制定或认可的行为规则。 （3）我们公司已经制定出了未来五年的发展计划。
39	众所周知	zhòng suǒ zhōu zhī		as is well known 众所周知的原因
40	发源	fāyuán	（动）	to rise, to originate 发源地　发源于上海
41	优势	yōushì	（名）	superiority, advantage 占优势 资源优势　数量上的优势　竞争的优势
42	下令	xià//lìng		to give orders, to order 下令禁止　下了令
43	骆驼	luòtuo	（名）	camel 一头骆驼
44	阻止	zǔzhǐ	（动）	to prevent, to stop, to hold back 阻止他们　阻止敌人进攻　阻止进口的增加 不能阻止　进行阻止　积极阻止　阻止不了 （1）任何人都无法阻止历史前进的脚步。 （2）必须对这种伤害别人的行为进行阻止。 （3）要随时做好准备，阻止敌方阵营采取下一步行动。
45	习俗	xísú	（名）	custom, convention 传统习俗
46	阻力	zǔlì	（名）	resistance, obstruction 遇到很大的阻力
47	属于	shǔyú	（动）	to belong to, to be owned by 属于全世界　属于我们

48	投票	tóu//piào	（动）	to vote, to cast a vote 投票选举　投了两次票　每人投一张票
49	国民	guómín	（名）	people of a nation 全体国民
50	指望	zhǐwàng	（动）	to look forward to, to count on 指望他　指望不上　指望他考上大学
51	倔强	juéjiàng	（形）	(of one's character) stubborn, unbending 倔强的人　性格倔强
52	投降	tóuxiáng	（动）	to surrender, to capitulate 决不投降　向……投降
53	回归	huíguī	（动）	to return, to come/go back to 回归祖国　香港回归
54	遵守	zūnshǒu	（动）	to observe, to abide by 遵守时间　遵守规则
55	入乡随俗	rù xiāng suí sú		to follow local customs wherever you are
56	交界	jiāojiè	（动）	to have a common boundary 交界处
57	修建	xiūjiàn	（动）	to build, to construct, to put up 修建一座桥　修建一座体育馆
58	入境	rù//jìng	（动）	to enter a country 入了境　入境处
*59	凡是	fánshì	（副）	every, any, all, whatever
60	巧妙	qiǎomiào	（形）	ingenious, smart, skillful 巧妙的方案　设计得很巧妙
61	偏	piān	（形）	inclined to one side, slanting 往右边偏　太阳偏西了
62	隔离带	gélídài	（名）	isolation belt, isolation strip 马路中间的隔离带

专有名词

1	罗马帝国	Luómǎ Dìguó	Roman Empire
2	欧洲	Ōuzhōu	Europe

3	印度	Yìndù	India
4	巴基斯坦	Bājīsītǎn	Pakistan
5	拿破仑	Nápòlún	Napoléon Bonaparte (1769-1821)
6	意大利	Yìdàlì	Italy
7	瑞典	Ruìdiǎn	Sweden
8	深圳	Shēnzhèn	Shenzhen, a city in Guangdong Province

课文

22-2

左，还是右

人们空闲[1]时都会驾驶[2]自己的车辆外出游玩，甚至周游[3]世界。这些汽车是靠左侧[4]行驶[5]还是靠右侧行驶？在不同的国家，关于道路通行方向的答案是不一样的。据说，靠右走的，多数是典型[6]的大陆[7]国家，如美国、中国等；靠左行的，则大多是典型的岛国[8]和半岛[9]国家，如英国、日本等。

靠左行曾流行全世界

靠右走还是靠左行，并非[10]一开始就是固定[11]的，而是长期演变[12]的结果。在古代，靠左行是世界上较多被采用[13]的。

英国人认为他们在古罗马帝国时就开始靠左行了。在欧洲，骑士[14]精神历来为人们所推崇[15]，据说靠左行最早就是根据这些骑士们的习惯。首先，人们骑马，习惯是左脚先上脚镫[16]，随后[17]右脚再跨[18]上去，自然应该是在路的左侧上马；其次，不论走路还是骑马，沿着左侧行动是一种保护性姿势[19]，必要时双方都能抬起右臂[20]拔剑[21]，要不然难以起到掩护[22]作用。后来，英国把靠左行的规则[23]带到了它广阔的殖民地[24]，像印度、巴基斯坦等，这些国家至今仍坚定[25]不移地靠左行。

拿破仑开创[26]"靠右走"阵营[27]

说来有趣，目前世界上多数国家靠右行驶的原因跟拿破仑有关。法国大革命前，法国贵族[28]的马车也是靠左行。在受到压迫[29]的人民看来，"靠左行"意味着贵族与特权[30]，"靠右走"则带有"革命"的意义。后来，法国大革命爆发了，车辆索性[31]也右行了。

拿破仑发动[32]了征服[33]欧洲的战争，法国军队到了哪里，就把靠右行的规则带到哪里，比如德国、意大利等。

美国改变"左右"力量对比

在英国众多的殖民地里，美国是个例外。法国在美国的独立中给予[34]了一些帮助，为了与英国划清[35]界限[36]，美国在建国初期[37]就制定[38]了靠右行的规则。

当美国加入到"靠右走"的阵营后，"左右"力量对比开始发生明显的变化。众所周知[39]，驾驶汽车需要观察道路的实际情况，因此靠右走和靠左行实际上决定了"左驾车"和"右驾车"的区别。一般来说，靠右走的通常是"左驾车"，靠左走的则是"右驾车"。美国是现代汽车工业的发源[40]地，美国的"左驾车"不停地运到世界各地。这样一来，一定程度上决定了很多国家靠左行还是靠右走的问题，中国便是一个典型的例子。1945 年以前，中国都是靠左行驶的，当时主要受英国影响，之后美国汽车开始大量进入中国，"左驾车"占了数量上的优势[41]。因此，当时的政府下令[42]从 1946 年 1 月 1 日开始，汽车都改为靠右行驶。

骆驼[43]阻止[44]巴基斯坦"靠右行"

并非所有的国家改变规则时都像中国这么顺利，习俗[45]给改变带来了很大的阻力[46]。

瑞典开始时属于[47]靠左走的阵营，但周围的国家不少都是靠右走的，这给瑞典的跨国交通带来很多不便。于是，瑞典专门为"左右"问题进行投票[48]，结果超过 80% 的国民[49]不同意改革。不过，瑞典已经下定决心要解决和邻国之间的交通问题，最终改革于 1967 年取得了成功。

巴基斯坦就没那么幸运了。20 世纪 60 年代，一直靠左行的巴基斯坦下决心改革，但遭到了很多人的反对，其中最大的反对声音居然是因为骆驼。在当时的巴基斯坦，有很多骆驼车，骆驼都有走老路的习惯，指望[50]这些倔强[51]的动物改变习惯几乎是不可能的。最后人们只好向骆驼投降[52]，因此巴基斯坦到现在依然是靠左行。

道路交通的“一国两制”

由于历史原因，香港在交通规则上属于靠左走的阵营，中国内地则恰恰相反。1997 年香港回归[53]，在道路交通问题上，内地与香港采取了“一国两制”的解决办法。内地车辆进香港，要遵守[54]香港靠左行驶的规则。相反，香港车辆进内地，也得入乡随俗[55]。这样一来，就产生了很多不便。于是，人们想出了一个解决的办法。在深圳与香港的交界[56]处修建[57]一座特殊的桥，凡是[58]入境[59]的汽车只要按照原有规则行驶，经过桥的巧妙[60]连接后，就能改变行驶的规则。不过司机依然会觉得不适应。据说在香港开车，越是内地来的老司机越害怕，因为已经习惯成自然，老司机们往往开着开着就向右边方向偏[61]了，尤其是在没有中间隔离带[62]的小马路上。

（选自《青年参考》，作者：唐岩。有删改。）

课文注释

1. 骑士精神：是来自于欧洲骑士阶层的一种文化精神，对欧洲民族的民族性格有很大的影响。具有骑士精神的人应该具有八大美德，就是谦卑（Humility）、荣誉（Honour）、牺牲（Sacrifice）、英勇（Valour）、怜悯（Compassion）、诚实（Honesty）、精神（Spirituality）、公正（Justice）。

2. 法国大革命：一般认为是 1789 年开始，1799 年结束。这段时期内法国君主制度被推翻，贵族和宗教特权受到冲击，传统观念被民主取代。

3. 一国两制：“一国两制”即“一个国家，两种制度”。它是中国解决香港、澳门问题采取的基本制度，即在一个中国的前提下，在大陆实行社会主义制度，在香港、澳门设立特别行政区，保留其资本主义制度。

语言点例释

（一）靠右走还是靠左行，并非一开始就是固定的，而是长期演变的结果。

“并非”，副词，意思是并不是。“并非”后面还可以加“是”，构成“并非是”的格式。

常常用在表示转折的句子中，用来否定某种看法，说明真实的情况。例如：

（1）这些东西她们并非要买，只是看看而已。

（2）他赶着去公司并非是去参加晚会，而是去加班。

（3）这儿不建体育馆，并非因为怕花钱，只是因为这个地方不适合建。

（4）这些紧急措施并非是他一个人决定的，而是按我们事先商量过的方式处理。

即时练习

◇用“并非”完成对话：

1. A：你给我们做一道你们四川的家乡菜怎么样？

   B：我______________________，我是地道的湖北人。

2. A：你们每周都能按时发工资，真是太好了。

   B：我们的工资______________________，而是按月计算。

3. A：他不知道真正的情况，你快给他讲讲吧。

   B：其实他______________________，只不过是要让你以为他不知道。

4. A：听说很多硕士研究生都抱怨找不到工作。

   B：硕士研究生们______________________，只是对于工作的要求太高而已。

（二）……人们骑马，习惯是左脚先上脚镫，随后右脚再跨上去……

“随后”，副词。表示一件事情紧跟着另一件事情发生，后面常跟“就、再”等副词配合。例如：

（1）你们先走一步，我随后就到。

（2）我上了火车，随后我同屋也赶来了。

（3）大家说说比较典型的情况，我随后再补充。

（4）他先打了几份工，随后又到一家大公司求职，现在发展得很好。

注意：“随后”和“随即”有时意义相近。但“随后”主要强调的是时间上前后的承接，而“随即”所表示的时间非常短，有强调“立刻”的意思，能跟“一”搭配使用。如下面的例句只能用“随即”：

（5）甜甜一看到房东，随即转身就走。

（6）他的话刚一出口，随即就后悔起来。

即时练习

◇用“随后”完成句子：

1. 他在这儿坐了十几分钟，喝了杯咖啡，________________。
2. 我们先去一趟韩国，________________。
3. 我九点开始打扫卫生，________________。
4. 天太热，我回家后一连吃了三个冰激凌，________________。

（三）在受到压迫的人民看来，“靠左行”意味着贵族与特权……

“在……看来”这一格式，中间可以加入表示行为主体的代词或名词性成分，表示从某人的角度看问题。例如：

（1）跑步在我看来是最好的体育锻炼。

（2）在他们看来，被强迫做自己不喜欢做的事，是非常痛苦的。

（3）电影里的每一个画面在导演看来都应该是完美的。

（4）在有些欧美人看来，汉语方言之间的差别比欧洲两个国家之间的语言差别还要大。

即时练习

◇用“在……看来”完成句子或对话：

1. ________________，让他们感动的小说就是好小说。

2. A：我觉得健康的人最美。

   B：很多人不会同意的，________________，瘦才是最美的。

3. A：职员们都觉得这些问题实在是太不容易解决了。

   B：这些问题________________都不难解决。

4. A：国内已经有很多顾客开始购买我们的产品了。

   B：________________，把我们的产品推广到国外才是最终的目标。

（四）于是，法国大革命了，车辆索性也右行了。

“索性”，副词。表示直截了当，相当于口语里的“干脆”。“索性”做状语用在后一小句中，前一分句一般表示原因或者条件。例如：

（1）这台电脑修来修去也修不好，索性换个新的吧。
（2）这篇文章要改好很难，索性另外写一篇吧。
（3）既然困难这么大，索性大家就先做别的吧。
（4）为别人打工挣不了太多的钱，索性自己开一家公司吧。

即时练习

◇用“索性”完成句子：

1. 快考试了，而且天气也不好，别去玩了，________________。
2. 你看外面风刮得太大了，________________。
3. 最近咱们俩的工作都不算多，________________。
4. 既然你已经来了，________________，反正你也没什么事。

（五）这样一来，一定程度上决定了很多国家靠左行还是靠右走的问题……

“这样一来”，代词短语。经常连接两个句子或两个段落，起的是连词的作用。说明由于前面的情况，产生了后面的结果。也可以说“这么一来、这一来”等。例如：

（1）妈妈累病了，这样一来，孩子更没人照顾了。
（2）这孩子总喜欢跟人打架。这样一来，没有人愿意跟他玩了。
（3）有些人失败后就会产生很大的压力。这么一来，就更加不容易成功了。
（4）报纸上发表了对她长达几万字的采访。这一来，她一下子就出名了。

即时练习

◇补充“这样一来”“这么一来”“这一来”前后的情况：

1. ________________，这样一来，我就轻松多了。
2. ________________，这样一来，他更加努力了。
3. 他缺课已经超过了规定的学时，这么一来，________________。
4. 他最近在同事面前又闹了不少笑话，这一来，________________。

（六）由于历史原因，香港在交通规则上属于靠左走的阵营，中国内地则恰恰相反。

“在……上”这一格式，中间可以加入名词性成分，意思同“在……方面”。例如：

（1）在生活上，他非常注意节约，不乱花钱。

（2）在东方礼节上，我有知道的，也有不知道的。

（3）我们应该在这个问题上重视专家的意见。

（4）当时的政府在经济上遇到了比较严重的问题。

即时练习

◇用“在……上”完成对话：

1. A：他工作方面怎么样啊？

B：不瞒您说，________________。

2. A：这几年，公司在技术方面有没有进步？

B：当然有了，________________。

3. A：这个学生的奖学金已经有了，住宿问题解决了吗？

B：您放心，________________我们已经安排了工作人员去解决了。

4. A：你们公司还需要资金吗？

B：暂时不需要了，特别感谢您前一段时间________________那么大的支持。

（七）凡是入境的汽车只要按照原有规则行驶，经过桥的巧妙连接后，就能改变行驶的规则。

“凡是”，总括某个范围内的一切，表示无一例外，有“只要是”的意思，句中常有“就”“便”“都”或者“没有不”等词语呼应，有时也用“凡”。例如：

（1）凡是那位作家的作品，我就一定要买。

（2）为了省点儿钱，凡是自己能动手的，他就自己做。

（3）凡与他接触过的人都觉得他性格很好。

（4）凡他不爱吃的东西，他都不吃。

即时练习

◇用“凡是”完成句子：

1. ________________，我就能记住。

2. ________________，他随手就记在本子上。

3. ________________，都把健康作为最主要的问题。

4. ________________，没有不感动的。

课堂练习

（一）根据课文内容判断对错：

（　　）1. 汽车靠左走的，多数是典型的大陆国家。
（　　）2. 在古代，大多数的国家都是靠左行的。
（　　）3. 印度、巴基斯坦靠左行的规则是从英国传来的。
（　　）4. 法国受到压迫的人民觉得，靠右行意味着贵族和特权。
（　　）5. 美国也曾制定过靠左行的规则。
（　　）6. 现代汽车工业的发源地是美国和英国。
（　　）7.1946 年以前，中国都是靠左行驶的。
（　　）8. 现在瑞典和英国、日本一样，都是靠右行驶的。
（　　）9. 据说骆驼都有走老路的习惯。
（　　）10. 香港和深圳不同，在交通规则上，香港的汽车是靠左行驶的。

（二）根据课文内容回答问题：

1. 靠左还是靠右，在欧洲最先根据的是什么人的习惯？为什么？
2. 法国最初靠右走时，为什么带有“革命”的意义？
3. 美国是怎么改变世界“左右”力量的对比的？
4. 瑞典为什么要改变本国的交通规则？他们的改革顺利吗？为什么？
5. 巴基斯坦的骆驼为什么阻止了交通规则的改变？
6. 香港和深圳靠左靠右行的规则不同，人们是怎么解决这个问题的？
7. 请归纳课文中靠左行和靠右行的国家各有哪些。

（三）课堂讨论：

1. 中国大陆都是靠右行，你习惯吗？你觉得交通规则的制定和改变主要跟什么有关？

2. 有人说，应该把全世界各个国家和地区的交通规则都统一起来。你认为有必要吗？为什么？

（四）课堂活动：

活动一

语言游戏：四人一个小组，每组发一张标注道路通行方向的世界地图以及比较清晰的标注国与国交界的世界地图（英文版，学生要根据国家的英文名称找出对应的中文名称），在五分钟的时间内，每个小组要分别列举出靠右走的国家和靠左走的国家。看看哪个小组总结的国家数量最多且没有书写方面的错误。

活动二

辩论

论题：小轿车进入中国百姓家庭的利与弊

正方观点：利大于弊

反方观点：弊大于利

辩论要求：

（1）双方队员轮流出场，阐述己方观点，反驳对方观点。

（2）尽量运用以下本课所学的词语及语言点，并可参考第 20 课“课堂活动二”提供的常见句式。

下面的词语可以帮助你表达：

行驶　固定　规则　特权　车辆　发动　界限　制定　驾驶　阻止　遵守

凡是　要不然　在……上　这样一来　并非

扩 展 阅 读

北京为什么堵车

北京堵车非常严重，各方都在讨论原因，寻找解决办法。原因不少，办法自然也很多，大概有以下几点：车太多，路太少，不守规则，管理不好。如果展开来谈，每一点都可以写一篇长文，这里只讲讲有关车太多路太少的问题。

说北京的车太多，只是自己与自己比、现在与过去比。与发达国家或世界上许多与北京差不多的城市相比，北京的车可一点儿也不多。这里也没必要列出太多的统计数据，只要出国看看其他国家家庭汽车的高普及率和街道两旁停满的车就明白了。

车既然不能算多，那么堵车一定是路太少了。有专家列出数据，说人家发达国家的道路如何如何，我们的差距如何如何。在堵车问题的讨论中，这一点我最不同意。即使凭感觉也可以感受到，北京的道路是全世界最宽的，穿过全城的快速通道是最多的，高架桥也是最多的。一句话，北京的路不少，但是道路的利用率极低，大量道路被围在了各个单位里面，从交通的意义上说，甚至不能算是道路，因为毫无交通利用的价值。所谓专家的统计，明显是把本该占最大比例的大量围墙里面的道路排除在外了。

这的确是我们最大的具有中国特色的交通景观。道路被数量非常庞大的“单位”隔开，所以路口之间距离很长，道路直的不多，丁字路、工字路以及拐来拐去的路多。这些本来可以作为辅路的车道被圈在围墙里面，保持了围墙里面的安静，无数的车辆只好挤在很少的主干道上，想不堵车也难。

这一点北京最突出。国家机关、市政机关、部队大院、高等院校等，每一个单位都有一个大院，阻隔了交通，构成了一个与公共空间相对的“私人空间”。而我们知道，世界上很少有国家的城市道路会把这么多的公共空间排除在外。

以大学为例，我在国外访学的时候，虽然早就听说那儿的大学没有围墙，但对于其公共交通还是感到吃惊。我访问的大学，几条主要的公共汽车线路都在大学的中心地区设有总站，穿行在大学校区则有好多车站，不像国内大学走很远才到校门口的车站。著名的哥伦比亚大学位于纽约曼哈顿的闹市区，大学校区被城市道路隔出好多个街区，东西南北畅通无阻，公共交通不必因为大学的阻隔绕来绕去。

把道路太少定性为城市交通不畅的原因容易误导一系列城市发展和建设的决策。现在不论大城市还是小城镇，路越修越宽，越建越多，一点儿不顾中国人多地少的基本国情和实际的车流量。事实上，道路的利用率极低，浪费十分惊人。

目前，这种情况越来越严重。因为单位的“大院”更大了，住宅小区也更大了。一些小区，有十多万居民，完全是一个小镇的规模，但小区实行全封闭管理，小区内的道路是“私人空间”，公共交通进不去。

我们期待有一天，更多的单位、小区打开围墙，使道路公共化。不要以为你的利益受损了，因为你也在从使用他人的公共化道路中受益。当我们走到这一步，人人都是受益者，那时再来讨论交通问题，可能要简单得多。

（选自《看世界》，作者：金炳亮。有删改。）

（一）阅读短文判断对错：

(　　)1. 不管与哪个城市相比，北京的车都太多了。

(　　)2. 北京的道路利用率极低，是因为北京的道路都太窄了。

(　　)3. 国外很多大学都没有围墙，附近的公共交通很方便。

(　　)4. 现在的道路越建越多，但却是越建越窄。

(　　)5. 要解决交通问题，很多的单位、小区应该打开围墙，使道路公共化。

（二）根据短文内容，在A、B、C中选择正确的答案：

1. 关于北京交通，这篇文章主要谈的是：(　　)

A. 车太多路太少的问题

B. 不守规则、管理不好的问题

C. 道路利用率低的问题

2. 下面哪个情况在文中没有提到？（　　）

A. 北京的道路是全世界最宽的

B. 北京的道路是全世界最多的

C. 北京的高架桥是全世界最多的

3. 北京的很多道路从交通意义上说不能说是道路，是因为：（　　）

A. 利用率太低了

B. 直路不多

C. 都太窄了

4. 下列哪种单位没有在文章中提到？（　　）

A. 部队大院

B. 高等院校

C. 外企公司

5. 本文认为解决北京交通拥堵的主要办法是：（　　）

A. 修建更多的道路

B. 使道路公共化

C. 指导人们遵守交通规则

（三）理解短文后回答问题：

1. 本文作者认为北京的道路怎么样？你觉得呢？

2. 本文作者认为应该开放住宅小区的道路作为公共道路，你同意吗？为什么？

23 后海四合院

课前提示

1. 你在家乡住什么样的房子？是平房还是楼房？你的家有没有院子？
2. 你去过北京的胡同和四合院吗？请查找有关四合院的图片，谈谈你对北京四合院的印象。

课堂学习

词语

23-1

1	四合院	sìhéyuàn	（名）	quadrangle, courtyard house 一座四合院
2	逢	féng	（动）	to meet, to come upon 每逢暑假　相逢
3	漫步	mànbù	（动）	to stroll, to ramble, to roam 在小路上漫步　漫步在河边
4	微风	wēifēng	（名）	gentle breeze 一阵微风
5	柳	liǔ	（名）	willow 柳树　柳叶
6	酷热	kùrè	（名）	(of weather) extremely hot 酷热的天气
7	繁重	fánzhòng	（形）	(of work or a task) heavy, strenuous 繁重的工作　繁重的体力劳动　繁重的学习任务 任务繁重　相当繁重　如此繁重 （1）这段时间繁重的工作把他累病了。 （2）你们的学习任务繁重吗？ （3）我们面对着繁重的经济改革任务，压力很大。

8	风情	fēngqíng	（名）	lifestyle, local customs and conditions 老北京风情
9	散发	sànfā	（动）	to send out or forth, to diffuse 散发着香气　散发出来
10	气息	qìxī	（名）	scent, flavour, smell 文化气息　生活气息　散发着时代气息
11	住宅	zhùzhái	（名）	residence, dwelling 老式住宅　住宅形式
12	规模	guīmó	（名）	scale, scope, dimensions 规模很大　初具规模
13	逐渐	zhújiàn	（副）	gradually, by degrees 逐渐增加　逐渐发展
14	完善	wánshàn	（动、形）	to improve; perfect, consummate （动）完善管理制度　完善法律制度 逐渐完善　不断完善　进一步完善 （形）功能完善　设备完善 不够完善　更加完善　日渐完善 （1）作为一个新公司，要不断完善各方面的管理制度。 （2）我们要不断研究，使考试系统逐渐完善起来。 （3）飞机上有完善的救生保护系统。
*15	距	jù	（动）	to be apart from, to be away from
16	正规	zhèngguī	（形）	standard, regular 正规的四合院　正规的方法
17	厢房	xiāngfáng	（名）	wing-room 一间厢房　东厢房
18	庭院	tíngyuàn	（名）	courtyard, dooryard 宽敞的庭院
19	饲养	sìyǎng	（动）	to raise, to feed, to rear (animals) 饲养小动物
20	金鱼	jīnyú	（名）	goldfish 一条金鱼　饲养金鱼
21	布局	bùjú	（名）	layout, overall arrangement 四合院的布局　商场的布局
22	便于	biànyú	（动）	to be easy to, to be convenient for 便于管理　便于计算

23	穿行	chuānxíng	（动）	to pass through, to make one's way through 在林中穿行
24	乘凉	chéng//liáng	（动）	to enjoy the cool, to relax in a cool place 在庭院中乘凉　在树下乘了一会儿凉
25	从事	cóngshì	（动）	to be engaged in, to go into 从事教育工作　从事家务劳动
26	变迁	biànqiān	（动）	changes, vicissitudes 时代的变迁　岁月的变迁
27	拆	chāi	（动）	to tear open, to take apart, to pull down 拆房子　拆零件　拆信 拆掉　拆开　拆坏　拆下来 （1）宿舍的门锁坏了，必须拆下来换一把新的。 （2）她急忙拆开朋友的来信读了起来。 （3）这院子虽然破旧，但是很有历史价值，拆掉了多可惜！
28	取而代之	qǔ ér dài zhī		to replace sb. or sth., to substitute
29	高楼大厦	gāo lóu dà shà		high buildings and large mansions 到处都是高楼大厦
30	贯穿	guànchuān	（动）	to run through, to penetrate 这条公路贯穿几个省
31	其间	qíjiān	（名）	between, among 贯穿其间
32	胡同	hútòng	（名）	lane, alley, bystreet 一条胡同　老胡同
33	柏油	bǎiyóu	（名）	pitch, tar, asphalt 柏油路　柏油马路
34	简陋	jiǎnlòu	（形）	simple and crude 简陋的地方　简陋的房间
35	确切	quèqiè	（形）	definite, exact, precise 消息确切　确切地说
36	错过	cuòguò	（动）	to miss, to let slip 错过考试　错过比赛
37	人力车	rénlìchē	（名）	rickshaw 一辆人力车
38	地道	dìdao	（形）	pure, typical, authentic 地道的普通话　发音很地道

39	实地	shídì	（副）	(to do sth.) on the spot 实地考察　实地试验
*40	特地	tèdì	（副）	for a special purpose, specially
41	住所	zhùsuǒ	（名）	dwelling place 宽敞的住所
42	拜访	bàifǎng	（动）	to pay a visit, to call on 拜访朋友　一一拜访
43	门洞	méndòng	（名）	gateway, doorway, door of a residence 大门洞　第三个门洞
44	坑坑洼洼	kēngkengwāwā	（形）	full of bumps and hollows, bumpy 坑坑洼洼的地面
45	马扎	mǎzhá	（名）	(*dialectal*) campstool, folding stool 一个小马扎
46	兴致	xìngzhì	（名）	interest, mood to enjoy 很有兴致　没什么兴致
47	居委会	jūwěihuì	（名）	neighbourhood committee, residents' committee 成立居委会　居委会的安排
48	餐饮	cānyǐn	（名）	food and beverages 搞餐饮　餐饮楼　餐饮业
49	宣扬	xuānyáng	（动）	to publicize, to propagate 宣扬好人好事　宣扬北京文化
*50	舍不得	shěbude	（动）	to hate to part with or use, to grudge
51	岁数	suìshu	（名）	age (of a person) 岁数太大
52	和谐	héxié	（形）	harmonious 和谐的社会　气氛和谐
53	舒坦	shūtan	（形）	comfortable, at ease 心里舒坦　觉得舒坦
*54	难怪	nánguài	（连）	no wonder
55	怀念	huáiniàn	（动）	to cherish the memory of, to think of, to miss 怀念故乡　怀念亲人 怀念家乡菜　怀念（过去的）生活 值得怀念　永远怀念　深切地怀念

				（1）几十年来，他一直怀念着家乡的亲人，怀念着童年的住所。 （2）他深深地怀念着大学时代那段美好的时光。 （3）在她的记忆中，他的一切都是那么美好，至今令她十分怀念。
56	抛弃	pāoqì	（动）	to desert, to abandon, to cast off 抛弃旧观念　抛弃一切　抛弃妻子　抛弃烦恼 无情地抛弃　全部抛弃 （1）她出生不久就被亲生父母无情地抛弃了。 （2）只有抛弃痛苦的记忆，才能拥有美好的未来。 （3）人们开始抛弃春节自己做饭的传统，到饭馆吃年夜饭。
57	破坏	pòhuài	（动）	to destroy, to damage, to ruin 破坏铁路　破坏环境　破坏风俗习惯 遭到破坏　严重破坏 （1）他们为了经济利益而破坏了古老的建筑。 （2）法律明确规定，禁止任何人破坏婚姻自由。 （3）地震过后，房屋街道都遭到了严重破坏。
58	捍卫	hànwèi	（动）	to defend, to guard, to protect 捍卫自己的土地
59	尊严	zūnyán	（名）	dignity, integrity, honour 人的尊严　没有尊严　捍卫尊严
60	荣誉	róngyù	（名）	honour, glory, credit 集体的荣誉　荣誉感
*61	轻易	qīngyì	（形、副）	easy, simple; rashly, offhandedly

专有名词

1	后海	Hòuhǎi	Houhai, a lake and its surrounding neighbourhood in Beijing
2	辽	Liáo	Liao Dynasty (907-1125)
3	金	Jīn	Jin Dynasty (1115-1234)
4	元	Yuán	Yuan Dynasty (1206-1368)
5	明	Míng	Ming Dynasty (1368-1644)
6	清	Qīng	Qing Dynasty (1616-1911)
7	北海	Běihǎi	Beihai Park

课　文

23-2

后海四合院[1]

每逢[2]初夏的晚上，漫步[3]在后海的岸边，感受着从身边吹过的微风[4]，柳[5]叶也轻轻抚摸着你的脸，那一刻，你一定会忘记白天酷热[6]的天气以及繁重[7]的学习和工作。在后海，你能体会到什么是老北京风情[8]，那儿古老的街道到处都散发[9]着积淀了千年的北京文化的气息[10]。

说到后海的北京文化，就不得不提到四合院了。可以说，四合院是北京城最具传统意义的住宅[11]形式。据说，京城四合院早在辽代就已初具规模[12]，后经金、元，再到明清时期逐渐[13]完善[14]，最终成为北京城最具特点的住宅形式。要说后海的四合院，那是最具京味的。众所周知，后海距[15]故宫非常近。如果仔细观察故宫的结构你就会发现，其实它就是一个大四合院。

正规[16]四合院一般坐北朝南，基本结构是北房南房和东西厢房[17]分居四面，四周再围上高墙形成四合，开一个门。大门一般位于院子的东南角。四合院中间是庭院[18]，宽敞明亮，庭院中植树栽花，饲养[19]金鱼[20]，是四合院布局[21]的中心，便于[22]采光通风，也是人们穿行[23]、乘凉[24]、休息、从事[25]家务劳动的地方。

随着时代的变迁[26]，北京的四合院越来越少，许多老房子都被拆[27]了，取而代之[28]的是高楼大厦[29]，而贯穿[30]其间[31]的胡同[32]则变成了柏油[33]马路。可是没过多长时间，人们慢慢地意识到四合院并不只是一种住宅形式，并不只是我们过去想象的简陋[34]的平房，它像故宫一样是我们北京的名胜古迹，更确切[35]地说是一种文化象征。

后海一带已经是北京政府重点保护的地区。许多外地以及国外的游客来到北京，除了要去故宫北海参观，也都不会错过[36]后海。游客们会租一辆人力车[37]，沿着后海转一圈，看看那儿的四合院，最后在四合院里吃一顿地道[38]的北京菜。

最近一些日子，我正在做一个关于北京四合院的研究作业，所以经常来后海这边进行实地[39]考察，逐渐对后海的四合院产生了一种特殊的感情。曾经听我母亲说过，小时候她就是在后海旁边的胡同里边长大的，我特地[40]去她小时候的住所[41]拜访[42]了一下。那是个正规的四合院，北房南房，东西厢房，前院后院以及大门洞[43]，保护得都还算完好。穿过门洞，看到的是前院。前院很小，两旁种着花草，院子里的地面非常潮，而且坑坑洼洼[44]的。

走进院子里的时候，出来一位老太太，看上去年纪已经很大了，但很精神。我告诉她我母亲小时候就住在这里。巧的是，这位老太太还记得我母亲。老太太很热情，带我到了后院，拿了个小马扎[45]让我坐下，很有兴致[46]地跟我聊了起来。老太太告诉我，前些年好多人都从四合院的平房搬进了楼房，那是因为当时多数人认为楼房好，宽敞干净。可现在，要想从楼房再搬回来就难了。由于这里的游客特别多，居委会[47]会安排邻居们做导游，带着游客在这里参观。还有许多人在自家的院子里搞起了餐饮[48]，既方便了游客，也增加了收入，同时还宣扬[49]了北京的四合院文化。老太太还告诉我，她舍不得[50]离开四合院，这辈子都不想搬进楼房，就想在这院子里一直住下去。别看老太太岁数[51]大了，但脑子明白得很。她说：“楼房有啥好的，这儿多好，冬暖夏凉的。在我们这儿夏天从不开空调，晚上拿把椅子往院子里一坐，别提多舒服了。而且过去的那些老邻居都可和谐[52]了，就拿早上来说，只要有一户人家的窗帘没拉开，这院子里就特别安静，因为知道人家还没起床呢，等大家都起来了，院子里就热闹了。我在这儿住了一辈子了，心里舒坦[53]。”听老太太说的这些，让我想起了母亲跟我讲的那些小时候的事情，难怪[54]她总是跟我讲，特别怀念[55]在四合院住的日子。

回家的路上，我坐在公交车里，看着北京马路两侧的高楼大厦，心里有一种说不出的感觉：现代化对于我们来说的确很重要，但是作为一个具有五千年历史文明的古老民族，我们真的不应该抛弃[56]自己的文化，更不应该为了经济利益而去破坏[57]它们。一个没有自我文化的民族是不完整的民族。每个民族的文化都像一把剑，捍卫[58]着整个民族的尊严[59]与荣誉[60]。每个人都应该具有保护民族文化的意识，不要轻易[61]丢掉自己的民族文化，否则，谈什么尊严与荣誉呢？

（摘自新华网，作者：于世凯。有删改。）

课文注释

1. 辽、金、元、明、清：辽（907–1125）、金（1115–1234）、元（1206–1368）、明（1368–1644）、清（1616–1911）是中国历史上的几个朝代，这些朝代都曾把北京作为首都。“辽”时北京称为“南京”；“金”时称为“中都”；“元”时称为“大都”；“明”、“清”时称“北京”或“京师”。
2. 饲养金鱼：金鱼在中国传统上被称为“风水鱼”，饲养金鱼不但能减少家居风水上的某些不足，还能令住宅充满活力。宋代就开始流行，现代不少中国人也喜欢在家中饲养金鱼，用来美化家居。

语言点例释

（一）众所周知，后海距故宫非常近。

“距”，介词，由“距”组成的介词结构表示空间或时间上的距离，也可以表示两个抽象事物之间的差距。一般用于书面，有时也用“距离”，口语中多用“离”。例如：

（1）北京距广州足足有一千多公里。

（2）那一年的国庆节距中秋节非常近。

（3）这座建筑距今已有一千三百多年的历史了。

（4）他参加了 1500 米比赛，当距离终点还有 500 米时，他开始加速了。

（5）我的汉语水平距 HSK 六级还差得比较远。

（6）你取得的成绩离理想的目标已经很接近了，一定要坚持下去。

即时练习

◇用“距”完成对话：

1. A：不是说去南京玩吗？怎么又改成天津了？

B：我们没那么多时间，而且北京________________，坐火车才半个小时。

2. A：没想到大学毕业这么久了，你还记得那件事。

B：虽然＿＿＿＿＿＿＿＿，但我一点儿都没有忘记。

3. A：你这次比上次考得好多了，难道你还是不满意吗？

B：进步是进步了，但＿＿＿＿＿＿＿＿。

◇用“距”改写句子，并体会两种句子语体（书面语和口语）的不同。

1. 从第一届奥运会开幕到今天已经有一百多年的历史了。

＿＿＿＿＿＿＿＿＿＿＿＿＿＿＿＿＿＿＿＿＿＿＿＿＿＿＿＿＿＿＿＿

＿＿＿＿＿＿＿＿＿＿＿＿＿＿＿＿＿＿＿＿＿＿＿＿＿＿＿＿＿＿＿＿

2. 故宫离我工作的地方不到两公里。

＿＿＿＿＿＿＿＿＿＿＿＿＿＿＿＿＿＿＿＿＿＿＿＿＿＿＿＿＿＿＿＿

＿＿＿＿＿＿＿＿＿＿＿＿＿＿＿＿＿＿＿＿＿＿＿＿＿＿＿＿＿＿＿＿

（二）曾经听我母亲说过，小时候她就是在后海旁边的胡同里边长大的，我特地去她小时候的住所拜访了一下。

“特地”，副词，在句中做状语，表示某种行为是专门为某个目的而进行的，意思同“特意”。例如：

（1）导游特地带着大家参观了那一带的建筑。

（2）这是我特地在老北京的胡同给你买的，请你千万收下。

（3）为了不让老母亲觉得太寂寞，女儿特地买了几条金鱼让她饲养。

（4）虽然北京距广州非常远，但他还是特地坐飞机赶来参加你们的婚礼。

（5）为了了解那儿的实际情况，我们特地实地考察了一番。

即时练习

◇用“特地”完成句子：

1. 听说你生病了，＿＿＿＿＿＿＿＿。

2. 这是＿＿＿＿＿＿＿＿，喝完了别忘了谢谢人家。

3. 为了让我增长知识，暑假的时候＿＿＿＿＿＿＿＿。

4. 他想找回青春的记忆，所以＿＿＿＿＿＿＿＿。

（三）老太太还告诉我，她舍不得离开四合院……

“舍不得”，动补结构。是“舍得”的否定，意思是很爱惜，不愿意放弃或离开，不愿意使用或处置。它后面常跟动词或动词性词语，也可以跟名词。例如：

（1）妈妈以前总是舍不得花钱，现在稍微好一点儿了。

（2）她的穿着很简单，一件衣服穿破了都舍不得扔。

（3）在北京待了四年，马上要回国了，真舍不得跟我一起学汉语的同学。

（4）我们要搬到楼房的新家住了，可是以前那个院子，我真是舍不得。

即时练习

◇用“舍不得”完成对话：

1. A：你怎么又让妈妈生气了？
   B：别提了，________________。

2. A：马上就毕业参加工作了，应该高兴啊，你为什么哭了？
   B：在这儿学了四年，________________。

3. A：这件衣服你那么喜欢，干吗不买下来啊？
   B：喜欢归喜欢，________________。

4. A：这套房子太简陋了，你怎么不重租一套啊？
   B：我的同屋人特别好，________________。

（四）别看老太太岁数大了，但脑子明白得很。

“别看”提出一种情况，紧接着的后一句表示相反的意思，句中常有“可、但是”跟它搭配。多用于口语。例如：

1. 别看他头发白了不少，实际上年龄并不大。
2. 这孩子，别看他年龄不大，知道的事情却不少。
3. 别看有的四合院挺简陋的，可在北京城里也值不少钱呢。
4. 这次旅行，别看花钱不多，但见到的美丽风景可真不少。

即时练习

◇用“别看”完成句子或对话：

1. ________________，舞却跳得很好。

2. ________________，可是穿起来却很舒服。

3. A：他刚学了两年汉语，能当我们的翻译吗？

B：____________________。

4. A：这房子在一层，是不是采光不太好啊？

B：____________________。

（五）听老太太说的这些，让我想起了母亲跟我讲的那些小时候的事情，难怪她总是跟我讲，特别怀念在四合院住的日子。

“难怪”，副词。表示明白了原因，对某种情况就不觉得奇怪。与“怪不得”同义。句子常常由两个分句组成，一句指出结果，一句说明原因，“难怪”用在指出结果的句子里。例如：

（1）这所学校的学生来自一百多个国家，难怪有“小联合国”之称。

（2）国内好的工作机会越来越多，难怪越来越多的留学人员选择回国工作。

（3）难怪这菜这么淡而无味，原来是你忘记放盐了。

（4）难怪他那么小心翼翼，我才知道他是第一次做实验。

即时练习

◇请把“难怪”填在正确的位置上：

1. ________小王常常迟到，________他家离学校很远。

2. ________长城上边风真大，________安娜说冷。

3. ________父亲的脸色比以前好多了，________原来他戒烟了。

◇用“难怪”完成句子：

1. 他做什么你都不乐意，____________________。

2. 她儿子又闹病了，____________________。

3. ____________________，价格这么贵，质量又一般。

（六）……我们真的不应该抛弃自己的文化，更不应该为了某些经济利益而去破坏它们。

“为了……而……”表示为了某种目的而从事某种活动。“为了”后边是目的，“而”后表示某动作。例如：

（1）我不是仅仅为了参加考试而复习，而是为了真正提高自己的外语水平。

（2）他会为了达到目的而使用各种办法，难怪同事们都讨厌他。

（3）这条法律是国家为了保护环境而专门制定的。

（4）随着生活水平的提高，人们不再只是为了吃饱饭而忙碌了。

（5）他说："我决不是害怕，而是不愿为了无价值的事情而付出太多。"

即时练习

◇用"为了……而……"完成句子：

1. 他为了追求那个姑娘____________________。

2. 现在很多人为了房子____________________。

3. 她____________________而选择了这个专业。

4. 我是____________________而去打工的，并不是为了挣钱。

（七）每个人都应该具有保护民族文化的意识，不要轻易丢掉自己的民族文化，否则，谈什么尊严与荣誉呢？

"轻易"，既可做形容词也可做副词，多用于否定。

A. "轻易"做形容词，表示简单容易，多用于否定。"轻易不……"或"轻易……不……"，表示很少、不容易的意思。例如：

（1）我身体很好，轻易不感冒。

（2）张力酒量很大，轻易喝不醉。

（3）这种动物越来越少了，野外轻易找不到了。

B. "轻易"做副词，用在动词前做状语，表示随随便便的意思。例如：

（4）不要轻易跟他开玩笑，他是个很传统的人。

（5）你没有把握的话，就不要轻易答应别人。

（6）你就这样轻易地答应他了？

即时练习

◇用"轻易"完成对话：

1. A: 最近怎么没见到王老师啊？

B: 王老师最近太忙了，____________________。

2. A: 我在北方怎么从来没见过这种水果？

B: 这种水果生长在南方，而且产量很少，____________________。

3. A: 我只在奶奶去世的时候看到过父亲流眼泪。

B: 是啊，____________________。

4. A: 看到孩子那么不听话，我忍不住又批评了他一顿。

B: 教育孩子应该多鼓励多支持，____________________。

课堂练习

（一）根据课文内容判断对错：

(　　) 1. 四合院是北京传统居住形式的代表，而后海四合院是最具北京特色的。
(　　) 2. 故宫其实就是个很大的四合院。
(　　) 3. 正规四合院的厢房都是坐北朝南的。
(　　) 4. 北京的四合院越来越少了，而高楼大厦越来越多了。
(　　) 5. 后海一带游客特别多，只有在那里才能吃到地道的北京菜。
(　　) 6. 最近，“我”常常去北京的四合院做作业。
(　　) 7. “我”去参观母亲曾住过的四合院，在那里遇见了一位老太太。
(　　) 8. 因为游客特别多，居委会请来了很多导游。
(　　) 9. 老太太的很多邻居都从楼房搬回四合院了。
(　　) 10. 老太太觉得楼房没有四合院的平房好，她一辈子都不想搬家。

（二）根据课文内容回答问题：

1. 夏天的晚上在后海河边散步会有一种什么感觉？
2. 为什么说到后海的北京文化就会想到四合院？请简单谈一下四合院的历史。
3. 正规四合院的结构是什么样的？其中庭院有什么功能？
4. 随着时代的发展，北京的四合院发生了什么变化？
5. 人们现在意识到四合院的重要性了吗？为什么？
6. 游客来到后海一般都会做些什么？
7. “我”母亲曾经住过的四合院现在怎么样？
8. 课文中的老太太觉得四合院和楼房相比有什么好处？

（三）课堂讨论：

1. 课文里的老太太觉得住四合院比住楼房好多了，你同意吗？为什么？

2. 课文中说“每个民族的文化就像一把剑，捍卫着整个民族的尊严与荣誉”，你赞成这样的看法吗？你认为应该怎样保护民族文化？

（四）课堂活动：

活动一

填图比赛

要求：两人一组进行，一人负责找出课文中跟四合院的布局有关的名称，另一人负责填在下图中合适的位置。看哪个小组填得又对又快。

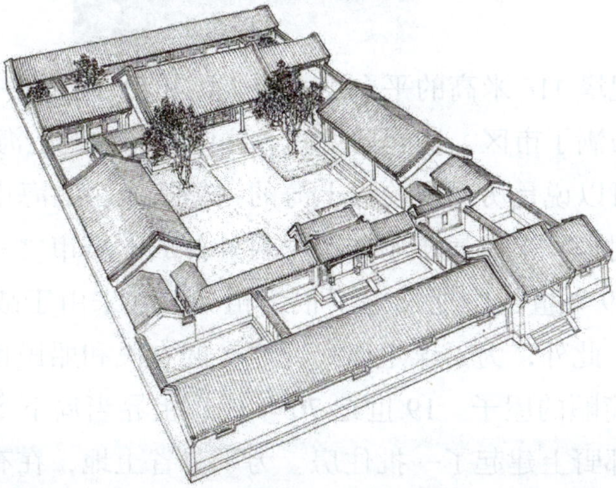

活动二

根据老师发给大家的材料，整理一下别的国家传统住宅的情况。

要求：四人一组，每人手里一份介绍某个国家传统住宅的文章，要求轮流问答，最后整理出关于传统住宅的调查报告。请至少选择以下几个问题进行调查。

1. 这个国家的传统住宅叫什么？
2. 他们的传统住宅有多少年的历史？
3. 传统住宅的布局是什么样的？
4. 这个国家对传统住宅的保护情况怎么样？
5. 对传统住宅的保护跟现代化建设有没有矛盾？
……

下面的词语和句式可以帮助你表达：

散发　完善　变迁　完好　宣扬　抛弃　舍不得　特地

距　别看　难怪　轻易　为了……而……

扩 展 阅 读

上海的石库门

站在上海电视塔116米高的平台上，看上海市区，只见一排排低矮的红色屋顶连成大片的住宅布满了市区。询问后得知，这些住宅便是上海有名的石库门房子。

石库门房子可以说是历史留给大上海的一笔遗产。上海市规划设计院的徐教授在介绍它的来历时说，上海属于中国最早对外开放的城市之一，开放之初，西方人纷纷来到上海，19九世纪中期设立了很多租界。后来由于战乱，许多内地的有钱人也住进了租界。此外，为了谋生而离开家乡的农民和船民也来到上海，在租界里的工厂附近盖起简陋的屋子。19世纪70年代，租界当局下令拆掉这些工房，同时地产商在原来的郊野上建起了一批住房。为了节省土地，在有限的面积上容纳更多的人，并容易为中国人所受，这些住房采取了被西方人称为“联排房屋”的建筑形式。这就是石库门房子。

我的一位同事的朋友周太太就是石库门房子的老住户。当我来到她家门口时，面对的是一座高高的用石头做成的门框和两扇乌漆大门，有一个半圆形的装饰图案，上面的花纹很简洁，具有欧洲古建筑装饰图案的风格，难怪被称作石库门。我用力地拍打着门，等了好一会儿才听到开门的声音。周太太已经七十来岁，对她来说，这门太沉重了。走进门，是一个不太大的天井，高墙下面栽着一些绿色植物，给小院平添了一股生气。周太太说，院墙高可以防火，还可以防盗，使人有一种安全感。正厅叫前客堂，与前客堂相隔的是后客堂，再往后走是厨房和通向后弄堂的门。上海人习惯从后门出入，难怪刚才在前门敲门就要等一会儿。这里还有一个原因，上楼的小扶梯就在厨房与后客堂之间，距后门比前门要近一些。扶梯很陡，脚下的木板吱吱作响，告诉我这房子的年岁。扶梯转弯处的房间叫亭子间，它低矮窄小、采光差。楼上是周太太的卧室，还有一个小门可通阳台。阳台不大，放了些花盆，还晒着衣服。站在那里，左邻右舍的居室尽收眼中，甚至对面人家在做什么菜都看得清清楚楚。

一排连着一排的石库门组成了庞大的弄堂。上海民居有“弄”的称法，其他城市的人甚至读不准这个词的音，其实，“弄”只是不同于街面房子的“胡同”的通称。早期的石库门大多叫弄、里，就是我们常说的“里弄”，又叫“弄堂”。许多弄堂口都装有大门，晚上将门一关，一条弄堂就是一个独立的单位。弄堂也为人们的生活提供了更多的空间。夏天的晚上，弄堂里更是异常热闹。人们在这里乘凉、下棋、打扑克，孩子们在这里做功课，玩耍，热到忍受不下去的时候，许多人干脆把躺椅摆出来在这里过夜。

周太太告诉我，因为住得挤，邻居间难免为一些小事发生争吵。不过，在他们看来，住石库门好处还是很多的。石库门的住户一般都是多年的老邻居，互相比较了解，也比较关照。事实上，同在一个厨房烧饭，一家吃鱼，全楼闻味，关系自然比较亲近。在一条晾了许多衣服的弄堂里，我就看到这样的情景：一条床单掉在地上，坐在一旁乘凉的老太太马上喊叫起来，并把床单拾了起来。此外，石库门房子大都在上海商业区附近，沿街的石库门房子也多是各类店铺。住在这样的地方，不仅交通四通八达，上下班方便，而且买东西尤其方便。周太太家距上海最繁华的南京路只有几步路。由此，我也多少理解了上海石库门的老住户。他们很多人都舍不得离开老房子，不愿意搬到郊区单元式的楼房里去住。

在漫长的岁月里，大上海的小市民曾在石库门里辛苦地度日，文人、学者、艺术家也曾在此创作他们的作品，旧时在石库门里还曾开设有工厂、银行、旅馆、报社、学校等。随着时代的发展，很多人都住上了新房子，不过仍有很多上海人住在石库门里，编织着新时代的故事。要了解上海的昨天和今天，就应该特地去那儿看看石库门和住在里面的人们。

（摘自中国网，作者：梅芝。有删改。）

（一）阅读短文判断对错：

(　　)1. 石库门房子是上海一直就有的古老建筑。

(　　)2. 西方人 19 世纪中期在上海设立了很多租界。

(　　)3. 石库门上的花纹具有欧洲现代建筑装饰图案的风格。

(　　)4. 石库门房子大多数在上海商业区的附近。

(　　)5. 周太太的家离上海最繁华的北京路只有几步路。

（二）根据短文内容，选择正确答案（可单选也可多选）：

1.“为了谋生而离开家乡的农民和船民也来到上海……”这里的“谋生”是什么

意思？（　　）

A. 商议生活方面的事　B. 寻找维持生活的手段　C. 主意和生活

2. 根据课文，石库门的房子院墙高可以：(　　)

A. 防火　B. 防盗　C. 使人有安全感

3. 根据课文，“亭子间”是指：(　　)

A. 楼梯上方的房间　B. 楼梯转弯处的房间　C. 楼梯下方的房间

4. 上海居民把“弄”又叫做：(　　)

A. 里　B. 里弄　C. 弄堂

5. “我也多少理解了上海石库门的老住户”，这句话中“多少”的意思是：(　　)

A. 多和少　B. 不多不少　C. 或多或少

（三）理解短文后回答问题：

1. 在上海，什么样的建筑被称为石库门房子？为什么要建造石库门房子？

2. 通过石库门可以了解到上海历史文化的哪些方面？

24 沙漠之殇

课前提示

1. 在你成长的过程中，你做事情时是喜欢寻求他人帮助还是喜欢靠自己？
2. 你觉得依赖他人有什么好处有什么坏处？

课堂学习

词语

24-1

1	殇	shāng	（动）	to die young
2	干旱	gānhàn	（形）	droughty, arid, dry 干旱地区
3	号召	hàozhào	（动）	to call, to appeal 号召大家参加活动
4	移民	yímín	（名）	migrant, emigrant, immigrant 新移民
5	钻井	zuànjǐng	（动）	well drilling 在这里钻井
6	安装	ānzhuāng	（动）	to install, to fix 安装机器　安装软件　重新安装　及时安装 安装得很顺利
7	风车	fēngchē	（名）	windmill 安装风车
8	发放	fāfàng	（动）	to provide, to grant, to distribute 发放工资　发放贷款

9	津贴	jīntiē	（名）	allowance, subsidy 发放津贴　没有津贴
10	免除	miǎnchú	（动）	to exempt, to relieve, to remit, to dismiss 免除学费　免除……（的）责任 免除（参军的）义务 无法免除　全部免除　完全免除 （1）他同意免除我们的部分学费。 （2）中国已经免除了农业税。 （3）原来的领导因为犯了错，已经被免除了职务。
11	税款	shuìkuǎn	（名）	tax payment, taxation 上交税款　免除税款
12	批	pī	（量）	group, batch 一批纸张　一批游客　大批货物　首批居民 一大批科学家 （1）今年第一批到澳大利亚旅行的游客已经出发。 （2）他用三个月的时间，创作了一大批歌曲。 （3）昨天运来的那批货物已经发放给当地居民了。
13	池塘	chítáng	（名）	pool, pond 一个池塘
14	依旧	yījiù	（动）	as before, still, as usual 风沙依旧　风景依旧
15	生机	shēngjī	（名）	life, vigour 充满生机
16	种植	zhòngzhí	（动）	to plant, to grow 种植树木
17	防沙林	fángshālín	（名）	sand-break, sand-break forest 种植防沙林
18	庄稼	zhuāngjia	（名）	crops 庄稼地　种植庄稼
19	建造	jiànzào	（动）	to build, to make, to construct 建造房屋　建造花园
20	绿洲	lǜzhōu	（名）	oasis 一片绿洲
21	定居	dìng//jū	（动）	to settle down in, to be domiciled in 回国定居　定居下来

22	袋鼠	dàishǔ	（名）	kangaroo 一只袋鼠
23	考拉	kǎolā	（名）	koala 一只考拉
24	查阅	cháyuè	（动）	to consult, to look up 查阅资料　查阅文章
25	丝	sī	（量）	tiny bit, trace 没有一丝水分，　一丝风
26	无比	wúbǐ	（形）	incomparable, unparalleled 无比强大　无比幸运　无比幸福 热烈无比　英勇无比　巨大无比 （1）长城作为无比珍贵的历史文物，应该受到很好的保护。 （2）这位艺术家受到了观众无比热烈的欢迎。 （3）这场比赛他们赢得惊险无比。
27	珍贵	zhēnguì	（形）	valuable, precious 珍贵的资料　珍贵无比
*28	幸亏	xìngkuī	（副）	fortunately, luckily
29	延续	yánxù	（动）	to continue, to go on, to last 不断延续生命
30	品尝	pǐncháng	（动）	to taste, to sample, to savour 品尝美味　亲自品尝
31	抵挡	dǐdǎng	（动）	to withstand, to keep out, to ward off 抵挡不住　抵挡严寒
32	诱惑	yòuhuò	（动）	to tempt, to lure, to attract 诱惑别人　诱惑年轻人　极力诱惑　无法诱惑 诱惑力　经得起诱惑　经不起诱惑 抵挡不住诱惑　充满诱惑　巨大的诱惑 （1）窗外的美丽景色诱惑着大家，没有人安心学习了。 （2）我想减肥，但还是难以抵挡美食的诱惑。 （3）有趣的电子游戏对孩子当然具有诱惑力。
33	光顾	guānggù	（动）	to patronize, to visit (a shop/store, restaurant, etc.) 常常光顾　不时光顾

34	庆幸	qìngxìng	（动）	to congratulate oneself, to rejoice 值得庆幸　感到庆幸　应该庆幸 令人庆幸　万分庆幸　暗暗庆幸 （1）昨晚他家被偷了，不过值得庆幸的是，他最珍贵的那块玉石还在。 （2）当他得知地震后家人都还活着，感到万分庆幸。 （3）张先生庆幸自己因改变计划而躲过了灾难。
35	工程	gōngchéng	（名）	engineering, project 防沙林工程　工程管理
36	害虫	hàichóng	（名）	pest, destructive insect 消灭害虫
37	当年	dāngnián	（名）	in those years, in those days 回想当年　当年的收成
38	收成	shōucheng	（名）	harvest, crop 好收成　收成不好　获得好收成
39	纳税	nà//shuì	（动）	to pay taxes, to pay duties 纳过税　按时纳税
40	机械化	jīxièhuà	（动）	to mechanize 机械化生产　农业机械化
41	农田	nóngtián	（名）	farmland, cultivated land 一片农田
42	鲜嫩	xiānnèn	（形）	fresh and tender 鲜嫩的蔬菜　鲜嫩的树叶
43	粒	lì	（名）	grain, granule, pellet 米粒　玉米粒　盐粒
44	口感	kǒugǎn	（名）	texture of food 口感不错　口感不好
*45	不曾	bùcéng	（副）	never (did)
46	丰收	fēngshōu	（动）	bumper harvest, big harvest 丰收的景象　大丰收
47	偿还	chánghuán	（动）	to repay, to pay back 偿还贷款　偿还借款　无法偿还　按时偿还 偿还得了　偿还不了 （1）银行要求我们公司尽快偿还贷款。 （2）碰到经济危机，现在我们无法按时偿还这笔钱了。 （3）咱们家只靠你打工这点儿收入是偿还不了银行借款的。

48	求助	qiúzhù	（动）	to seek help, to ask sb. for help 向警察求助
*49	何苦	hékǔ	（副）	why bother, quite unnecessarily
*50	毕竟	bìjìng	（副）	after all, all in all, in the final analysis
51	荒芜	huāngwú	（动）	to lie waste, to go out of cultivation 荒芜的土地
52	尸体	shītǐ	（名）	dead body (of a human being or animal) 动物的尸体
53	求生	qiúshēng	（动）	to seek survival 求生训练
54	本能	běnnéng	（名）	instinct 本能的反应　求生的本能
55	后代	hòudài	（名）	descendants, offspring 张家的后代
*56	一旦	yídàn	（副、名）	some day, once; in a very short time, in one day
57	来临	láilín	（动）	to arrive, to come, to approach 即将来临　春天来临
58	测算	cèsuàn	（动）	to measure and calculate 测算一下　反复测算
59	灭绝	mièjué	（动）	to become extinct, to die out 即将灭绝　已经灭绝
60	物种	wùzhǒng	（名）	species 许多物种
61	屠杀	túshā	（动）	to massacre, to slaughter, to butcher 遭到屠杀　大屠杀
62	纵容	zòngróng	（动）	to connive, to wink at 纵容不良行为
63	断绝	duànjué	（动）	to sever, to break off, to cut off 断绝关系　断绝往来
64.	援助	yuánzhù	（动）	to help, to support, to aid, to assist 援助受害者　援助受难者　援助别人 援助某个国家　国际援助　经济援助 法律援助　紧急援助　积极援助 （1）他们正在紧急援助地震的受害者。 （2）经济危机之后，这个国家非常需要国际援助。 （3）这位律师放弃了高收入，前往贫困地区进行法律援助。

专有名词

1	澳大利亚	Àodàlìyà	Australia
2	库杜阿拉井	Kùdù'ālājǐng	*name of a place in the Great Sandy Desert in Australia*
3	曼宁	Mànníng	Manning, *name of a person*

课文

24-2

沙漠之殇[1]

澳大利亚的库杜阿拉井是全球最干旱[2]的地区之一。2001年，澳大利亚政府号召[3]沿海居民去那儿发展农业，并派专业人员为新移民[4]钻井[5]、安装[6]家用风车[7]发电，每月还发放[8]津贴[9]，同时免除[10]所有税款[11]。45岁的曼宁，作为首批[12]新移民，带着一家五口，成为那儿的第一户人类居民。

当曼宁一家到达目的地时，房屋已经建好，地下水已经抽出，流进了屋后的池塘[13]，风车不停地转着，家里灯光明亮。虽然风沙依旧[14]，但那儿显然充满了生机[15]和希望。曼宁制订的计划是：先用三年时间在自己的居住区周围种植[16]防沙林[17]，除此之外，再种植玉米等不太怕干旱的庄稼[18]，用自己的双手建造[19]一片沙漠中的绿洲[20]。

在那儿定居[21]后，曼宁发现自己竟然还拥有很多邻居——骆驼、袋鼠[22]、考拉[23]……曼宁查阅[24]了一些相关资料后，不禁对它们产生了几分尊敬和欣赏：为了一点点水或食物，它们可以走上30公里；没有水的季节，它们可以靠树叶草根中很少的水分生存两个月；它们甚至可以挖一米多深的坑，只为吮吸一下带着一丝[25]水分的泥土……这片土地的水无比[26]珍贵[27]，幸亏[28]它们个个都是生存专家，要不然难以延续[29]自己的生命。

曼宁很高兴能改变这些邻居们的生活条件。地下水已经抽进池塘，池塘里的水很快就吸引了那些邻居。它们先是远远地看着，伸出舌头品尝[30]空气中潮湿的味道，最后终于无法抵挡[31]诱惑[32]，一头扎进了池塘。半个月后，曼宁家的池塘就成为附近动物最集中的地方。随着曼宁种植的小树慢慢长大，动物们不时地前来光顾[33]，他家好像变成了一个动物园：小树林外居住着成群的骆驼，树下躺着袋鼠，树干上还有正享受树叶的考拉……曼宁很庆幸[34]自己的选择，他非常享受这种人与动物和睦相处的日子。

防沙林工程[35]完成后，曼宁开始种植玉米。库杜阿拉井虽然干旱，但阳光充足，几乎没有害虫[36]。在地下水的浇灌下，曼宁当年[37]就获得了好收成[38]，玉米的质量非常好，况且还不用纳税[39]，曼宁的生活很快就富裕起来。

兴奋的曼宁索性贷款买了一批机器，开始了机械化[40]的生产。曼宁的农田[41]越来越多，邻居们的生存也越来越容易：玉米大面积种植后，解决了饮水问题的它们再也不用为食物担忧了。肚子饿了，就钻进玉米地里——鲜嫩[42]的玉米粒[43]、口感[44]极好的玉米叶……都是它们不曾[45]品尝过的美味。吃了这样的美食后，以前的树叶草根再也引不起它们的兴趣了。它们把曼宁的农田当作自己的食堂，玉米地遭到了严重的破坏。

曼宁的收成减少了，随之而来的是收入的减少，可银行贷款非按时偿还[46]不可。曼宁本来打算丰收[47]后偿还贷款，可现在却无法实现，他不得不向动物专家求助[48]。专家告诉他：如果早早做好准备工作，让动物们明白庄稼地是危险的地方，也许可以避免它们破坏庄稼。但现在，它们全都认为那儿是最好的食物来源，再也赶不走了。付出了那么多，收成却那么少，曼宁何苦[49]继续留下来呢？无可奈何的他只能选择离开，虽然他也舍不得那些动物，但毕竟[50]自己的生活更重要。曼宁一家离开后，风车不转了，池塘里也没水了，曾经充满生机的农田也慢慢荒芜[51]了。

半年后，有人发现了无数的动物尸体[52]。动物学家对这些尸体进行检查后发现，它们竟然都是因为饥渴而死！在曼宁一家待在那儿的五年里，它们习惯了不为食物饮水发愁，因此失去了求生[53]的本能[54]。它们的后代[55]，唯一学会的就是去池塘饮水、去农田寻找食物。一旦[56]池塘无水、农田荒芜，它们就只能等待死神的来临[57]。据专家测算[58]，库杜阿拉井的动物，至少经过数万年才形成能在沙漠中生存的能力。可仅仅五年不需要为生存担忧的日子，就让它们的后代毁于一旦。

有时候一个物种[59]的灭绝[60]，并不是因为屠杀[61]，对它们纵容[62]一点儿，当它们养成依赖习惯后，突然断绝[63]所有援助[64]，死亡可能会随时来临……

（选自《晚报文萃》，作者：陈俊。有删改。）

语 言 点 例 释

（一）先用三年时间在自己的居住区周围种植防沙林，除此之外，再种植玉米等不太怕干旱的庄稼……

“除此之外”也可以说“此外”，是一个固定格式，表示除了上面所说的事物或情况之外的。用来连接小句、句子或者段落。例如：

（1）他英语、汉语都很流利，除此之外，还会一点儿法语。

（2）这儿有很多动物，比如袋鼠、考拉等，除此之外，还有很多叫不上名字的植物。

（3）这是他能找到的最好的方法了，除此之外，没有别的办法能解决问题。

（4）他主要从事翻译工作，此外，偶尔给报社写稿。

即时练习

◇用“除此之外”完成句子：

1. 他来中国主要是做生意，________________________。

2. 春节他想去云南旅行，________________________。

3. 她特别喜欢画画儿，________________________。

4. 他周末经常去打羽毛球，________________________。

（二）这片土地的水无比珍贵，幸亏它们个个都是生存专家，要不然难以延续自己的生命。

“幸亏”，副词，表示由于出现的有利条件而避免了某种不利的事情。一般用在前一分句，提出有利条件，后面多有“要不然、要不、不然、否则、才”等与之搭配。例如：

（1）幸亏小张提前做了安排，不然我们现在连睡觉的地方都没有。

（2）幸亏你提醒了我，要不我肯定抵挡不住这巨大的诱惑。

（3）幸亏他没有放弃研究工作，否则不会拥有今天的成绩。

（4）他幸亏是带了雨伞，要不然肯定被淋湿了。

（5）他幸亏抢救及时，才把命保住了。

即时练习

◇用“幸亏”完成对话：

1. A：这次考试这么难，你考得怎么样？

B：________________，要不这次考试又不及格了。

2. A：没想到竟然会有这么多人报名。

B：________________，要不然连名都报不上。

3. A：今天上班路上没堵车吧？

B：嗯，________________，否则又要遭到老板的批评了。

4. A：你总算把这件事做完了。

B：________________，我才能一个小时内做完。

（三）这片土地的水无比珍贵，幸亏它们个个都是生存专家，要不然难以延续自己的生命。

“个个”量词重叠，表示每一个的意思。汉语里，有的量词可以重叠，表示“每”的意思，如“件件”“桩桩”“回回”。重叠的名量词不可以出现在宾语的位置上，也不能修饰宾语。例如：

（1）这些衣服件件我都喜欢。

（2）不论大事小事，桩桩他都认认真真地去做。

（3）打开他的本子一看，张张上面都写满了汉字，难怪他成绩那么好。

（4）母亲生病住院，回回都是他跑前跑后，真是个好孩子。

即时练习

◇判断下列用量词重叠形式的句子是否正确：

(　　) 1. 她非常能干，家里的件件事情都办得让人称赞。

(　　) 2. 这些孩子真可爱，我喜欢个个。

(　　) 3. 她文章写得很棒，篇篇都得到了老师的表扬。

(　　) 4. 这个商场不错，我想买件件衣服。

（四）鲜嫩的玉米粒、口感极好的玉米叶……都是它们不曾品尝过的美味。

“不曾”，副词，“曾经”的否定。“曾经”表示以前有过某种行为或情况，但现在已经结束，后面常常带“过”。“不曾”更多用于书面。例如：

（1）母亲为孩子付出了很多心血，却不曾想过任何回报。

（2）他不曾来过中国，可他对古老的东方文化却无比热爱。

（3）他一生辛苦地工作，不曾有一句埋怨的话。

（4）我从来不曾指望你考上名牌大学，没想到你竟然考上了。

即时练习

◇用“不曾”完成句子：

1. 他________________公司还有这样漂亮的一位女士。

2. 不管事情处理得多么糟糕，他________________。

3. 我的孩子从小就很懂事，________________。

4. 他工作能力很强，________________。

（五）曼宁的收成减少了，随之而来的是收入的减少，可银行贷款非按时偿还不可。

“非……不可”，副词“非”和语气助词“不可”（或“不行”、“不成”）呼应，构成“非……不可（不行 / 不成）”的固定格式。“非”后面多为动词、动词性词语、指人的名词、代词或者小句。表示的意思是“一定要……”“必须要……”或“一定会……”，例如：

（1）任何一种语言都不是轻易可以学好的，非下苦功夫不成。

（2）他发誓非考上研究生不可。

（3）这份工作非你来做不可，别的人都干不了。

（4）你看天阴成这样，非下雨不可。

注意：在口语中，“非”后面如果是“要”、“得”或者动词性词语时，“不可”常省略。例如：

（5）让他去吧，他不去；不让他去吧，他却非要去。

（6）大夫非让他住院，他也无可奈何。

即时练习

◇用“非……不可”完成句子：

1. 他感冒得很厉害，我们都不让他去上班，可________________。

2. 对青春期的孩子不能管得太多，否则他们________________。

3. 大家都不懂意大利语，所以翻译的事________________。

4. 你把奶奶舍不得扔的东西都扔了，她________________。

5. 你工作这么累，而且连周六日都不能休息，我觉得________________。

（六）付出了那么多，收成却那么少，曼宁何苦继续留下来呢？

“何苦”，副词。意思是何必自寻烦恼，用反问的语气表示这样做不值得，跟“何必”“不必”的意思差不多，句末还常用“呢”。例如：

（1）这件事一点儿都不难，你何苦为这么一件小事发愁呢？

（2）我去商店可以顺便给你买回来，你何苦再去一趟呢？

（3）你病得这么厉害，何苦还要去上班呢？

“何苦＋呢”还常一起用于句末。例如：

（4）冒着这么大的雨去踢足球，何苦呢？

（5）每个月非要还这么多的贷款，这是何苦呢？

即时练习

◇用“何苦”改说句子：

1. 这个工作工资一点儿都不高，干吗还这么辛苦地工作啊？

2. 他已经不喜欢你了，还非要跟他做朋友，真是没必要。

3. 赚了钱都存起来，舍不得花，没必要吧。

4. 他都已经道歉了，你还在这儿生气，太不值得了。

（七）无可奈何的他只能选择离开，虽然他也舍不得那些动物，但毕竟自己的生活更重要。

“毕竟”，副词。强调事物的状态、性质或特点，表示不管怎么说，事实还是这样，不会改变，即使有了新变化，也不能忽略这个事实。有时候用在句中强调原因。例如：

（1）虽然她的汉语说得很流利，但毕竟是外国人，发音还是不太标准。
（2）小张毕竟已经长大了，相信他能处理好自己的事情。
（3）公共汽车便宜归便宜，但毕竟人多，太挤了，我还是喜欢骑车去上班。
（4）成绩是没有上次的好，但你毕竟还是这次比赛的第一名。
（5）你怎么能这么对他说话呢？他毕竟是你的老板。

即时练习

◇用“毕竟”完成对话：

1. A：你每天怎么去上班？

B：坐地铁啊，地铁挤归挤，但________________________，肯定不会迟到。

2. A：北京烤鸭真好吃，我希望可以天天吃烤鸭！

B：烤鸭确实好吃，但________________________，不能天天吃。

3. A：你觉得新来的同事怎么样？

B：________________________，所以还不是特别了解。

4. A：桌子上的水果还能吃吗？

B：那些水果已经不那么新鲜了，________________________。

5. A：我已经三天没跟他说话了。

B：那怎么行啊？快去认个错吧，________________________。

（八）一旦池塘无水、农田荒芜，它们就只能等待死神的来临。

“一旦”，副词。指的是不确定的时间，表示有一天。可以用在还没有发生的情况，意思是要是有一天，或者突然、一下子；也可以用在已经发生的情况，意思是忽然有一天。都是表示有了某种条件，就会产生某种相应的结果。例如：

（1）新产品一旦销售成功，就可以为公司带来巨大的利益。
（2）这件事千万不能出错，一旦出错，就会造成巨大的损失。
（3）他平常性格温和，可是一旦发起脾气来，也很让人害怕。

（4）我们大学曾一起生活了四年，一旦离别，怎么能不想念呢？

即时练习

◇用“一旦”完成句子：

1. ______________________，问题就很容易解决了。
2. ______________________，就赶快给我打电话。
3. 这种动物很聪明，______________________，就会马上逃跑。
4. 在这儿生活了这么多年，______________________，还真是不太适应。
5. 森林如果不注意防火，______________________。

课堂练习

（一）根据课文内容判断对错：

（　　）1. 曼宁一家是库杜阿拉井的第一户人类居民。
（　　）2. 玉米比较怕干旱，不太适合在沙漠里种植。
（　　）3. 刚到库杜阿拉井时，曼宁发现他的邻居个个都是生存专家。
（　　）4. 曼宁家的池塘一下子就把他家的邻居吸引了过来。
（　　）5. 曼宁在库杜阿拉井时，一直都享受人与动物和睦相处的日子。
（　　）6. 曼宁一到沙漠就开始了机械化的农业生产。
（　　）7. 曼宁家的邻居不再为饮水发愁了，但始终因为找不到食物而发愁。
（　　）8. 曼宁爱动物，但他并不觉得动物比自家的生活还要重要。
（　　）9. 动物们认为曼宁家的庄稼地是最好的食物来源。
（　　）10. 曼宁的邻居们有的因为饥渴而死，有的则是因为遇到了强大的敌人。

（二）根据课文内容回答问题：

1. 曼宁一家为什么要到库杜阿拉井生活？
2. 从课文中可以知道，刚到库杜阿拉井时，曼宁的未来计划是什么？
3. 曼宁没来之前，为了一点点饮水和食物，曼宁的邻居们是怎么努力的？
4. 曼宁首次种植的玉米为什么可以得到好收成？
5. 曼宁到来之后，邻居们还需要为饮水和食物担忧吗？为什么？
6. 最后曼宁为什么选择离开了库杜阿拉井？
7. 曼宁一家无可奈何地离开以后，动物们的结局怎么样？

（三）课堂讨论：

1. 曼宁作为首批新移民，成为库杜阿拉井的第一户人类居民。你愿意像他那么做吗？为什么？

2. 这篇课文最后说，“有时候一个物种的灭绝，并不是因为屠杀，对它们纵容一点儿，当它们养成依赖习惯后，突然断绝所有援助，死亡可能会随时来临……”请问你怎样理解这段话？你同意这样的说法吗？为什么？

（四）课堂活动：

活动一

填写量词。

四人一组进行比赛：本篇课文中出现了两个名量词，即“首批新移民”的“批”和“一丝水分”的“丝”。你知道下面这些名词要跟哪些量词组合吗？看看哪个小组说得又对又快。

一（ ）井	一（ ）本能	一（ ）误会	一（ ）尸体
一（ ）风车	一（ ）津贴	一（ ）庄稼	一（ ）工程
一（ ）微风	一（ ）走廊	一（ ）公寓	一（ ）厢房
一（ ）庭院	一（ ）金鱼	一（ ）骑士	一（ ）骆驼
一（ ）相声	一（ ）小米	一（ ）岁月	一（ ）尿布

活动二

做一个小调查。

要求：四人一组，角色轮换调查，看看你的同学做事情时喜欢靠自己还是寻求别人的帮助。请谈谈靠自己和获得帮助分别有什么好处，在同学的成长过程中，有没有遇到过类似课文中的情况，最后整理出本小组的调查报告。

下面的词语可以帮助你表达：

依旧　无比　珍贵　诱惑　庆幸　求助　本能　纵容　援助

一旦　幸亏　不曾　毕竟　除此之外　何苦　非……不可

扩展阅读

不做温水里的青蛙

美国康奈尔大学做过一次有名的实验，他们把一只青蛙突然丢进煮沸的油锅里，这只反应灵敏的青蛙在这个生死关头，用尽全力跳出了那可能使它死亡的滚滚油锅，跳到地面安全地逃生。隔半小时，他们使用一个同样大小的铁锅，这一回在锅里放满冷水，然后把那只死里逃生的青蛙放在锅里。这只青蛙在水里不时地来回游动。接着，实验人员偷偷在锅底下用炭火慢慢加热。青蛙仍然在微温的水中享受“温暖”，等它开始意识到锅中的水温已经使它受不了，必须奋力跳出才能活命时，一切已经太晚了。它全身瘫痪，呆呆地躺在水里，最终在铁锅里面死亡。

上面这个实验广为人知。其实，只要有环境的作用，人们都可能成为温水里的青蛙，甚至最后被煮熟了都不知道，尤其是高中生们，在完成高考升入大学后，很容易一下子放松下来。让我们现在一起来细数下大学里面潜在的“温水”吧，请各位后来的学子多加注意。

一、时间

大学里最充足的就是时间，初来大学，我们往往觉得像从笼中放飞的小鸟。但时间一多，许多人反而不知道干什么好；即便干了，许多人也干不长久。于是，荒废时日，到头来，四年时光一晃而过，好像做了一场梦，梦醒就到毕业，毕业就面临着失业。于是有的学子只好回家守着父母，从此，世上便多了一支数不胜数的“啃老族”。

二、学习

大学里的学习不同于中学。记得我初次听到学长说大学老师只上课、上完就走的描述时无比兴奋。心想，终于没人看着了！但是，我发现：没有人管理的学习更需要自己管好自己。否则，难免面临补考。到开学时，看着成绩单上糟糕的数字和需要补交的补考费，你才会明白“后悔”一词的经济意义。

三、游戏

游戏是人的天性，但是，却不能迷恋游戏。遗憾的是，许多学子并没有很好的自制能力，一旦进入，就沉迷其中。其实，游戏本身并非坏事，可以训练意志、提高神智、放松心情。但过度的游戏就像那逐渐沸腾的温水，磨灭了你对其他美好事物的追求和向往。连如今的名人李开复在《与未来同行》中都曾坦白：“我在高中时很守规矩，从不玩这种游戏（注：类似投币游戏机），到了大学，一下子没有了家长的约束，比较自由，于是才开始玩游戏。回头想想，当时的我还是很幸运的，因为这些游戏不够精彩，没有让我真的沉迷下去，否则说不定我就会沉迷网吧，毁了一生。”

四、恋爱

恋爱本是情投意合的好事，是人生的一大必要经历。的确，不少学子在大学时找到了人生的另一半。然而，也有不少人因此荒废了其他事情，只沉迷其中。恋爱是最温的水，最容易让人沉醉。也许人生总要经历一场失恋才算完整。其实，失恋只是失去一朵花，而你拥有的仍然是整个春天。

五、打工

打工也是经历，可是有不少人以打工为主业，更以学校的不少职位为“福利”。有人认为这个职位就是他的，甚至这份奖学金属于自己也是理所应当；如果给了别人，便一万个不乐意。有人因此争来争去，甚至运用各种手段，浪费了很多宝贵的时间。其实，如果除了打工还能照顾到学习，这种自信、自立、自强的精神才真是让人佩服。

当然，这里仅列举了若干“温水”，我们刚进入其中往往没有刺激的反应，但它足可以“温柔地杀死你”。面对这些潜在的“糖衣炮弹”，后来者要千万小心。也许有些人看了仍然毫不在意：“吃了糖衣，炮弹还给你！”可惜，我们很多人并非高人，能控制这种局面的人少之又少啊！

（作者：蔡宁伟。有删改。）

（一）阅读短文判断对错：

（　　）1. 把青蛙突然丢进煮沸的油锅里，它会奋力跳出安全逃生。

（　　）2. 文章里的“我”发现：没有人管理的学习更需要自己管好自己。

（　　）3. 名人李开复在高中的时候就特别爱玩游戏。

（　　）4. 有不少大学生沉迷于恋爱，荒废了其他事情。

（　　）5. 跟大学生活相比，高中生活有更多潜在的“糖衣炮弹”。

（二）根据短文内容，在A、B、C中选择正确的答案：

1. “全身瘫痪”的意思是：（　　）

A. 一动也不想动

B. 一动都不能动

C. 变得很呆

2. 文章里的"温水"，指的是：(　　)

A. 不是特别热的水

B. 温暖的环境

C. 让人放松的环境

3. "啃老族"指的是：(　　)

A. 等到老了再工作的年轻人

B. 等到老了拿退休金的年轻人

C. 成年却一直依靠父母的年轻人

4. 文章中"你才会明白'后悔'一词的经济意义"，这句话的意思是：(　　)

A. "后悔"这个词语有经济学的意义

B. 后悔是要付出代价的，要交补考费

C. 因为交了补考费而后悔

5. 游戏的哪个优点文中没有提到？(　　)

A. 放松心情

B. 提高神智

C. 认识朋友

（三）理解短文后回答问题：

1. 文章中提到了美国康奈尔大学一个有名的实验，请你介绍一下这个实验。

2. 文章中提到了哪几个大学里可能潜在的"温水"？你同意这种说法吗？为什么？

词语总表

A

暗暗	àn'àn	（副）	18
按揭	ànjiē	（动）	14
安装	ānzhuāng	（动）	24

B

掰	bāi	（动）	19
白领	báilǐng	（名）	19
柏油	bǎiyóu	（名）	23
摆设	bǎishe	（名）	19
拜访	bàifǎng	（动）	23
半岛	bàndǎo	（名）	22
包装	bāozhuāng	（名）	17
保险	bǎoxiǎn	（名、形、动）	13
悲伤	bēishāng	（形）	15
北极	běijí	（名）	15
背地里	bèidìli	（名）	14
被窝	bèiwō	（名）	19
本能	běnnéng	（名）	24
毕竟	bìjìng	（副）	24
弊	bì	（名）	16
避免	bìmiǎn	（动）	15
臂	bì	（名）	22
编辑	biānjí	（名）	19
便利	biànlì	（形）	21
便于	biànyú	（动）	23
变换	biànhuàn	（动）	15
变迁	biànqiān	（动）	23
辩解	biànjiě	（动）	18
别扭	bièniu	（形）	18
并非	bìngfēi	（副）	22
病毒	bìngdú	（名）	16
剥夺	bōduó	（动）	17
不妨	bùfáng	（副）	21
不计其数	bú jì qí shù		21
不觉	bùjué	（副）	14
不利	búlì	（形）	15
不良	bùliáng	（形）	13
不料	búliào	（连）	21
不满	bùmǎn	（形）	13
不时	bùshí	（副）	18
不由得	bùyóude	（副）	14
不曾	bùcéng	（副）	24
不止	bùzhǐ	（动）	14
不至于	búzhìyú	（副）	16
布局	bùjú	（名）	23
簿	bù	（名）	13

C

采光	cǎiguāng	（名）	19
采用	cǎiyòng	（动）	22
参与	cānyù	（动）	17
餐饮	cānyǐn	（名）	23
藏	cáng	（动）	15
草莓	cǎoméi	（名）	17
侧	cè	（名）	22
测算	cèsuàn	（动）	24

查阅	cháyuè	（动）	24
差异	chāyì	（名）	14
拆	chāi	（动）	23
产	chǎn	（动）	21
产物	chǎnwù	（名）	15
偿还	chánghuán	（动）	24
常见	chángjiàn	（形）	16
潮	cháo	（形）	19
沉迷	chénmí	（动）	16
称号	chēnghào	（名）	13
趁	chèn	（介）	19
成本	chéngběn	（名）	20
成就	chéngjiù	（名）	17
成员	chéngyuán	（名）	21
承受	chéngshòu	（动）	18
乘凉	chéng//liáng	（动）	23
池塘	chítáng	（名）	24
迟钝	chídùn	（形）	16
冲动	chōngdòng	（形）	19
憧憬	chōngjǐng	（动）	19
初期	chūqī	（名）	22
初试	chūshì	（名）	13
除非	chúfēi	（连）	17
触动	chùdòng	（动）	17
穿	chuān	（动）	19
穿行	chuānxíng	（动）	23
传宗接代	chuán zōng jiē dài		14
创可贴	chuāngkětiē	（名）	17
创意	chuàngyì	（名）	13
创造	chuàngzào	（动、名）	13
辞职	cí//zhí	（动）	20
从事	cóngshì	（动）	23
凑	còu	（动）	19
措施	cuòshī	（名）	15
错过	cuòguò	（动）	23
D			
打呼噜	dǎ hūlu		20
打印	dǎyìn	（动）	13
大陆	dàlù	（名）	22
大手大脚	dà shǒu dà jiǎo		14
大于	dàyú	（动）	17
代价	dàijià	（名）	20
贷款	dài//kuǎn	（动、名）	20
袋鼠	dàishǔ	（名）	24
担忧	dānyōu	（动）	15
耽误	dānwù	（动）	14
淡而无味	dàn ér wú wèi		21
当年	dāngnián	（名）	24
岛国	dǎoguó	（名）	22
盗窃	dàoqiè	（动）	16
登记	dēng//jì	（动）	13
低估	dīgū	（动）	17
低温	dīwēn	（名）	15
抵挡	dǐdǎng	（动）	24
地道	dìdao	（形）	23
地域	dìyù	（名）	21
典型	diǎnxíng	（形、名）	22
凋零	diāolíng	（动）	15
跌	diē	（动）	15
碟子	diézi	（名）	21
订购	dìnggòu	（动）	14
定居	dìng//jū	（动）	24
动不动	dòngbudòng	（副）	15
动心	dòng//xīn	（动）	19
动摇	dòngyáo	（动）	16
抖	dǒu	（动）	19
独生女	dúshēngnǚ	（名）	14
独生子	dúshēngzǐ	（名）	14

端正	duānzhèng	（形）	18
断绝	duànjué	（动）	24
堆	duī	（动）	13
对得起	duìdeqǐ	（动）	14
对照	duìzhào	（动）	18
多余	duōyú	（形）	14
多种多样	duō zhǒng duō yàng		21

E

而已	éryǐ	（助）	15

F

发动	fādòng	（动）	22
发放	fāfàng	（动）	24
发誓	fā//shì	（动）	20
发源	fāyuán	（动）	22
法则	fǎzé	（名）	15
凡是	fánshì	（副）	22
繁重	fánzhòng	（形）	23
反而	fǎn'ér	（副）	20
反映	fǎnyìng	（动）	21
犯罪	fàn//zuì	（动）	16
方案	fāng'àn	（名）	18
方言	fāngyán	（名）	21
方正	fāngzhèng	（形）	18
防沙林	fángshālín	（名）	24
扉页	fēiyè	（名）	13
分明	fēnmíng	（形）	15
分配	fēnpèi	（动）	20
分摊	fēntān	（动）	19
粉碎	fěnsuì	（形）	17
份额	fèn'é	（名）	13
奋斗	fèndòu	（动）	18
丰收	fēngshōu	（形）	24
风车	fēngchē	（名）	24
风情	fēngqíng	（名）	23
封面	fēngmiàn	（名）	13
疯	fēng	（形）	14
逢	féng	（动）	23
符合	fúhé	（动）	20
负担	fùdān	（动、名）	19
富裕	fùyù	（形）	14

G

干旱	gānhàn	（形）	24
干涉	gānshè	（动）	14
甘	gān	（动）	20
感染	gǎnrǎn	（动）	17
岗位	gǎngwèi	（名）	13
高楼大厦	gāo lóu dà shà		23
高速公路	gāosù gōnglù		16
高职	gāozhí	（名）	13
稿	gǎo	（名）	19
格外	géwài	（副）	17
隔离带	gélídài	（名）	22
个性	gèxìng	（名）	20
各位	gè wèi		13
各种各样	gè zhǒng gè yàng		14
各自	gèzì	（代）	14
工程	gōngchéng	（名）	24
公务员	gōngwùyuán	（名）	14
公寓	gōngyù	（名）	19
供应	gōngyìng	（动）	19
恭喜	gōngxǐ	（动）	20
共鸣	gòngmíng	（动）	21
共同语言	gòngtóng yǔyán		14
购	gòu	（动）	14
股票	gǔpiào	（名）	15
固定	gùdìng	（形、动）	22
固然	gùrán	（连）	17
怪圈	guàiquān	（名）	18

关键	guānjiàn	（名、形）	20
观念	guānniàn	（名）	14
贯穿	guànchuān	（动）	23
光顾	guānggù	（动）	24
光芒	guāngmáng	（名）	19
广	guǎng	（形）	15
广阔	guǎngkuò	（形）	21
逛街	guàng//jiē	（动）	14
归属	guīshǔ	（名）	20
规模	guīmó	（名）	23
规则	guīzé	（名）	22
轨道	guǐdào	（名）	19
跪姿	guìzī	（名）	17
贵族	guìzú	（名）	22
国民	guómín	（名）	22
过分	guòfèn	（形）	15

H

海鲜	hǎixiān	（名）	21
害虫	hàichóng	（名）	24
害羞	hài//xiū	（形）	17
捍卫	hànwèi	（动）	23
号召	hàozhào	（动）	24
合二为一	hé èr wéi yī		20
何苦	hékǔ	（副）	24
和睦	hémù	（形）	16
和谐	héxié	（形）	23
核能	hénéng	（名）	16
黑洞洞	hēidòngdòng	（形）	19
黑夜	hēiyè	（名）	15
后代	hòudài	（名）	24
胡同	hútòng	（名）	23
互联网	hùliánwǎng	（名）	16
化妆	huà//zhuāng	（动）	18
划清	huà//qīng	（动）	22
怀念	huáiniàn	（动）	23
荒芜	huāngwú	（动）	24
晃动	huàngdòng	（动）	19
灰尘	huīchén	（名）	20
回归	huíguī	（动）	22
回想	huíxiǎng	（动）	19
回音	huíyīn	（名）	13
婚约	hūnyuē	（名）	20
混	hùn	（动）	19
火药	huǒyào	（名）	16

J

机械化	jīxièhuà	（动）	24
积淀	jīdiàn	（名）	21
积蓄	jīxù	（名）	14
激光	jīguāng	（名）	18
即	jí	（动）	15
即时	jíshí	（副）	16
疾病	jíbìng	（名）	15
给予	jǐyǔ	（动）	22
脊椎	jǐzhuī	（名）	16
加入	jiārù	（动）	16
佳	jiā	（形）	13
家长	jiāzhǎng	（名）	17
家喻户晓	jiā yù hù xiǎo		21
驾驶	jiàshǐ	（动）	22
坚定	jiāndìng	（形）	22
艰巨	jiānjù	（形）	20
简介	jiǎnjiè	（名）	13
简陋	jiǎnlòu	（形）	23
建造	jiànzào	（动）	24
剑	jiàn	（名）	22
讲述	jiǎngshù	（名）	18
奖金	jiǎngjīn	（名）	13
交际	jiāojì	（动）	21

交界	jiāojiè	（动）	22
交替	jiāotì	（动）	15
脚镫	jiǎodèng	（名）	22
教训	jiàoxun	（名、动）	19
接待	jiēdài	（动）	13
接连	jiēlián	（副）	16
解除	jiěchú	（动）	20
界限	jièxiàn	（名）	22
金鱼	jīnyú	（名）	23
津贴	jīntiē	（名）	24
紧急	jǐnjí	（形）	13
禁止	jìnzhǐ	（动）	21
惊人	jīngrén	（形）	18
精神不振	jīngshén búzhèn		16
惊叹	jīngtàn	（动）	13
颈椎	jǐngzhuī	（名）	16
竞争	jìngzhēng	（动）	20
酒精	jiǔjīng	（名）	17
就业	jiù//yè	（动）	13
居委会	jūwěihuì	（名）	23
举报	jǔbào	（动）	21
剧烈	jùliè	（形）	19
据	jù	（介）	21
距	jù	（介）	23
绝后	jué//hòu	（动）	14
倔强	juéjiàng	（形）	22

K

开创	kāichuàng	（动）	22
开怀	kāi//huái	（动）	21
开腔	kāi//qiāng	（动）	21
开销	kāixiāo	（名）	19
看不惯	kànbuguàn	（动）	14
考察	kǎochá	（动）	13
考拉	kǎolā	（名）	24
克隆	kèlóng	（动）	16
克制	kèzhì	（动）	20
客户	kèhù	（名）	13
坑坑洼洼	kēngkengwāwā	（形）	23
空缺	kòngquē	（动）	13
空闲	kòngxián	（名）	22
口才	kǒucái	（名）	18
口感	kǒugǎn	（名）	24
枯燥	kūzào	（形）	20
酷热	kùrè	（名）	23
夸	kuā	（动）	17
夸张	kuāzhāng	（形）	17
跨	kuà	（动）	22
宽带	kuāndài	（名）	19
困倦	kùnjuàn	（形）	15

L

垃圾	lājī	（名）	16
来临	láilín	（动）	24
懒得	lǎnde	（动）	18
滥用	lànyòng	（动）	16
浪漫	làngmàn	（形）	14
老式	lǎoshì	（形）	19
老乡	lǎoxiāng	（名）	21
乐意	lèyì	（形、动）	19
泪汪汪	lèiwāngwāng	（形）	21
类型	lèixíng	（名）	20
冷冰冰	lěngbīngbīng	（形）	18
冷峻	lěngjùn	（形）	18
理念	lǐniàn	（名）	17
历经	lìjīng	（动）	21
利弊	lìbì	（名）	20
粒	lì	（名）	24
连连	liánlián	（副）	21
了不得	liǎobudé	（形）	13

列举	lièjǔ	（动）	20
拎	līn	（动）	20
领域	lǐngyù	（名）	16
柳	liǔ	（名）	23
笼统	lǒngtǒng	（形）	17
搂	lǒu	（动）	17
绿洲	lǜzhōu	（名）	24
轮	lún	（量）	13
轮滑	lúnhuá	（名）	17
轮廓	lúnkuò	（名）	18
论述	lùnshù	（名）	15
论坛	lùntán	（名）	16
骆驼	luòtuo	（名）	22
落地窗	luòdìchuāng	（名）	19

M

马扎	mǎzhá	（名）	23
瞒	mán	（动）	18
漫步	mànbù	（动）	23
漫画	mànhuà	（名）	13
毛孔	máokǒng	（名）	15
冒	mào	（动）	20
没完没了	méi wán méi liǎo		15
美貌	měimào	（名）	18
魅力	mèilì	（名）	16
门当户对	mén dāng hù duì		14
门洞	méndòng	（名）	23
密切	mìqiè	（形）	21
免不了	miǎnbuliǎo	（动）	16
免除	miǎnchú	（动）	24
免得	miǎnde	（连）	14
面积	miànjī	（名）	14
面临	miànlín	（动）	18
面试	miànshì	（名）	13
灭绝	mièjué	（动）	24
名称	míngchēng	（名）	21
模式	móshì	（名）	16
目录	mùlù	（名）	13

N

内地	nèidì	（名）	21
内人	nèirén	（名）	20
纳税	nà//shuì	（动）	24
耐看	nàikàn	（形）	18
南极	nánjí	（名）	15
南腔北调	nán qiāng běi diào		21
难怪	nánguài	（连）	23
难题	nántí	（名）	18
闹	nào	（动）	21
嫩	nèn	（形）	18
年底	niándǐ	（名）	13
年终	niánzhōng	（名）	13
尿布	niàobù	（名）	20
农田	nóngtián	（名）	24

P

蹒跚	pánshān	（动）	17
螃蟹	pángxiè	（名）	21
抛弃	pāoqì	（动）	23
泡	pào	（动）	20
培养	péiyǎng	（动）	14
配	pèi	（动）	18
批	pī	（量）	24
偏	piān	（形）	22
品尝	pǐncháng	（动）	24
平方米	píngfāngmǐ	（量）	19
平和	pínghé	（形）	15
平摊	píngtān	（动）	19
评价	píngjià	（动、名）	18
凭	píng	（介）	14
破坏	pòhuài	（动）	23

朴素	pǔsù	（形）	18
普及	pǔjí	（动）	16
普通话	pǔtōnghuà	（名）	21

Q

其间	qíjiān	（名）	23
其乐融融	qílè róngróng		19
骑士	qíshì	（名）	22
起居	qǐjū	（名）	15
气氛	qìfēn	（名）	14
气息	qìxī	（名）	23
前台	qiántái	（名）	13
强烈	qiángliè	（形）	21
强势	qiángshì	（名）	21
强迫	qiǎngpò	（动）	21
巧妙	qiǎomiào	（形）	22
窃密	qiè//mì	（动）	16
亲友	qīnyǒu	（名）	17
轻易	qīngyì	（形、副）	23
倾听	qīngtīng	（动）	18
清脆	qīngcuì	（形）	17
清醒	qīngxǐng	（形）	16
情感	qínggǎn	（名）	17
情商	qíngshāng	（名）	17
庆幸	qìngxìng	（动）	24
求生	qiúshēng	（动）	24
求助	qiúzhù	（动）	24
屈	qū	（动）	17
取而代之	qǔ ér dài zhī		23
去向	qùxiàng	（名）	20
全职	quánzhí	（形）	20
确切	quèqiè	（形）	23
群租	qúnzū	（名）	19

R

热带	rèdài	（名）	15
人力	rénlì	（名）	13
人力车	rénlìchē	（名）	23
人生观	rénshēngguān	（名）	16
人性	rénxìng	（名）	20
人选	rénxuǎn	（名）	13
日光	rìguāng	（名）	15
日益	rìyì	（副）	16
荣誉	róngyù	（名）	23
容颜	róngyán	（名）	18
揉	róu	（动）	18
如此	rúcǐ	（代）	16
如今	rújīn	（名）	21
入境	rù//jìng	（动）	22
入乡随俗	rù xiāng suí sú		22
若有所失	ruò yǒu suǒ shī		16
弱势	ruòshì	（名）	21

S

率真	shuàizhēn	（形）	14
洒	sǎ	（动）	19
三合板	sānhébǎn	（名）	19
散发	sànfā	（动）	23
色情	sèqíng	（名）	16
善于	shànyú	（动）	16
殇	shāng	（动）	24
商品房	shāngpǐnfáng	（名）	14
上述	shàngshù	（形）	20
上司	shàngsi	（名）	20
稍微	shāowēi	（副）	13
舍不得	shěbude	（动）	23
深刻	shēnkè	（形）	16
神话	shénhuà	（名）	13
神情	shénqíng	（名）	17
慎重	shènzhòng	（形）	20
生存	shēngcún	（动）	15

生发	shēngfā	（动）	15
生机	shēngjī	（名）	24
省份	shěngfèn	（名）	21
尸体	shītǐ	（名）	24
实地	shídì	（副）	23
实习	shíxí	（动）	13
示范	shìfàn	（动）	17
事务	shìwù	（名）	17
适度	shìdù	（形）	15
适合	shìhé	（动）	15
收成	shōucheng	（名）	24
收益	shōuyì	（名）	20
首付	shǒufù	（动）	14
受伤	shòu//shāng	（动）	17
舒坦	shūtan	（形）	23
述职	shù//zhí	（动）	13
树立	shùlì	（动）	16
数不胜数	shǔ bú shēng shǔ		21
数据	shùjù	（名）	13
税款	shuìkuǎn	（名）	24
顺	shùn	（动）	15
说不定	shuōbudìng	（动、副）	13
丝	sī	（量）	24
思路	sīlù	（名）	13
撕	sī	（动）	17
四合院	sìhéyuàn	（名）	23
四季	sìjì	（名）	15
饲养	sìyǎng	（动）	23
搜索	sōusuǒ	（动）	16
俗话	súhuà	（名）	15
诉说	sùshuō	（动）	20
素不相识	sù bù xiāngshí		21
塑料	sùliào	（名）	19
算（是）	suàn(shì)	（副）	14
随后	suíhòu	（副）	22
随手	suíshǒu	（副）	20
随着	suízhe	（介）	16
岁数	suìshu	（名）	23
岁月	suìyuè	（名）	21
索性	suǒxìng	（副）	22

T

踏实	tāshi	（形）	18
踏步	tàbù	（动）	17
谈论	tánlùn	（动）	17
痰	tán	（名）	16
坦白	tǎnbái	（形、动）	14
坦率	tǎnshuài	（形）	18
逃避	táobì	（动）	16
特地	tèdì	（副）	23
特权	tèquán	（名）	22
特意	tèyì	（副）	17
提要	tíyào	（名）	13
体验	tǐyàn	（动）	16
天南海北	tiān nán hǎi běi		21
挑选	tiāoxuǎn	（动）	17
条理	tiáolǐ	（名）	17
调整	tiáozhěng	（动）	15
跳槽	tiào//cáo	（动）	20
帖	tiě	（名）	16
庭院	tíngyuàn	（名）	23
通风	tōng//fēng	（动）	15
通信	tōngxìn	（动）	16
同伴	tóngbàn	（名）	19
统一	tǒngyī	（形）	20
投降	tóuxiáng	（动）	22
投票	tóu//piào	（动）	22
透	tòu	（动）	19
透气	tòu//qì	（动）	19

图表	túbiǎo	（名）	13
屠杀	túshā	（动）	24
推崇	tuīchóng	（动）	22
推广	tuīguǎng	（动）	21
退出	tuìchū	（动）	20
脱口而出	tuō kǒu ér chū		13

W

外力	wàilì	（名）	21
外遇	wàiyù	（名）	20
弯	wān	（动）	17
完善	wánshàn	（动、形）	23
挽回	wǎnhuí	（动）	18
万	wàn	（副）	13
万物	wànwù	（名）	15
万一	wànyī	（连）	19
网虫	wǎngchóng	（名）	16
网络	wǎngluò	（名）	16
网站	wǎngzhàn	（名）	19
往往	wǎngwǎng	（副）	20
危机	wēijī	（名）	18
威胁	wēixié	（动）	16
微词	wēicí	（名）	14
微风	wēifēng	（名）	23
违背	wéibèi	（动）	20
违反	wéifǎn	（动）	15
唯恐	wéikǒng	（动）	15
维护	wéihù	（动）	16
伟大	wěidà	（形）	16
委屈	wěiqu	（形、动）	18
位于	wèiyú	（动）	19
温带	wēndài	（名）	15
温情	wēnqíng	（名）	21
窝	wō	（名）	15
卧	wò	（动）	15
呜	wū	（象声）	17
无比	wúbǐ	（形）	24
无非	wúfēi	（副）	15
无可奈何	wú kě nài hé		14
无数	wúshù	（形）	18
无厌于日	wú yàn yú rì		15
无意	wúyì	（副）	17
五官	wǔguān	（名）	18
午夜	wǔyè	（名）	20
舞台	wǔtái	（名）	20
物种	wùzhǒng	（名）	24

X

膝	xī	（名）	17
吸取	xīqǔ	（动）	19
习俗	xísú	（名）	22
喜不自禁	xǐ bú zì jīn		21
喜悦	xǐyuè	（形）	17
细腻	xìnì	（形）	18
细致	xìzhì	（形）	21
下降	xiàjiàng	（动）	16
下令	xià//lìng	（动）	22
下载	xiàzài	（动）	13
鲜嫩	xiānnèn	（形）	24
嫌疑	xiányí	（名）	20
显	xiǎn	（动）	17
限度	xiàndù	（名）	15
限制	xiànzhì	（动、名）	13
乡音	xiāngyīn	（名）	21
厢房	xiāngfáng	（名）	23
相声	xiàngsheng	（名）	21
消除	xiāochú	（动）	18
销售	xiāoshòu	（动）	13
小米	xiǎomǐ	（名）	21
小心翼翼	xiǎoxīn yìyì		19

效益	xiàoyì	（名）	20
协调	xiétiáo	（形）	18
心满意足	xīn mǎn yì zú		17
欣慰	xīnwèi	（形）	17
新式	xīnshì	（形）	19
薪水	xīnshi	（名）	20
信息	xìnxī	（名）	16
兴致	xìngzhì	（名）	23
行驶	xíngshǐ	（动）	22
行踪	xíngzōng	（名）	20
形势	xíngshì	（名）	13
幸亏	xìngkuī	（副）	24
性感	xìnggǎn	（形）	18
修建	xiūjiàn	（动）	22
宣扬	xuānyáng	（动）	23
学历	xuélì	（名）	13
询问	xúnwèn	（动）	21
迅速	xùnsù	（形）	19

Y

压力	yālì	（名）	14
压迫	yāpò	（动）	22
延续	yánxù	（动）	24
严峻	yánjùn	（形）	13
沿	yán	（介）	21
炎热	yánrè	（形）	15
掩护	yǎnhù	（动）	22
眼看	yǎnkàn	（副、动）	17
演变	yǎnbiàn	（动）	22
厌倦	yànjuàn	（动）	18
厌食	yànshí	（动）	16
厌恶	yànwù	（动）	16
养儿防老	yǎng ér fáng lǎo		14
养老院	yǎnglǎoyuàn	（名）	14
养生	yǎngshēng	（动）	15
谣言	yáoyán	（名）	16
遥不可及	yáo bù kě jí		19
遥远	yáoyuǎn	（形）	19
业绩	yèjì	（名）	13
业务	yèwù	（名）	20
一带	yídài	（名）	21
一旦	yídàn	（副、名）	24
一度	yídù	（副）	18
一个劲儿	yígejìnr	（副）	18
一瞬	yíshùn	（名）	21
一一	yīyī	（副）	20
医药	yīyào	（名）	17
依旧	yījiù	（动）	24
依赖	yīlài	（动）	16
依然	yīrán	（副）	18
移民	yímín	（名）	24
以及	yǐjí	（连）	14
以往	yǐwǎng	（名）	20
以至于	yǐzhìyú	（连）	16
义务	yìwù	（名、形）	14
异国他乡	yìguó tāxiāng		21
因人而异	yīn rén ér yì		20
引导	yǐndǎo	（动）	17
瘾	yǐn	（名）	16
英俊	yīngjùn	（形）	20
婴儿	yīng'ér	（名）	18
优势	yōushì	（名）	22
优越	yōuyuè	（形）	14
忧心忡忡	yōuxīn chōngchōng		21
幽雅	yōuyǎ	（形）	19
游荡	yóudàng	（动）	20
有害	yǒuhài	（动）	15
有意	yǒuyì	（副）	17
诱惑	yòuhuò	（动）	24

娱乐	yúlè	（名）	16
与鸡俱兴	yǔ jī jù xīng		15
与其	yǔqí	（连）	21
预防	yùfáng	（动）	15
冤枉	yuānwang	（动、形）	21
员工	yuángōng	（名）	13
援助	yuánzhù	（动）	24
缘故	yuángù	（名）	19

Z

杂物	záwù	（名）	19
糟糕	zāogāo	（形）	14
早晚	zǎowǎn	（副）	15
责备	zébèi	（动）	17
咋	zǎ	（代）	21
诈骗	zhàpiàn	（动）	16
展示	zhǎnshì	（动）	13
占用	zhànyòng	（动）	13
站立	zhànlì	（动）	17
招聘	zhāopìn	（动）	13
珍贵	zhēnguì	（形）	24
阵营	zhènyíng	（名）	22
震	zhèn	（动）	19
争论	zhēnglùn	（动）	14
征服	zhēngfú	（动）	22
蒸汽机	zhēngqìjī	（名）	16
整容	zhěng//róng	（动）	18
正规	zhèngguī	（形）	23
正文	zhèngwén	（名）	13
郑重	zhèngzhòng	（形）	17
……之类	……zhīlèi		14
支使	zhīshǐ	（动）	14
殖民地	zhímíndì	（名）	22
指望	zhǐwàng	（动）	22
制定	zhìdìng	（动）	22
治疗	zhìliáo	（动）	18
智慧	zhìhuì	（名）	15
智商	zhìshāng	（名）	15
中班	zhōngbān	（名）	17
中介	zhōngjiè	（名）	20
中医	zhōngyī	（名）	15
种植	zhòngzhí	（动）	24
众多	zhòngduō	（形）	21
众人	zhòngrén	（名）	13
众所周知	zhòng suǒ zhōu zhī		22
周游	zhōuyóu	（动）	22
昼夜	zhòuyè	（名）	15
诸多	zhūduō	（形）	16
诸如此类	zhū rú cǐ lèi		20
逐渐	zhújiàn	（副）	23
主管	zhǔguǎn	（名）	18
属于	shǔyú	（动）	22
住所	zhùsuǒ	（名）	23
住宅	zhùzhái	（名）	23
驻	zhù	（动）	20
专门	zhuānmén	（形）	15
专心	zhuānxīn	（形）	17
庄稼	zhuāngjia	（名）	24
装修	zhuāngxiū	（动）	19
追求	zhuīqiú	（动）	16
姿势	zīshì	（名）	22
资源	zīyuán	（名）	13
自卑	zìbēi	（形）	16
自发	zìfā	（形）	21
自豪	zìháo	（形）	17
自觉	zìjué	（形）	16
自律	zìlǜ	（动）	16
自杀	zìshā	（动）	16
自由港	zìyóugǎng	（名）	20

专有名词索引

图书在版编目（CIP）数据

尔雅中文中级汉语综合教程．下 / 刘苏乔，徐燕军
郭姝慧主编．—北京：北京语言大学出版社，2013.9（2023.9重印）

ISBN 978-7-5619-3641-2

Ⅰ.①尔…　Ⅱ.①刘…　②徐…　②郭…　Ⅲ.①汉语—对外汉语教学—教材　Ⅳ.①H195.4

中国版本图书馆 CIP 数据核字（2013）第 216757 号

"十二五"国家重点出版物出版规划项目

书　　名：尔雅中文　中级汉语综合教程（下）
ERYA ZHONGWEN ZHONGJI HANYU ZONGHE JIAOCHENG（XIA）
责任印制：邝　天

出版发行：北京语言大学出版社
社　　址：北京市海淀区学院路 15 号　　邮政编码：100083
网　　址：www.blcup.com
电　　话：发行部　010-82303650 / 3591 / 3648
编辑部　010-82303647 / 3592 / 3395
读者服务部　010-82303653 / 3908
网上订购电话　010-82303668
客户服务信箱　service@blcup.com
印　　刷：北京市金木堂数码科技有限公司
经　　销：全国新华书店

版　　次：2013 年 9 月第 1 版　　2023年 9 月第 4 次印刷
开　　本：889 毫米 ×1194 毫米　1/16　印张：14.5 / 3.5
字　　数：352 千字
书　　号：ISBN 978-7-5619-3641-2/ H · 13226
定　　价：70.00 元

汉语言专业本科系列教材 · 综合类

SERIES OF CHINESE TEXTBOOKS FOR COLLEGE STUDENTS · COMPREHENSIVE COURSE

“十二五”国家重点出版物出版规划项目

INTERMEDIATE CHINESE: COMPREHENSIVE COURSE (Ⅱ)

中级汉语综合教程

下

本册主编：刘苏乔

编　　者：徐燕军　郭姝慧

尔雅中文

Worksheets 练习活页

ERYA CHINESE

北京语言大学出版社

BEIJING LANGUAGE AND CULTURE UNIVERSITY PRESS

“十二五”国家重点出版物出版规划项目

汉语言专业本科系列教材 · 综合类

INTERMEDIATE CHINESE: COMPREHENSIVE COURSE (Ⅱ)

中级汉语综合教程 下

本册主编：刘苏乔

编　　者：徐燕军　郭姝慧

Worksheets 练习活页

ERYA CHINESE 尔雅中文

北京语言大学出版社
BEIJING LANGUAGE AND CULTURE UNIVERSITY PRESS

目录

13 一个高职生的升职神话

姓名：____________

一、在下列词语的前面或后面填上适当的搭配成分

1. ____________称号　　2. 考察____________

3. ____________学历　　4. 创造____________

5. ____________创意　　6. 限制____________

7. ____________奖金　　8. 销售____________

9. ____________资源　　10. 下载____________

二、选词填空

考察　回音　了不得　暂时　严峻　就业　实习　思路

1. 这是一件________的大事，你怎么会不知道？
2. 这件东西我今天带回去不太方便，你能________帮我保管一下吗？
3. 我们公司打算在北京开一家分公司，公司已经派人去________那儿的市场情况了。
4. 今年的就业形势非常________，不少学生毕业后找不到工作。
5. 他一连写了十几封信，可没有得到任何________。
6. 政府正在想办法为下岗工人创造更多的________机会。
7. 他正在思考呢，你不要打断他的________。
8. 下个学期就要毕业了，这个学期我得找个公司________。

三、为括号里的词语选择正确位置

1. A 我们一定要 B 学会控制自己，因为不可能 C 任何事情都 D 自己希望的去做。（按）
2. A 父母对我长时间上网表现出了强烈 B，C 决定 D 限制我的上网时间。（不满）
3. A 我很支持她的做法，B 而 C 我爸爸的态度 D 与我完全相反。（则）

4. A现在人口最多的 B 是中国，C 但以后我们国家的人口 D 比中国还多。（说不定）

5. A 他的行为 B 是青春期的 C 现象，你不需要 D 太担心。（暂时）

四、用指定词语完成句子

1. 这是一份机密文件，________________。（万万）
2. ________________，你今天一定得跑一趟。（紧急）
3. ________________：“这家饭店服务员的态度实在是太差了！”（不满）
4. 这酒的度数很高，________________。（稍微）
5. ________________，你必须在两个小时内完成考试。（限制）
6. 他学习特别努力，________________。（保险）
7. 今年春季南方雨水充足，________________。（则）
8. 他虽然已经60多岁了，但因为坚持锻炼，________________。（比……还……）

五、用指定词语完成对话

1. A：你觉得他的计划怎么样？（按　保险）

   B：________________。

2. A：你们俩的工作一样吗？（销售　则）

   B：________________。

3. A：这次马娜考得怎么样？（万万　比……还……）

   B：________________。

4. A：你已经亲自去那儿看过了，放心了吗？（考察　稍微）

   B：________________。

5. A: 天气预报说星期五有雨，你觉得原计划那天举行的运动会还举行得了吗?(说不定　按)

   B：________________。

六、连词成句

1. 稍微　一些　考　了　我　轻松　了　完　才

____

2. 创意　万万　好　没　的　想　比……还……　到　她　我　的

____

3. 亲自　保险　考察　办法　的　最　就　一下　是　去

____

4. 限制　图书馆　每人　五本书　个　这　一次　能　只　借

____

5. 人　销售业绩　说不定　我　成为　的　能　我们公司　好　最

____

6. 暂时　克服　困难　我们　它　这　的　只是　一定　能够

____

七、综合填空

请从下列 15 个词语中选出最合适的 10 个词语，填写在短文中的横线上。每个横线上只能选择 1 个词语，每个词语只能使用 1 次。

按　限制　就业　比……还……　创造　销售　保险

说不定　考察　紧急　暂时　稍微　不满　万万　则

总经理要去上海________。他对经理说:“上海的事情你们肯定都听说了。事情很________，我明天就得出发。这件事________有点儿麻烦，花的时间可能________去年的那件事________要长。________以前的情况估计，可能要去一个星期，也可能要去两个星期，现在还________。这段时间，公司的事就________让你来负责。我知道对我这次去上海，你是支持的，但有一些人________是反对的。在我回来之前，如果有人表现出什么________的话，不管他们怎么说，你________不要理他们，一切等我回来再说。”

八、连句成段

A. 做到这些，你也能创造自己的升职神话

B. 要相信，即使现在还没有成功，也只是因为暂时还没有找到成功的方法

C. 最后，要做好几件事情：做好本职工作；多做“分外事”；具备升职的能力；搞好人际关系；善于发现空缺机会，创造升职空间

D. 要想升职，首先就要有“我是最棒的，我是最好的”思想，就是自己树立自信，自己相信自己

E. 信心树立了，接下来，就是要给自己树立长期、中期和短期的目标

正确顺序：____________________

九、写一写（请尽量使用文中所学的新词语及语言点，每题不少于180字）

1. 杨丽为什么能得到那份工作？如果你是杨丽，实习时你会像杨丽那样做吗？为什么？
2. 请至少举两个例子说明杨丽是怎么努力工作的。为了获得事业的成功，在以后的工作中你打算怎么做？

十、课外应用

1. 做一个社会调查，了解一下人们对于如何才能升职的看法，并记录下来，写成一份调查报告。说明：调查对象不少于20名；应考虑到性别等因素；调查者可以预先在调查表上罗列出影响升职的因素，然后让被调查者从中选择出他们认为最重要的因素；可以考虑将被调查者分为已参加工作者和未参加工作者，看调查结果是否相同，如若不同，简单分析其原因。
2. 以社会调查和查阅资料相结合的方式，调查一下老板们认为哪些因素决定他们给职员升职。总结分析后，给出自己对于升职的建议。说明：调查或查阅资料的对象不少于20名。

14 选择

姓名：____________

一、在下列词语的前面或后面填上适当的搭配成分

1. 争论__________　　2. __________气氛
3. 多余__________　　4. __________观念
5. 培养__________　　6. __________义务
7. 耽误__________　　8. __________压力
9. 干涉__________　　10. __________坦白

二、选词填空

无可奈何　坦白　大手大脚　逛街　多余　背地里　不觉　面积　糟糕　算

1. 你们要有什么意见请当面提出来，不要________说。
2. 她________地看着我，说："如果是这样，那我也没有办法了。"
3. ________地说，这件事情确实是你做错了。
4. 妈妈生气地说："你完全可以让别人去做，你这么做根本就是________的！"
5. 你花钱总是这么________的，什么时候才买得起房子呢？
6. 真是太________了，这次考试我又没及格。
7. 她今天________去了，买了很多东西。
8. 你可千万不能做那种事啊，你不知道吗？即使偷一次也________小偷。
9. 这套商品房________有多大？七十平米还是八十平米？
10. 时间过得可真快啊，我到中国________已经一年了。

三、为括号里的词语选择正确位置

1. A 考试前 B ，大家 C 都在认真 D 复习。　（临）
2. A 她 B 个人名义，C 向"希望工程" D 捐了一大笔钱。　（以）
3. A 小王、B 小李 C 另外两位同事先后做了 D 发言。　（以及）
4. A 你 B 还是从现在的宿舍搬出来吧，C 又跟他 D 吵架。　（免得）
5. A 那个厂生产的 B 大都是笔、尺子 C 的文具 D。　（之类）

四、判断下列句子对错，并说明理由

(　　) 1. 这件事情一定得得到她的同意，我只好去找她，无可奈何跟她说。

(　　) 2. 同学们都积极参加讨论，教室里的气氛非常热烈。

(　　) 3. 他的表演如此坦白，观众都被吸引住了。

(　　) 4. 他们在争论着门当户对是否重要的问题。

(　　) 5. 我算是他是个好人，难道你不是这么认为的吗?

(　　) 6. 临 12 月初，我的家乡就下了第一场大雪。

(　　) 7. 在老师的说话下，这次考试很难。

(　　) 8. 你想去，这张票就送给你，你免得再买。

(　　) 9. 我只买小说、诗歌的书之类。

(　　) 10. 给老人让座，这是青年人应尽的义务。

五、用指定词语完成句子

1. 屋里的人热烈地讨论着，谁都不跟她说话，她觉得____________________。（多余）

2. 她只有九十斤，____________________，根本不需要减肥。（算）

3. ____________________："我真的不想去，但你一定要让我去，那我就去吧。"（无可奈何）

4. ____________________，大家都忙着找工作。（临）

5. ____________________，别说当组长，就是当班长也没问题。（凭）

6. ____________________，她仍然坚持工作，这给她的领导留下了深刻的印象。（在……下）

7. 他的____________________都深深地吸引了她。（以及）

8. 任何东西用完后都应该放回原处，____________________。（免得）

9. ____________________是父母的义务。（培养）

10. 现在的年轻人，都喜欢____________________。（……之类）

六、连词成句

1. 一点儿　苹果　之类　牛奶　吃　食物　每天　的　应该　都

____

2. 都　最好　免得　内容　忘记　把　以后　这些　下来　记

____

3. 其他　东西　我　以及　带　外衣　内衣　了　的　一些

____

4. 在……下　对　失败　仍然　的　信心　她　充满　情况　未来　了

____

5. 谈　多余　吧　这儿　暂时　到　话　的　说　就　不要　了

____

七、综合填空

请从下列 15 个词语中选出最合适的 10 个词语，填写在短文中的横线上。每个横线上只能选择 1 个词语，每个词语只能使用 1 次。

免得　坦白　多余　在……下　培养　限制　算　凭

不满　不由得　暂时　争论　无可奈何　气氛　义务

小丽和小张恋爱了，因为小张家比较贫穷，小丽的父母对此很________，甚至________他们俩见面。小丽和父母________了很多次，家里的________也变得很紧张。为了解决这个问题，小张去了小丽家。小丽的父母说："________地说，你确实很优秀。但你现在什么都没有，________小丽的条件，她完全可以找一个更好的。________这种情况________，你要是真的爱她，就应该离开她，________耽误她。"小张说："我现在工资确实不________高，但这是________的。我相信我一定会让小丽过上幸福的生活的，请叔叔阿姨给我一次机会吧。"最后，小丽的父母决定不再干涉他们。

八、模仿表达

1. 读一读

是啊，即使现在分开住，可是父母年纪大了，病了，不能自己照顾自己的时候又怎么办？

说一说

用下面的表达方式说一段话：

即使……，可是……，又怎么办？

比如，你可以这样开始：

即使我答应他的要求，……

即使这次考试你偷看成功了，……

2. 读一读

父母一方面担心王娜婚后经济压力太大，另一方面也担心因为门不当户不对而产生的问题。

说一说

用下面的表达方式说一段话：

……一方面……，另一方面……

比如，你可以这样开始：

我来中国留学，一方面是因为……

他很辛苦，一方面要……

九、写一写（请尽量使用文中所学的新词语及语言点，每题不少于180字）

1. 张平和妻子之间出现了什么问题？如果你是张平，你会怎么做？为什么？
2. 王娜的父母为什么不同意王娜和男朋友结婚？如果你是王娜，你会怎么做？为什么？

十、课外应用

1. 做一个街头采访，了解一下你采访的人对“婚后是否应该跟父母同住”的看法。应提前写好采访的提纲，然后把采访到的结果转成文字形式记录下来。
2. 请查阅跟“门当户对”有关的资料，找出赞同方和反对方的主要观点，然后就这个题目提出自己的看法。

15 养生的智慧

姓名：____________

一、在下列词语的前面或后面填上适当的搭配成分

1. 跌____________　　2. 避免__________

3. 过分__________　　4. 困倦__________

5. 摆脱__________　　6. __________产物

7. __________平和　　8. __________股票

9. __________交替　　10. __________分明

二、选词填空

炎热　通风　生存　顺　有害　限度　智慧　藏

1. 那是一个充满了________的民族，我对他们充满了敬意。

2 每天都不吃早饭，这样做，对你的身体________。

3. 这个孩子，什么事情都要________着他，简直是家里的“小皇帝”。

4. 没有钱，在这座城市根本就无法________下去。

5. 我对你的忍耐是有________的，你别做得太过分了。

6. 在________的夏天，很多人都待在空调间里，不愿意出来。

7. 我刚才分明看见他进来了，他肯定是________起来了。

8. 这间屋子连窗户都没有，不________，我们还是换一间吧。

三、解释下列句子中带点词的意思

1. ……“人法自然，人顺四时”。

2. 即我们应该培养良好的生活习惯……

3. ……培养良好的生活习惯，以减少疾病的发生。

4. ……人们唯恐空调开得不大……

5. ……不少人因此得了“空调病”……

6. ……这样忽冷忽热，必定会感冒……

7. ……怎么安排我们的生活起居才更有助于养生呢？

8. ……《黄帝内经》就这个问题有专门的论述……

9. ……人要“夜卧早起，广步于庭”。

10. ……仅此而已。

四、用指定词语完成句子

1. ________________，所以这次我们得流感的人很少。（预防）

2. ________________，大家都不喜欢他。（动不动）

3. ________________，你应该向他道歉。（过分）

4. 如果认真遵守交通规则，________________。（避免）

5. 因为不小心，________________。（跌）

6. 我们学校新建了很多学生宿舍________________。（以）

7. 每天晚上临睡前喝杯牛奶，________________。（有助于）

8. 没有水和空气，________________。（生存）

9. 过度减肥，________________。（不利）

10. ________________，你现在就告诉我吧。（早晚）

五、判断下列句子对错，并说明理由

（　　）1. 教授的孩子不见得就一定聪明，有很多智商也一般。

（　　）2. 有些人喜欢忽唱歌忽洗澡。

（　　）3. 这个人喝得要命，让大家非常吃惊。

（　　）4. 哪怕你做什么，我都会同意的。

（　　）5. 昨天逛街时她跌倒了，而且跌得很重，所以今天来不了了。

（　　）6. 我不仅举了几个例子而已，没有进行详细的论述。

（　　）7. 他有点儿感冒，无非不是什么大病。

（　　）8. 他确实吃了很多的苦，但同时也获得了生存的能力。

六、用指定词语回答问题

1. 我跟他关系还不错，这次他会借钱给我吧？（……得要命　不见得）

2. 他的宿舍脏吗？（……得要命　比……还……）

3. 你说这只股票我到底卖不卖呢？（保险　跌）

4. 我们能过上富裕的生活吗？（凭　早晚）

5. 他的脾气怎么样？你们公司的人喜欢他吗？（忽……忽……　不满）

6. 你觉得现在上街需要带伞吗？（忽……忽……　说不定）

7. 你还不知道成绩吗？这次小王考了 85 分，恐怕要比你高了吧？（而已　保险）

8. 回家后应该立刻洗手吗？为什么？（以　预防）

七、连词成句

1. 病人　医生　提高　减轻　水平　痛苦　的　要　以　医疗

______

2. 不见得　她　我　看　看　懂　得　篇　这　课文

______

3. 结婚　谈恋爱　而已　我们　还　仅仅　考虑　是　没有

______

4. 发生　他们　以　避免　火灾　研究　正在　进行　再次

______

5. 要求　过分　的　不算　她　个　这　觉得　提　我

______

八、综合填空

请从下列 15 个词语中选出最合适的 10 个词语，填写在短文中的横线上。每个横线上只能选择 1 个词语，每个词语只能使用 1 次。

分明　万万　按　……要命　忽……忽……　不见得　以

预防　哪怕　不满　保险　而已　过分　无非　避免

小王和妻子就王贵一个孩子，所以什么事情都顺着孩子。时间长了，王贵的脾气变得________好________坏，而且很自私。同事们都劝小王："王贵的性格________有问题，你们________不能再这样教育孩子了，得想办法改变孩子的性格。一个自私的人，________你对他再好，他也会认为那是应该的。你们这么疼他，但对他却________好。"小王却觉得无所谓："王贵________是对别人的关心少点。只要成绩好，对别人关心少点也没关系。"有一天，小王买了几个很好吃的苹果。小王说："我先尝尝看。"王贵立刻很________地说："好吃的东西都是我的，你怎么能先吃呢？"小王气得________："我们对你这么好，你这么做实在是太________了！"这件事情后，小王和妻子都很后悔，决定________同事的意见去做，改变对孩子的教育方法。

九、写一写（请尽量使用文中所学的新词语及语言点，每题不少于 180 字）

1. 中医认为四季应该怎样养生？你还知道哪些养生的好办法？请写下来。
2. 本文作者认为我们现在的生活状态有哪些问题？你有这些问题吗？请谈谈你的看法。

十、课外应用

1. 以社会调查和查阅资料相结合的方式，了解一下长寿老人是如何养生的（长寿老人的年龄可根据具体情况自行确定，一般不低于 80 岁），写一份不超过 500 字的调查报告。
2. 请查阅相关的资料，比较一下中医和西医在治疗同一种病时的不同处理方式（至少要列举三种不同的疾病）。最后简单总结中医和西医的特点并比较其利弊。

16 互联网：让人欢喜让人忧

姓名：__________

一、在下列词语的前面或后面填上适当的搭配成分

1. __________族　　2. 娱乐__________

3. __________瘾　　4. 威胁__________

5. __________体验　　6. 依赖__________

7. __________病毒　　8. 日益__________

9. __________模式　　10. 如此__________

二、选词填空

诈骗　色情　厌食　常见　和睦　威胁　滥用　魅力

1. 他________我说，如果我不给他钱，他就把我的照片发到网上去。
2. 她的家庭非常________，兄弟姐妹之间的感情都非常好。
3. 由于长期________农药，蔬菜中的有害物质大大增加了。
4. 不要沉迷于观看________杂志和光盘，这样不利于身体健康。
5. 在现在的年轻人中，网恋是一件比较________的事情。
6. 警察正在抓她，因为她________了很多钱财，然后带着那些钱财消失了。
7. 那是一座充满________的小城，只要在那儿生活几年，你就再也不想离开。
8. 最早人们曾使用药物减肥，使肥胖者产生________感，以达到降低体重的目的。

三、为括号里的词语选择正确位置

1. A 在老师的 B 帮助下，她的汉语水平 C 提高 D。（日益）
2. A 他的态度 B 年龄的增长 C 而 D 日益平和。（随着）
3. A 天气 B 日益炎热，人的心情 C 有点儿 D 烦躁。（免不了）
4. 我 A 确实 B 有点儿厌恶他，C 但还 D 不跟他说话。（不至于）
5. A 网络给我们 B 带来极大的方便，但即使它的作用 C 之大，我们也不该过分 D 依赖网络。（如此）

四、用指定词语完成句子

1. ______________________________，连话都说不出来了。（如此）
2. ______________________________，很多人都从那个地方搬了出来。（犯罪）
3. ______________________________，但现在已经戒掉了。（瘾）
4. 因为一年多没说汉语了，______________________________。（下降）
5. 我告诉你："______________________________！"（厌恶）
6. ______________________________，他宁愿牺牲自己的生命。（追求）
7. 要想获得成功，______________________________。（树立）
8. ______________________________，他躲进了厕所。（逃避）

五、用指定词语完成对话

1. A：他怎么会自杀？（以至于）
   B：______________________________。
2. A：他搬了多少次家了？（接连）
   B：______________________________。
3. A：我感觉我的论文写得不太好，会不会通不过啊？（不至于）
   B：______________________________。
4. A：我跟他又有矛盾了，想换个宿舍，你看怎么样？（免不了）
   B：______________________________。
5. A：大家为什么都很厌恶他？（如此　以至于）
   B：______________________________。
6. A：他喜欢喝酒吗？（瘾　接连）
   B：______________________________。
7. A：听说他被警察抓起来了，是真的还是谣言？（不至于　犯罪）
   B：______________________________。
8. A：我昨天晚上开夜车了，这次劳动我能不参加吗？（如此　逃避）
   B：______________________________。
9. A：面试的人这么多，我太紧张了，要不我就不参加了？（免不了　树立）
   B：______________________________。
10. A：他的汉语水平越来越高，中国朋友也越来越多了吗？（随着　日益）
   B：是啊，______________________________。

六、连词成句

1. 如此　睡觉　教室　都　我　里　暖和　想　了

____

2. 时候　犯罪　的　年轻　他　严重　很　曾经　过　的

____

3. 要命　瘾　的　父母　他　酒　得　无可奈何　也　大

____

4. 免不了　沉迷　下降　如果　于　游戏　的　成绩　是　网络

____

5. 增加　下降　随着　工作时间　的　的　他　状况　日益　健康

____

七、综合填空

请从下列 15 个词语中选出最合适的 10 个词语，填写在短文中的横线上。每个横线上只能选择 1 个词语，每个词语只能使用 1 次。

哪怕　过分　以至于　紧急　以　日益　如此　不见得

则　厌恶　下降　随着　不满　比……还……　万万

小王和小李是同班同学。有一天，小王碰到了一件很________的事，需要小李的帮助。虽然对小李来说，那件事情非常麻烦，但小李还是帮助了小王。小王非常感激小李。________感情的加深，两个人的关系________亲密，别人都说她们俩的关系________亲姐妹________好。有一次，小王因为没复习，所以考试时让小李告诉她答案。________没想到的是，小李就好像没听见一样。结果，那次考试小王成绩________得很厉害。小王是________生气，________后来在路上碰见了小李，都不跟她说一句话。小李找到了小王，说：“我________考试时作弊。________我们的关系再好，我也不会帮助你作弊的，因为那不是一个真正的朋友应该做的。但你以后如果碰到了困难，我还是会帮助你的。”

八、连句成段

A. 但任何事物有利就有弊。

B. 最明显的应该就是信息的传递，网络能够实时地让你了解全世界任何地区的动态。

C. 网络游戏的出现使我们的生活变得单一。

D. 同时，网络带来的无纸化办公，大大节约了各种资源。

E. 网络给人们带来了诸多的便利。

F. 这就是大自然的规律，没有什么事物是完美无缺的！

G. 另外，网络在给我们传递好的信息的同时，可能也会传递一些虚假骗人的信息。

正确顺序：______________________________

九、写一写（请尽量使用文中所学的新词语及语言点，每题不少于 180 字）

1. 互联网有哪些利和弊？你喜欢互联网吗？为什么？
2. 在网络的危害中，最危险的是什么？网络的“环境保护”依靠什么？为了保护网络环境，你觉得你可以做哪些事情？

十、课外应用

1. 做一个小调查，了解一下你采访的人是否存在网络依赖。说明：调查人数一般应在 20 人以上；自行设计调查内容，可包括上网年数、每天的平均上网时间以及带来的危害等。调查后写一份调查报告，并提出自己的意见。
2. 选择一个跟互联网有关的题目，然后查阅资料或进行调查，写一篇 500 字左右的文章。涉及的内容可以包括：网络语言、本校留学生使用频率最高的网站及其原因、本校留学生最常使用的电子邮件网站及其原因、网购等。

17 我和小豆豆的ABCD

姓名：____________

一、在下列词语的前面或后面填上适当的搭配成分

1. __________欣慰　　2. 责备__________

3. __________事务　　4. 参与__________

5. __________包装　　6. 剥夺__________

7. __________夸张　　8. 分享__________

9. __________神情　　10. 喜悦__________

二、选词填空

情商　条理　低估　郑重　感染　在场　清脆　有意　自豪　欣慰

1. 在认真地听了应该注意的事项后，她________地投了自己的一票。
2. 他是一个乐观的人，他的快乐________了周围的每一个人。
3. 事情发生时，我并不________，所以你不应该问我。
4. 这个老师讲得非常有________，同学们一下子就明白了。
5. 你可不要________了他，他的能力非常强。
6. 在这么短的时间里，你的水平提高得如此之快，你真应该感到________。
7. 第一次和男朋友约会，姑娘________迟到了半个小时。
8. 看着正在举行婚礼的儿子，她感到非常________。
9. 现在很多人都认同这一观点：________比智商更重要。
10. 她的声音非常________，大家都说她说话时就像一只小鸟在唱歌。

三、判断下列句子对错，并说明理由

(　　) 1. 这个孩子晚上一定要让妈妈搂着她才能睡着。

(　　) 2. 随着故事的发展，他脸上的神情不断地变化着。

(　　) 3. 临睡前他总喜欢吃东西，所以慢慢胖了下来。

(　　) 4. 妈妈责备我花钱太多，让我以后节约一点儿。

(　　) 5. 我打招呼他了，他已经答应去机场接你。

(　　) 6. 他平时从来不哭，今天怎么这么格外地哭呢。

(　　) 7. 这件衣服，是我们特意为你准备的礼物。

(　　) 8. 我们只是普通的朋友关系，并她不是我的女朋友。

(　　) 9. 我不能眼看着你过这么苦的日子，这笔钱你就接受下来吧。

(　　) 10. 除非王大夫才治得了他的病。

四、为括号里的词语选择正确位置

1. 他 A 比我 B 大，但我 C 也不能什么 D 都听他的呀。（固然）
2. 一个 A 不到六岁的孩子竟能 B 把这本书的大部分都背下来， C 真 D 让人吃惊。（一口气）
3. A 我们学校的师生 B 都 C 尊敬 D 这位校长。（格外）
4. A 儿子的成绩 B 日益下降， C 妈妈 D 不由得着急起来。（眼看）
5. A 他和大家的关系 B 十分融洽， C 大家都愿意跟他接近 D 请教问题。（并）

五、用指定词语完成句子

1. 这棵树真粗，________________。（搂）
2. 对孩子，________________，打骂有时候只会产生相反的效果。（引导）
3. ________________？能跟我说说吗？（谈论）
4. 考完了，________________。（格外）
5. 这件事情________________，不想拖到明天。（一口气）
6. 你就放心地去找他吧，你的事________________。（打招呼）
7. ________________，可是谁都没有办法。（眼看）
8. 因为出现了质量问题，商店向顾客道了歉，________________。（并）
9. 为了解决这个问题，________________。（特意）

六、用指定词语完成对话

1. A：她减肥有一段时间了，应该瘦了吧？（并　……下来）

   B：________________________________。

2. A：你们在说什么呢？（眼看　谈论）

   B：________________________________。

3. A：这几天，你们怎么都不出去玩了？（眼看　格外）

   B：________________________________。

4. A：这是件小事，就别告诉她了吧？（固然　打招呼）

   B：________________________________。

5. A：明天是她的生日，你们打算怎么为她庆祝？（并　特意）

   B：________________________________。

6. A：明天的会议我能请假吗？（除非　万万）

   B：________________________________。

7. A：你觉得她通过面试了吗？（喜悦　神情）

   B：________________________________。

七、连词成句

1. 喜悦　脸上　人　成功　每个　的　的　都　了　充满

   ____

2. 妈妈　孩子　脖子　搂　害怕　紧紧　的　得　住　了

   ____

3. 老师　学生　上课时　好　对　这个　引导　很　得

   ____

4. 虽说　发言　参加　这个　并　她　了　可　没有　会议

   ____

5. 教育　固然　错误　犯　但是　的　她　了　还是　可以

   ____

6. 特意　很慢　为了　清楚　我　他　让　听　说　得

   ____

八、综合填空

请从下列 15 个词语中选出最合适的 10 个词语，填写在短文中的横线上。每个横线上只能选择 1 个词语，每个词语只能使用 1 次。

万万　打招呼　免得　格外　谈论　暂时　限制

喜悦　责备　并　眼看　特意　不满　固然　则

刚出差回来的公司人力资源部部长李丽走进办公室，看到大家在一起说着什么，就问："你们在________什么呢？"大家告诉了李丽。原来有一件很重要的事，张乐没有告诉王成。事情发生后，王成________伤心："我________没想到，这么重要的事，你都不告诉我，这说明你根本没有把我当成朋友。"从那以后，王成对张乐就不理不睬了。张乐想："我又不是有意的，你不理我就算了。"所以，两人现在谁也不理谁了。________他们的关系越来越糟糕，甚至影响到了工作，大家也没有办法。听完大家的话，李丽觉得应该解决这件事，________继续影响工作。于是，她________把张乐找来，________他说："你________不是故意的，但这________不意味着你就没有错，你应该向王成道歉。只要你先说对不起，我相信王成是会原谅你的。"最后，张乐向王成道了歉，王乐也真的原谅了张乐，两人又成了朋友。看到他们的脸上都露出了________的神情，李丽也笑了。

九、写一写（请尽量使用文中所学的新词语及语言点，每题不少于 180 字）

1. 请至少举两个例子说明"我"是怎么教育小豆豆的。你觉得父母应该怎样教育孩子？
2. 请举例说明"我"是怎么夸小豆豆的。"我"为什么要那么夸小豆豆？你同意作者的观点吗？为什么？

十、课外应用

1. 查找有关资料，比较"虎妈"和"猫爸"的不同教育理念和教育方法，分析比较后，得出自己的结论。
2. 对你们学校的一些同学进行调查，调查他们的父母是如何教育他们的，他们觉得父母的教育哪些是正确的，哪些是错误的，总结分析后写一份调查报告。

18 整容

姓名：____________

一、在下列词语的前面或后面填上适当的搭配成分

1. ________委屈　　2. 配________

3. ________坦率　　4. 揉________

5. ________主管　　6. 懒得________

7. ________端正　　8. 面临________

9. ________惊人　　10. 承受________

二、选词填空

瞒　奋斗　踏实　冷冰冰　讲述

协调　辩解　容颜　口才　怪圈

1. 十年过去了，但她________未改，朋友们都很羡慕她。
2. 虽然大家都说我通过这次考试肯定没问题，但我还是觉得不________。
3. 你们因为贫穷而砍树卖钱，树少了就容易发生水灾，你们就会变得更贫穷，然后你们再砍树，你们这不是陷入了一个________吗？
4. 我说了这么多你还是不相信，那我也不想再替自己________什么了。
5. 她________地说："以后我不想再看见你。"
6. ________了这么多年，他才获得了今天的成就。
7. 注意你的动作，刚才你的手和脚配合得不太________。
8. 听了他的________，我们不由得吃了一惊。
9. 她的________很好，大家都爱听她讲故事。
10. 你就别再________着他了，这件事他早晚会知道的。

三、判断下列句子对错，并说明原因

(　　)1. 他们高兴得不由得跳了起来，他们的这种反应惊人了我们。

(　　)2. 妈妈批评错了，孩子委屈得不得了。

(　　)3. 他总是中国人长中国人短地喜欢个不停。

(　　)4. 大家应该很明白我们现在面临的形势，一定要做好充分的准备。

(　　)5. 观众对这部影片获得了很好的评价。

(　　)6. 这个动作实在太别扭了，我们还是换个动作吧。

(　　)7. 我一个劲儿地找了找，可还是没找到。

(　　)8. 不瞒老师说，考试时他确实偷看了。

四、给下列句子后边的词语选择适当的位置

1. A 对这件事 B ，她曾 C 产生过 D 怀疑。（一度）
2. 他 A 提醒我，让我 B 快点儿 C 走，免得 D 迟到。（不时）
3. A 这次晚会 B 他 C 能搞得这么成功，是 D 得到了很多人的帮助。（由于）
4. 他 A 坐在 B 那里 C 地抽烟，D 肯定碰到了什么难事。（一个劲儿）
5. A 他们 B 结婚已经十几年了，但感情 C 像新婚时 D 一样。（依然）
6. A 听到 B 那个消息，C 他不由得 D 吃了一惊。（暗暗）
7. 语言 A 是一种交流的 B 工具，如果别人听不懂或是听着 C，D 又有什么意思？（别扭）
8. A 他受了很大的 B ，但 C 一直没告诉别人 D 。（委屈）

五、用指定词语完成对话

1. A：妈妈批评错了，他现在怎么样？（暗暗　委屈）

　B：______________________________。

2. A：你觉得我这个计划怎么样？（按　面临）

　B：______________________________。

3. A: 他们之间的关系好点儿了吗？（依然　别扭）

　B：______________________________。

4. A：她考试及格了吗？好像三次不及格就不能在这儿学下去了吧？（依然　以至于）

　B：______________________________。

5. A：他今天怎么一个劲儿地提小丽？（由于　……长……短）

　B：______________________________。

六、连词成句

1. 经济问题　由于　的　形势　这家　面临　着　公司　严峻　出现

____

2. 别　……长……短　说个没完　你　东家　地　西家

____

3. 疾病　一度　曾经　信心　严重　失去　的　她　让　了

____

4. 依然　他　他　劝　相信　一个劲儿　地　谣言　的　网上　我们　可

____

5. 对照　她的笔记　和　我　我的笔记　把　很多　发现　进行　了　不同

____

6. 中　配　这些人　老师　她　我　只有　才　当　的

____

7. 委屈　安慰　她　一下　如此　赶快　吧　去　她　你

____

8. 评价　学生们　李老师　高度　对于　教学　的　给予　的　了

____

七、综合填空

请从下列15个词语中选出最合适的10个词语，填写在短文中的横线上。每个横线上只能选择1个词语，每个词语只能使用1次。

对照　配　委屈　在……下　面临　一度　算　并

随着　无非　一个劲儿　暗暗　依然　哪怕　固然

________年龄的增长，李美脸上的皮肤不再细腻了。看着自己的脸，李美害怕自己________不上丈夫了，所以心里________有点儿担心，总觉得自己的家庭________着危机。想了很长时间，最后她决定去整容。没想到的是，丈夫________不支持她，他说："________是脸部皮肤不再那么年轻而已，这不________什么。________你变得再老，我也________爱你。"________丈夫的安慰________，李美心里踏实了，决定不再整容。

八、模仿表达

1. 读一读

如果成功，他的收入将增加很多，其买车买房有存款的目标将在较短的时间内实现，否则最少要多奋斗七八年。

说一说

用下面的表达方式说一段话：

如果……，……将……，（……将……），否则……

比如，你可以这样开始：

如果你从现在开始努力学习，……

如果我有钱了，……

2. 读一读

你知道我们之间出了问题，刚开始我也辩解，但后来就什么都不想说了，因为我也觉得委屈啊。

说一说

用下面的表达方式说一段话：

（……，）刚开始……，但后来……，因为……

比如，你可以这样开始：

碰到这种事，刚开始我也着急，……

刚开始我以为……

九、写一写（请尽量使用文中所学的新词语及语言点，每题不少于180字）

1. 小张和莉莉为什么要整容？你同意他们的做法吗？为什么？
2. 小张和莉莉在哪些部位做了什么样的整容？整容前和整容后在容貌上有什么不同？你觉得容貌在找工作时重要吗？为什么？

十、课外应用

1. 做一个小调查，了解一下人们对整容的看法及其原因。说明：调查人数一般应在20人以上。调查后写一份不超过500字的调查报告。
2. 收集至少3个整容前后对比的例子，可以是成功的，也可以是失败的，然后以PPT的形式向全班做一个比较具体的介绍。如整容年龄、整容部位、整容方法、整容效果、花费的费用等。

19 甜甜的三次租房故事

姓名：__________

一、在下列词语的前面或后面填上适当的搭配成分

1. __________幽雅　　2. 老式__________

3. __________迅速　　4. 分摊__________

5. __________教训　　6. 剧烈__________

7. __________负担　　8. 轨道__________

9. __________乐意　　10. 供应__________

二、为括号里的词语选择正确位置

1. A 对她来说， B 这是 C 沉重的 D 。　（负担）
2. A 知道 B 他不喜欢， C 你就别逼 D 他买了。　（明）
3. 还是 A 先别 B 宣布， C 他不答应 D 呢。　（万一）
4. 晚饭后要 A 避免 B 的体育运动和 C 过重的 D 体力劳动。　（剧烈）
5. 他 A 提的 B 问题，应该 C 得到大家的 D 重视。　（所）
6. 你 A 最好 B 老板没来 C 前把问题解决掉，省得 D 再挨批评。　（趁）
7. 这种 A 的管理 B 受到了 C 很多人的 D 欢迎。　（新式）
8. A 她生病 B 以来，她的工作 C 就交给小张 D 负责了。　（自）

三、连词成句

1. 没有　什么　为什么　明明　负担　还　一直　抱怨

____

2. 我　你们　非常　的　邀请　乐意　接受　热情

____

3. 因为　不　好　他　没　参加　的　身体　缘故　会议　公司　的　能

____

4. 事实　你　知道　的　情况　所　不是　全部

____

5. 对……来说　我们　沉痛　的　这　起　事故　是　教训　一次

____

6. 既然　她　就　地　决定　那　表白　向　了　你　勇敢　吧

____

四、用指定词语完成句子或对话

1. ____________________，我就没有好好休息过一天。（自……以来）
2. 他今天没有来，可能是____________________。（因为……的缘故）
3. 她工作特别忙，____________________。（不是……就是……）
4. ____________________，就打电话找警察。（万一）
5. 我们____________________多学几样东西，将来才不会后悔。（趁）
6. ____________________，可你偏偏还要问。（明明　乐意）
7. A：家里的这台旧冰箱毛病真不少，我想换台新的。

   B：____________________。（既然……就……　趁）
8. A：听说奶奶又生病了，一定是照顾我们的孩子累病的。

   B：也不完全是，____________________，奶奶的身体就一直不太好，不过为了____________________，我们还是把孩子接回来吧。（自……以来　负担）

五、用指定词语回答问题

1. 最近你们学习紧张吗？（自……以来　不是……就是……）

2. 昨天在北京饭店参加聚会的人多吗？（因为……的缘故　开销）

3. 关于昨天晚上的那起交通事故，您知道的就这些了吗？您没看清司机的长相吗？

（所（知道）　因为……的缘故）

4. 他知不知道这所大学的学费特别高？（明　凑）

5. 他告诉我们有可能今天回来，我们现在直接去找他吗？（既然……就……　万一）

6. 这次出差，你是不是打算派小王去呢？（万一　乐意）

7. 放假了，你怎么还天天去学校图书馆啊？（因为……的缘故　趁）

8. 你为什么还要给他这个机会呢？（既然……就……　教训）

六、综合填空

请从下列 15 个词语中选出最合适的 10 个词语，填写在短文中的横线上。每个横线上只能选择 1 个词语，每个词语只能使用 1 次。

老式　装修　开销　乐意　负担　小心翼翼　晃动　迅速

其乐融融　遥不可及　遥远　黑洞洞　憧憬　回想　万一

王刚________自己刚刚结婚成家的时候，夫妻俩虽然没什么钱，但很开心，天天________着幸福的未来。那时候他们住在一座________的楼房里，走廊里都是________的。他们的新家很小，但两人都很珍惜，________房子时________大，夫妻俩就自己动手，买家具、铺地板、搬东西，别提多高兴了，一直生活得________。现在三十多年过去了，房价在不断上涨，王刚心里真是急得要命。新式的小区越来越贵，为了给准备结婚的儿子攒钱买房子，王刚和妻子的生活开始过得________起来，因为只靠儿子的工资是________不起那么高的房价的。王刚的压力很大，对现在的他来说，三十多年前简单快乐的生活已经________了。

七、连句成段

A. 一般来说，酒店式公寓配套更为齐全、高档，能为住房提供星级酒店式的生活环境和物业管理。

B. 而且还可以随时得到酒店式的各种服务，如洗衣服、更换被单等，因此吸引了不少懒人和忙人。

C. 酒店式公寓是一种提供酒店式管理服务的公寓。与普通住宅楼比起来，其结构和设计均有所不同。

D. 不过酒店式公寓的本质仍然是公寓而不是酒店，选择它最大的特点就是自由方便，价格相对酒店来说也比较低。

正确顺序：________________

八、模仿表达

1. 读一读

这是甜甜自去年六月份毕业以来搬进的第三套房子。第一套群租房太乱，第二套房子又太远，现在的这套每月租金2600元，不得不和另外两个同伴平摊。

说一说

用下面的表达方式描述一下几个类似的事物或情况：

这是……的第三（个）……。第一（个）……，第二（个）……，现在的这（个）……

2. 读一读

一楼太潮了，况且也没有阳光，房间特别暗，卫生间也不透气，而且经常有小狗在窗子下大便，稍微有点臭。不过这些都还可以忍受，最担心的是房东又要涨价，或者一起合租的人换了工作找到新房子，那就只能另想办法了。

说一说

用下面的表达方式描述一种让你不太满意的情况：

……，况且……，而且……。不过……，最……的是，……

九、写一写（请尽量使用文中所学的新词语及语言点，每题不少于200字）

1. 甜甜租的第一套房子怎么样？网上的描述和实际情况一样吗？你如果租房的话，最看重哪些方面？为什么？
2. 请简述甜甜三次租房的情况。如果你是刚毕业的年轻人，你会如何选择？

十、课外应用

1. 做一个社会调查，了解一下你们学校外国留学生在中国的租房情况，并记录下来写成一份不超过500字的调查报告。
2. 请查阅相关的资料，列表比较一下你现在所在的城市和你的家乡的租房情况（包括房客的身份和年龄、房租、付房租的方式、房子的情况等各方面的信息）。

20 现代女性的三难选择

姓名：＿＿＿＿＿＿

一、在下列词语的前面或后面填上适当的搭配成分

1. ＿＿＿＿贷款　　2. 慎重＿＿＿＿

3. ＿＿＿＿收益　　4. 符合＿＿＿＿

5. ＿＿＿＿发誓　　6. 分配＿＿＿＿

7. ＿＿＿＿归属　　8. 违背＿＿＿＿

9. ＿＿＿＿婚约　　10. 随手＿＿＿＿

二、朗读下列词语，并选择其中的几个造句

因人而异　何时何地　痛痛快快　诸如此类　合二为一

三、选词填空

往往　——　拿不准　随手　不但不……反而……　慎重　符合

1. 我们已经联系了所有＿＿＿＿要求的演员。
2. 阿里在圣诞节的时候给他的好友们＿＿＿＿寄去了礼物。
3. 经过＿＿＿＿考虑，我决定出国留学。
4. 那时候，我＿＿＿＿一个人去河边散步，有时会遇见那位老人和他的狗。
5. 这个词的用法我一时也＿＿＿＿，等我回去查一查再告诉你吧。
6. 小王抽完烟，＿＿＿＿把烟头扔在地上，我让他捡起来，他＿＿＿＿听我的，＿＿＿＿还骂我多管闲事！

四、体会下列句中破折号（"——"）的用法，并完成后面的练习

读一读

1. 至于收益，只有一个——自由。
2. 最后，也是最重要的一点——不管何时何地，遇到自己喜欢的人，可以痛痛快快地恋爱，不必克制自己。

3. 最后，也是最关键的一条——结婚意味着你要放弃爱别的男人的权利，不管他多么优秀英俊。

4. 这就是女人的青春游戏——你用青春获得的，有一天，也会因为同样的原因而失去。

练一练

1. 如果被发现考试作弊，那么后果只有一个——＿＿＿＿＿＿＿＿＿＿＿＿。

2. 昨天是我最高兴的日子——＿＿＿＿＿＿＿＿＿＿＿＿，朋友们送给我好多礼物。

3. 在新年晚会上，我认识了她——＿＿＿＿＿＿＿＿，后来她便成了我的妻子。

4. 去年我跨进了这所学校——＿＿＿＿＿＿＿＿，从此开始了我四年的大学生活。

五、连词成句

1. 那　给　些　展示　服装　由　们　一一　模特　观众

＿＿＿＿＿＿＿＿＿＿＿＿＿＿＿＿＿＿＿＿＿＿＿＿＿＿＿＿＿＿

2. 的　收益　公司　有所　反而　减少　没有　不仅　增加

＿＿＿＿＿＿＿＿＿＿＿＿＿＿＿＿＿＿＿＿＿＿＿＿＿＿＿＿＿＿

3. 他　起来　做　有点儿　的　很　笨手笨脚　家务　工作　时候　却　能干

＿＿＿＿＿＿＿＿＿＿＿＿＿＿＿＿＿＿＿＿＿＿＿＿＿＿＿＿＿＿

4. 拿不准　暂时　如果　吧　你　的话　就　放弃

＿＿＿＿＿＿＿＿＿＿＿＿＿＿＿＿＿＿＿＿＿＿＿＿＿＿＿＿＿＿

5. 自由　觉得　往往　人们　了　会　结婚　失去　很多　以后

＿＿＿＿＿＿＿＿＿＿＿＿＿＿＿＿＿＿＿＿＿＿＿＿＿＿＿＿＿＿

6. 单身　自己　来　女性　遇到　往往　要　问题　时　由　解决

＿＿＿＿＿＿＿＿＿＿＿＿＿＿＿＿＿＿＿＿＿＿＿＿＿＿＿＿＿＿

六、判断下列句子对错，并说明理由

(　　) 1. 老师把我的问题一一回答。

(　　) 2. 明知道这件事没什么意思，可他还是随手就记了下来。

(　　) 3. 他的工作负担太重了，这件事就先由你来负责吧。

(　　) 4. 父母年纪大了，应该往往回去看看他们。

(　　) 5. 趁着今天有空儿，我把给朋友们的卡片一一寄了出去。

(　　) 6. 他不但没学会新技术，反而把以前的技术也都忘了。

(　　) 7. 我发誓过他，这辈子一定会好好爱他的。

(　　) 8. 我一直没能从银行贷出款来，看来这笔钱凑不够了。

(　　) 9. 因为开销太大的缘故，公司到现在都没什么收益。

(　　) 10. 我也拿不准他暑假来或者寒假来。

七、用指定词语完成句子或对话

1. 在选择专业方面______________________________。（慎重）

2. A：你把电视遥控器放哪儿了？

B：______________________________。（随手）

3. A：用了她推荐的减肥方法，你的体重减轻了吗？

B：______________________________。（不仅没……反而……）

4. A：这位作家的作品，你真的都读过吗？你对他的作品评价如何？

B：______________________________。（一一　……起来）

5. A：是不是所有的四川人都喜欢吃辣的？

B：______________________________。（因人而异　符合）

6. A：你为什么离开原来那家公司？

B：______________________________。（枯燥　辞职）

八、用指定词语回答问题

1. 这起案件你们已经调查清楚了吧？（拿不准　有所）

2. 这些产品是哪个部门制作的？检查过了吗？（由　一一）

3. 上次留下来的问题都解决了吗？（一一　拿不准）

4. 你爸爸上午出门的时候没带伞，你看看现在雨停了吗？（不仅没……反而……　冒）

5. 地上怎么这么多垃圾啊？（往往　随手）

6. 你想好将来从事什么工作了吗？（……起……来　慎重）

7. 旅行究竟有什么好处？（……起……来　随手）

8. 哪些有益于健康的食物是我们应该经常吃的？（诸如此类　随手）

九、模仿表达

1. 读一读

与单身生活相比，婚姻有很多好处。比如可以两个人贷款供房，两个人赚钱养家，遇事可以和人商量，有人和你共进晚餐，生病有人陪你去医院……总之，单身的成本就是婚姻的收益。

说一说

用下面的表达方式比较两种类似的情况：

A. 与婚姻生活相比，单身有许多好处。……总之，……

B. 与开车相比，骑自行车有很多好处。……总之，……

2. 读一读

再没有什么比家务劳动更单调更枯燥的了。灰尘永远擦不完，衣服永远洗不完，还有每天重复的一日三餐，很少有人能从这些工作中获得乐趣。

说一说

用下面的表达方式描述一种属性超过其他同类的人、事物或情况：

A. 有人认为，再没有比钱更重要的了……

B. 有人说，再没有比汉字更难学的了……

十、写一写（请尽量使用文中所学的新词语及语言点，每题不少于 200 字）

1. 课文作者认为结婚和单身各有什么好处？你的选择是什么？为什么做出这样的选择？
2. 课文作者对全职太太是什么态度？你希望自己或自己的妻子做全职太太吗？为什么？

十一、课外应用

1. 婚姻和事业总会有矛盾，很难两全，如果产生了矛盾，该怎么办呢？电话采访一下你的父母，并用汉语写出他们处理矛盾的办法。
2. “干得好不如嫁得好”还是“嫁得好不如干得好”？很早以前社会就针对女性提出了这样的论题，这是女性地位提高的表现吗？为什么我们不讨论男性“干得好”还是“娶得好”的问题呢？请调查至少六个不同性别的朋友，列表记录下他们对以上问题的看法。

21 普通话与方言

姓名：__________

一、在下列词语的前面或后面填上适当的搭配成分

1. __________便利　　2. 自发__________

3. __________广阔　　4. 历经__________

5. __________积淀　　6. 推广__________

7. __________密切　　8. 禁止__________

9. __________共鸣　　10. 强迫__________

二、朗读下列词语，然后选词填空

不计其数　淡而无味　天南海北　南腔北调

家喻户晓　喜不自禁　素不相识　忧心忡忡

1. 虽然我们__________，但共同的经历引起了我们强烈的共鸣。
2. 中国的方言有很多种，__________，各有特色。
3. 我最近胃口不好，总觉得菜都有些__________。
4. 他拥有的财富__________，但他从来都不骄傲自满。
5. 侯宝林先生的很多相声在中国几乎是__________。
6. 他最近总是显得__________，不知道到底发生了什么事。
7. 得到了梦想中的金牌，这位运动员__________。
8. 博物馆里收藏着来自__________的民间艺术品。

三、为括号里的词语选择正确位置

1. A 既然 B 你已经辞职了， C 来我们公司 D 试试吧。　（不妨）
2. 我以为 A 他 B 会晚点儿来， C 他 D 早就到了。　（不料）
3. A 质量好 B 质量好，可 C 样子 D 实在不怎么样。　（归）
4. 听了 A 我 B 说的话， C 小王 D 点头。　（连连）
5. A 我们 B 对这台机器 C 进行了 D 的检查。　（细致）

6. 电影院、剧院等　A　公共场所　B，都　C　高声说话　D。（禁止）

7. 我们　A　应该　B　认真地　C　我们　D　的新产品。（推广）

8.　A　这个地方　B　每到夏天都　C　会　D　水灾。（闹）

四、判断下列句子对错，并说明理由

（　　）1. 他工作的时候非常细致，从来不马虎。

（　　）2. 她瘦归瘦，而且也非常健康。

（　　）3. 与其它是一个方法，不如它是一个目标。

（　　）4. 这部小说反映了上个世纪九十年代的校园生活。

（　　）5. 小张和他关系一直都比较好，不妨你问问小张吧。

（　　）6. 据医生的话，他很快就能恢复健康了。

（　　）7. 他向来很准时，我不料他竟然迟到了。

（　　）8. 他之所以很会唱歌，是因为他受欢迎。

五、连词成句

1. 这　现在　座　车辆　桥　已经　通行　禁止　了

____

2. 强迫　我们　观点　他　的　一个劲儿　接受　他

____

3. 归　不　满意　了　但　满意　不　他　坚持　还是　下来

____

4. 仔细　的　病情　大夫　了　病人　地　询问

____

5. 让　任何　我们　受到　好人　绝对　一个　不能　冤枉

____

6. 令　人　听了　连连　难过　的　奶奶　这　个　消息　叹气

____

六、用指定词语完成句子或对话

1. ____________________，互相之间都不说话。（闹）

2. 看到她精彩的表演，____________________。（连连）

3. ____________________，他终于把真实的情况告诉了我们。（询问）

4. ____________________，你却这样帮我，太让我感动了。（素不相识）

5. 据说，这种减肥的方法很好，____________________。（不妨）

6. 我以为他听了会觉得尴尬，____________________。（不料　开怀）

7. A：报纸上报道这家公司倒闭的原因了吗？

　B：____________________。（据　之所以……是因为……）

8. A：咱们这个暑假去香港玩儿吧。

　B：____________________。（据　与其……不如……）

七、用指定词语回答问题

1. 那座桥昨天还有车在上面走，今天怎么不让走了呢？（据　禁止）

2. 你觉得住在郊区好还是住在市区好？（便利　不妨）

3. 最近北京足球队的表现怎么样啊？（据　连连）

4. 他这次是主动来参加公司会议的吗？（与其说……不如说……　强迫）

5. 他这个人做事细致，公司怎么没有录取他呢？（据　……归……）

6. 你为什么不愿意来参加我们组织的活动？（之所以……是因为……　便利）

7. 飞机飞行时为什么不让使用手机？（之所以……是因为……　禁止）

八、连句成段

A. 地域方言就是语言因地域方面的差别而形成的变体，是全民语言在不同地域上的分支，是语言发展不平衡性在地域上的反映。

B. 方言是语言的变体，根据性质，方言可分为地域方言和社会方言。

C. 但不管是上面的地域方言还是社会方言，都要使用全民语言的材料来构成。

D. 社会方言则是同一地域的社会成员因为在职业、阶层、年龄、性别、文化教养等方面的社会差异而形成的不同社会变体。

正确顺序：________________

九、模仿表达

1. 读一读

每一种方言，无论南腔北调，都是数百年甚至上千年文化积淀的结果。通过方言，我们可以看到不同地方人们生活的影子。

说一说

用下面的表达方式描述一种事物或情况：

每……，无论……，都……。通过……，我们可以……

2. 读一读

在推广普通话的同时，方言是否会消失呢？一说到这个问题，很多人就显得忧心忡忡。

说一说

用下面的表达方式描述两件彼此相关的事：

在……的同时，……是否……？一说到……

十、写一写（请尽量使用文中所学的新词语及语言点，每题不少于200字）

1. 课文中的两个四川人为什么被举报了？那个服务员为什么一再把碟子举高？描述一下你在生活中经历过或听说过的交流中引起的误会。
2. 为什么沿海地区有关海鲜的称呼多种多样？你们国家有这样的情况吗？请介绍一下你的母语和你们国家的方言情况。

十一、课外应用

1. 采访几位来自中国方言区的朋友，把他们学习普通话的经历记录下来。
2. 请了解一下中国有几大方言区，并制作一张简单的中国方言地图，并用汉语介绍给你周围的朋友。

22 左，还是右

姓名：____________

一、在下列词语的前面或后面填上适当的搭配成分

1. ________倔强　　2. 给予________

3. ________阻力　　4. 制定________

5. ________演变　　6. 固定________

7. ________空闲　　8. 发动________

9. ________优势　　10. 典型________

二、选词填空

采用　给予　众所周知　发源　跨　遵守

属于　阻止　巧妙　典型　并非　凡是　入乡随俗

1. 读者对那位作家的作品________了高度的评价。
2. 我们公司设计了一种________的方案来解决这个问题。
3. 这座城市是德国音乐会的________地。
4. 在人类历史上，最早一般都是________阴历。
5. ________年满十八岁的人都可以来这个酒吧喝酒。
6. 他________是来打架的，而是来________别人打架的。
7. ________，旗袍是非常________的中国服装。
8. 我们已经________入了一个新时代，美好的未来________我们。
9. 离开家乡到了别的国家，就要________，________当地的交通规则。

三、连词成句

1. 办法　提倡　解决　大家　走路　问题　是　堵车　的　并非　好

____

2. 要　交通　遵守　容易　要不然　一定　规则　很　出事

____

3. 固定　个　都　很　少　月　索性　不　了　的　每　收入　干　她　辞职

____

4. 这样　设计　在　的　是　非常　巧妙　我　看来　的

____

5. 教育　不同　丈夫　和　孩子　想法　上　妻子　的　在　的　问题　完全

____

6. 无法　阻止　危机　的　经济　这　些　措施　已经　到来

____

四、用指定词语完成句子或对话

1. 他不管是走路还是说话，都是慢慢的，看来____________________。（典型）
2. 他竟然在公共场合动手打人，____________________。（阻止）
3. 据说现在路上特别堵，____________________。（索性）
4. 我们班的同学上课从来不换座位，看来______________。（固定）
5. 我们先去看演唱会，____________________。（随后）
6. ____________________，谁都说服不了他。（凡是　倔强）
7. 既然原来的方案不够好，____________________。（索性　制定）
8. 我一直都在本国的银行工作，__________________________。（并非　跨）
9. A：这些材料都是你自己找到的吧？辛苦你了。

   B：________________________________。（并非　给予）
10. A：这次公司遇到阻力，差点儿关门，还好老张帮了我们的大忙。

    B：是啊，________________________________。（给予　这样一来）

五、用指定词语回答问题

1. 他工作了这么多年，为什么没得到大家的信任？（凡是　这样一来）

2. 他真的不能改变对这件事的态度吗？（坚定　指望）

3. 这趟车有时候早上来这么早，有时候又来那么晚，是什么原因呢？（并非　固定）

4. 你来我们公司工作主要是因为高工资吗？（在……看来　并非）

5. 这个问题你们是怎么解决的？（在……上　采用）

6. 我们用什么办法来选这次参加演讲比赛的代表呢？（索性　投票）

六、综合填空

请从下列 15 个词语中选出最合适的 10 个词语，填写在短文中的横线上。每个横线上只能选择 1 个词语，每个词语只能使用 1 次。

驾驶　行驶　众所周知　征服　制定　坚定　阻止　随后

凡是　并非　遵守　给予　这样一来　在……上　在……看来

________，人类为了________自然，不断发明新事物，比如火车、汽车等等。人们有时会________汽车出行，________，便同交通安全打上了交道。为了避免出现交通事故，人们________了很多交通规则。但________有了规则就能解决所有的问题，依然有人不________交通规则。据统计，________死亡原因这个问题________，交通事故依然占了很大的数量。我认为所有的国家都应该对这个问题________足够的重视，每一位国民都应该尽自己最大的努力________交通事故进一步伤害人类。

七、用“在……看来”开头，描述下列情景

电视节目主持人邀请大家来参加访谈节目，请他们谈谈自己心目中什么样的电影是好电影。主持人先开场，他说：“在我看来，能让我感动的电影就是好电影。”请你用“在……看来”分别设计导演、演员、电影评论家以及观众的看法。

1. ____

____

2. ____

____

3. ______________________________

____

4. ______________________________

____

八、连句成段

A. 它始建于1965年7月1日，1969年10月1日第一条地铁线路建成通车，使北京成为中国第一个拥有地铁的城市。

B. 北京地铁是服务于中国北京市及其周边地区的城市轨道交通系统。

C. 因为它不仅能保证时间，而且票价也相当便宜，除了机场快轨实施单一25元票价外，其他线路只需要花两块钱，就可以到达想去的任何一站。

D. 现在，北京的地铁已经发展到了十余条之多，连接东西南北，为人们的出行带来了极大的便利。很多市民上班都选择乘坐地铁。

正确顺序：______________________________

九、模仿表达

1. 读一读

在欧洲，骑士精神历来为人们所推崇，据说靠左行最早就是根据这些骑士们的习惯。首先，人们骑马，习惯是左脚先上脚镫，随后右脚再跨上去，自然应该是在路的左侧上马；其次，不论走路还是骑马，沿着左侧行动是一种保护性姿势，必要时双方都能抬起右臂拔剑，要不然难以起到掩护作用。

说一说

用下面的表达方式描述一个话题的多个方面：

A. 早睡早起很有好处。首先，……。其次，……

B. 每个人都应该养成良好的学习习惯。首先，……。其次，……

2. 读一读

在英国众多的殖民地里，美国是个例外。法国在美国的独立中给予了一些帮助，为了与英国划清界限，美国在建国初期就制定了靠右行的规则。

说一说

用下面的表达方式描述一个与众不同的人物或事物：

A. 在我们这些文科生里，小张是个例外。为了……

B. 在中国的大城市里，深圳是个例外。为了……

十、写一写（请尽量使用文中所学的新词语及语言点，每题不少于 200 字）

1. 为什么说拿破仑开创了靠右走的阵营？请总结本文提到的影响靠左走和靠右走的几个方面的原因。
2. 根据本文介绍，请谈谈为什么说美国改变了交通规则“左右”力量的对比。它对你的国家有影响吗？请介绍一下你们国家交通方面的情况（如：汽车是靠左行还是靠右行；人们是否遵守交通规则；交通管理怎么样……）

十一、课外应用

1. 做一个街头采访，了解一下你采访的人对所在城市的交通情况（人们是否遵守交通规则；交通管理如何；交通事故……）的看法和意见。应提前写好采访的提纲，把采访到的结果转成文字形式记录下来。
2. 请至少调查三个国家道路通行方向的历史并记录下来，并将你调查到的结果介绍给你的同学或朋友。

23 后海四合院

姓名：____________

一、在下列词语的前面或后面填上适当的搭配成分

1. __________繁重　　2. 宣扬__________

3. __________规模　　4. 逐渐__________

5. __________完善　　6. 和谐__________

7. __________破坏　　8. 抛弃__________

9. __________怀念　　10. 散发__________

二、理解下面加点字的意义及其扩展构成的词语的意义，并选择几个扩展词语造句

1. 便于：比较容易（做某事）。

【形容词 + 于】构成动词，后面要有另一个动词做它的宾语。

勇于　难于　敢于　善于　易于

2. 现代化：使具有现代先进科学技术水平。

【名词 / 形容词 + 化】构成动词，表示转变成某种性质或状态。

美化　绿化　恶化　电气化　机械化

三、判断下列句子对错，并说明理由

(　　) 1. 北京大学距北京语言大学只有两站地。

(　　) 2. 为了了解胡同文化，特地我去了一趟北京。

(　　) 3. 他别看年纪不大，可已经是一个经验丰富的导游了。

(　　) 4. 难怪他们公司的规模又扩大了，他们那么高兴。

(　　) 5. 这个手机用了很多年了，我舍不得送给别人。

(　　) 6. 语言不是那么轻易就能学好的。

四、连词成句

1. 考察　那里　环境　他　已经　过　实地　了　的

2. 不　时间　要　这　浪费　件　宝贵　的　为了……而……　小事

3. 学习　别看　不　他　办事　强　可　怎么样　却　能力　很

4. 童年　虽然　他　时　的　住所　却　十分　简陋　但　怀念

5. 不　了解　轻易　意见　不　情况　就　发表　要

五、用指定词语完成对话

1. A：我还是更喜欢读朋友手写的信，那种感觉很亲切。
   B：______________________________。（取而代之）
2. A：他为什么那么努力地工作？
   B：______________________________。（为了……而……）
3. A：我们的产品原来只在国内卖，没想到现在都可以出口了。
   B：是啊，现在公司______________________________，员工们的________________________________，我们的公司一定可以发展得更好。（规模　荣誉）
4. A：你为什么要来这儿？
   B：______________________________。（特地　拜访）
5. A：你觉得中国人近几年的住房情况改善了吗？
   B：______________________________。（众所周知　完善）
6. A：如果你的个人权利受到限制，你会怎么样？
   B：______________________________。（捍卫　尊严）

六、用指定词语回答问题

1. 为什么这么多人选择这家公司？（规模　难怪）

2. 你怎么把我扔了的东西又捡回来了？（特地　舍不得）

3. 儿子昨晚把我的手表拿走了，怎么到现在还不还给我？（拆　难怪）

4. 你认为我国的法律会有什么变化？（别看　完善）

5. 你们的实验室太简陋了，这样能做出研究成果吗？（别看　距）

6. 为什么她从公司回来之后就一直在伤心地哭？（为了……而……　难怪）

7. 他一向身体很好，可最近都感冒好几次了，到底怎么了？（轻易　繁重）

七、综合填空

请从下列 15 个词语中选出最合适的 10 个词语，填写在短文中的横线上。每个横线上只能选择 1 个词语，每个词语只能使用 1 次。

特地　实地　别看　轻易　距　舒坦　为了……而……

变迁　变化　逐渐　难怪　怀念　舍不得　繁重　拆

四合院是北京城最具特点的住宅形式，________今已经有 1000 多年的历史了。到北京后，我________去四合院考察了一下。四合院住起来会有不方便的地方，不过邻居之间的关系却是非常融洽。夏天的夜晚，结束了一天________的工作，邻居们喜欢在院子里一起乘乘凉，喝喝茶，别提多________了，________很多人都不愿意从四合院里搬出去。据说现在的四合院非常值钱，________有的挺简陋的，可在北京城里也值不少钱呢。不过随着时代的________，北京的不少四合院都被________掉了，数量________减少。因此近年来有很多人提倡，不要再________经济利益________去破坏四合院了。

八、连句成段

A. 它的基本形状有圆形、方形、椭圆形、弧形等。

B. 振成楼分内外两圈，形成楼中有楼，楼外有楼的布局。

C. 另外还有一些土楼是按八卦图设计的，其中最为典型的代表应该是福建永定的振成楼。

D. 福建土楼分布在福建西部和南部山中，因为它独特的建筑风格和悠久的历史文化而闻名全世界。

正确顺序：______________________

九、模仿表达

1. 读一读

说到后海的北京文化，就不得不提到四合院了。可以说，四合院是北京城最具传统意义的住宅形式。

说一说

用下面的表达方式描述你认为值得一提的事物或情况：

说到 / 提到 / 谈到……，就……。可以说，……是……。

2. 读一读

据说，京城四合院早在辽代就已初具规模，后经金、元，再到明清时期逐渐完善，最终成为北京城最具特点的住宅形式。

说一说

用下面的表达方式简单介绍一种情况的经过：

早在……，后来 / 然后 / 之后……，再……，最终 / 最后……。

十、写一写（请尽量使用文中所学的新词语及语言点，每题不少于 200 字）

1. 正规四合院的结构是什么样的？其中的庭院有什么功能？你觉得四合院和楼房相比，有什么优点，有什么缺点？
2. 本文作者对传统文化是一种什么样的态度？请你谈谈对传统文化和现代化的看法。

十一、课外应用

1. 做一个实地采访，了解一下北京胡同四合院居民对于四合院的态度和感情。请至少采访两家人，把采访结果记录下来和同学们分享。
2. 除了传统建筑以外，请查阅相关的图书资料，了解中国的另一种传统文化（比如传统服装、茶道、武术等），请用自己的话描述一下你了解到的情况。

24 沙漠之殇

姓名：____________

一、在下列词语的前面或后面填上适当的搭配成分

1. ____________津贴　　2. 安装____________

3. ____________荒芜　　4. 延续____________

5. ____________依旧　　6. 品尝____________

7. ____________灭绝　　8. 查阅____________

9. ____________援助　　10. 种植____________

二、选词填空

安装　无比　干旱　免除　批　号召　移民

诱惑　偿还　庆幸　贷款　本能　求助　生机

1. 麻辣食品总是对我充满了________。
2. 我们应该________大家积极参加这次活动。
3. 那________货物已经被运到上海了。
4. 神话故事中到处都是英勇________的英雄。
5. 夏天快到了，我们办公室需要________几台新空调。
6. 船晃动得很厉害，好在船上的乘客全部安全，船长因此感到万分________。
7. 这里的新________越来越多，使这个小城更加充满了________。
8. 这里近几年十分________，种植的庄稼因为没水都活不了，建议政府________农民的税款。
9. 由于需要________到期的银行________，这位商人以很低的价格卖了几处房子。
10. 遇到危险就躲是人的一种________，但最重要的是学会自救或________。

三、为括号里的词语选择正确位置

1. A　我　B　希望　C　我们的祖国强大　D　。（无比）
2. 你　A　取得　B　好成绩，　C　就能得到　D　奖学金。（一旦）

3. 她　A　在生活中　B　经历过不幸，　C　但从来　D　放弃。（不曾）

4. 她　A　特别喜欢　B　听音乐，　C　还对画画儿　D　感兴趣。（除此之外）

5.　A　家里　B　事情都是他办，没有人　C　能代替　D　他。（件件）

6. 这么　A　冷的　B　天，　C　你　D　带去他游泳呢？（何苦）

7. 我　A　真　B　自己当年　C　没有放弃，　D　否则没有现在的成绩。（庆幸）

8. 看得出来，　A　她　B　这个人在那样的情况下也　C　经得起　D。（诱惑）

四、连词成句

1. 这　不可　宣传　项　非　你　去　工作

2. 五十　还　这么　多　岁　拼命　了　何苦　工作　呢

3. 个个　女孩　们　打扮　得　漂漂亮亮　都　的

4. 好好　保存　这些　资料　无比　研究　珍贵　应该

5. 会　及时　你　肯定　了　我　否则　提醒　幸亏　我　迟到

6. 时间　毕竟　我　都　不曾　很多　有限　去　过　名胜古迹

五、用指定词语完成句子或对话

1. 她显然不想跟你一起去看电影，____________________。（何苦　强迫）

2. 要在电脑上查看这些文件____________________。（安装　非……不可）

3. 我们曾在一起工作了二十几年，____________________。（一旦　无比）

4. A：没想到这次比赛你准备得这么充分。

   B：________________________________。（幸亏　否则）

5. A：地震的破坏力太惊人了，光靠我们自己根本解决不了问题。

   B：是啊，______________________________。（庆幸　援助）

6. A：这次谈合作，为什么不让新同事去，让他们锻炼锻炼呢？

B：________________。（毕竟　一旦）

六、用指定词语回答问题

1. 参加完比赛他为什么这么兴奋？（毕竟　无比）

2. 我还是忍不住想去找她，可是她已经不理我了，怎么办？（断绝　何苦）

3. 这次你们老板没有批评你吧？（幸亏　非……不可）

4. 我什么时候可以再去银行贷款呢？（一旦　偿还）

5. 你的新家装修得怎么样了？（安装　除此之外）

6. 你为什么那么生气？是不是你儿子又把一个月的工资都买了彩票？（非……不可　诱惑）

七、综合填空

请从下列 15 个词语中选出最合适的 10 个词语，填写在短文中的横线上。每个横线上只能选择 1 个词语，每个词语只能使用 1 次。

庆幸　幸运　何苦　何况　求助　援助　不曾　曾经

非……不可　毕竟　品尝　来临　一旦　一一　诱惑

大学应该是父母让子女学习独立的地方，但有个别父母却从来________这么想过。曾有一位母亲________要陪刚上大学的女儿在宿舍睡一个星期________，结果女儿的同学跟这位妈妈大吵了一架。哎，这是________呢？孩子________已经长大了，不要让他们过度依赖你。如果孩子上大学了，还是不管遇到什么问题都打电话回家向你________的话，对他们的成长并没有什么好处。面对这个充满了________的世界，应该让他们自己去体会，自己去________生活的酸甜苦辣，自己去解决生活中遇到的种种问题。________孩子长大，父母就要懂得放手，直到他们能靠自己的力量解决问题。那天________的时候，应该是父母真正值得________的时候。

八、连句成段

A. 很多老人因为儿女不在身边，亲情得不到满足，于是就把感情投放到自己所养的宠物身上。

B. 所谓的“宠物依赖症”指的就是因为失去宠物，而出现哭闹甚至绝食等现象，其实属于一种心理疾病。

C. 他们向宠物倾诉，因为宠物可以减少压力，他们通过拥抱宠物来排解苦恼，有的老人甚至患上了“宠物依赖症”。

D. 据报道，现在人口老龄化已成为经济社会发展中的一个重大问题，老人与子女分开住的现象也越来越普遍。

正确顺序：____________________

九、模仿表达

1. 读一读

曼宁制订的计划是：先用 3 年时间在自己的居住区周围种植防沙林，除此之外，再种植玉米等不太怕干旱的庄稼，用自己的双手建造一片沙漠中的绿洲。

说一说

用下面的表达方式描述一下你的计划：

……制订的计划是……，先……，除此之外，再……

2. 读一读

为了一点点水或食物，它们可以走上 30 公里；没有水的季节，它们可以靠树叶草根中很少的水分生存两个月；它们甚至可以挖一米多深的坑，只为吮吸一下带着一丝水分的泥土……

说一说

用下面的表达方式表达为了达到某种目的所付出的努力：

为了……，……可以……，……可以……，……甚至可以……

十、写一写（请尽量使用文中所学的新词语及语言点，每题不少于 200 字）

1. 为什么曼宁说他的邻居们个个都是生存专家？你觉得艰苦的条件或环境会给人带来什么样的影响？

2. 曼宁的邻居们为什么会失去在沙漠中生存的能力？请你谈谈自身的懒惰和别人的纵容会对生活和工作产生什么影响。

十一、课外应用

1. 做一个社会调查，了解一下中国的独生子女（至少调查 20 个以上年龄位于 18 至 22 岁之间的人）独立生活的能力，写一份 1000 字左右的调查报告。
2. 生物在不同的环境中会进化出不同的生存本领。请你选择几个有代表性的地区，再选择几个有代表性的生物，列表总结一下生物的特殊生存本领，把这些介绍给你的同学。同时请你思考一下，我们对环境的利用或者破坏影响到它们了吗？为什么？